エンパワーメントを引き出す
学習者参加型日本語教育

― 留学生の自律学習を育てる授業実践 ―

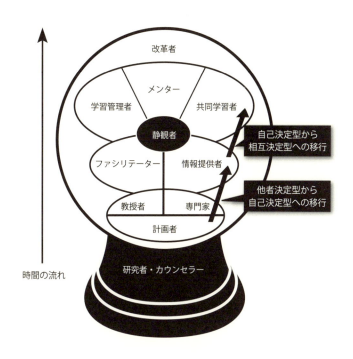

小川 都

専修大学出版局

目　次

序 ——————————————————————————————————— *1*

第1章　学部留学生に必要な日本語能力 ——————————— *4*

1-1　学部留学生に必要な日本語能力とは何か ………………… *4*

　　1-1-1　日本留学試験による定義　*4*

　　1-1-2　先行研究による定義　*6*

　　1-1-3　本書において用いる日本語能力の基本的枠組みと
　　　　　　その定義　*7*

1-2　学部留学生のコミュニケーション能力 ……………………… *8*

1-3　学部留学生の学習スキル ……………………………………… *10*

第2章　学部留学生の日本語能力についての調査 ————— *12*

2-1　先行研究について ……………………………………………… *12*

2-2　自己評価による調査の可能性 ………………………………… *14*

　　2-2-1　自己評価について　*14*

　　2-2-2　予備調査　*15*

　　　　2-2-2-1　調査内容　*15*

　　　　2-2-2-2　結果分析　*16*

2-3　学部留学生の日本語コミュニケーション能力および学習スキル
　　　の実態調査 …………………………………………………… *16*

　　2-3-1　本調査の目的　*16*

　　2-3-2　調査概要　*17*

　　2-3-3　調査方法　*17*

　　2-3-4　調査時期　*18*

2-3-5　調査内容　*18*

2-3-6　回答率　*18*

2-3-7　統計分析の手法　*18*

2-4　調査結果サマリー ……………………………………………… *19*

2-4-1　調査対象者のフェイスシート　*19*

2-4-2　調査パート 1：日本語での人的ネットワーク作りのための
日本語能力　*23*

2-4-3　調査パート 2：大学での学習・研究活動のための
日本語能力　*26*

2-4-4　調査パート 1・調査パート 2 の 4 技能別による分析　*28*

2-4-5　結果分析　*29*

第 3 章　学部留学生の日本語能力に関する
共分散構造分析 ———————————————— *31*

3-1　学部留学生の日本語能力への探索的因子分析 ………………… *32*

3-1-1　記述統計量　*32*

3-1-2　データによる探索的因子分析　*34*

3-2　共分散構造分析によるモデルの分析 …………………… *37*

3-2-1　潜在変数間の関係性を示すモデルの作成　*40*

3-2-2　共分散構造分析による因子間の因果関係の分析　*41*

3-2-3　分析結果　*46*

第 4 章　学部留学生の日本語教育の問題点 ——————— *48*

4-1　学部留学生の学習環境について ………………………… *48*

4-1-1　データ集計　*48*

4-2　学部留学生の具体的なコメント ………………………… *50*

4-2-1　4 技能に関するコメント　*50*

4-2-2　専門分野における日本語教育への意見や要望　*51*

4-2-3　敬語やその他に関する意見や要望　*52*

目次　iii

　　　4-2-4　現在の大学における日本語教育の授業内容や形態に
　　　　　　批判的な意見　*53*

　　　4-2-5　分析　*54*

　4-3　事例から見る学部留学生の問題点 ……………………………… *55*

　　　4-3-1　日本語教育と自律的学習能力　*55*

　　　　4-3-1-1　学部留学生（朴さん〈仮名〉）の事例　*55*

　　　　4-3-1-2　事例分析　*56*

　　　　4-3-1-3　事例により導き出されるもの　*57*

　　　4-3-2　日本語教育と人間関係構築能力　*57*

　　　　4-3-2-1　学部留学生（黄さん〈仮名〉）の事例　*57*

　　　　4-3-2-2　事例分析　*58*

　　　　4-3-2-3　事例により導き出されるもの　*59*

　4-4　まとめ …………………………………………………………… *59*

第5章　エンパワーメントの視点から見る
学部留学生の「学習者参加型」日本語教育 ──── *61*

　5-1　エンパワーメントとは ……………………………………… *61*

　　　5-1-1　エンパワーメントの可能性と危険性　*61*

　　　5-1-2　エンパワーメントの日本語教育における応用　*63*

　　　　5-1-2-1　エンパワーメントの関係性　*63*

　　　　5-1-2-2　エンパワーメントの本書における応用　*66*

　5-2　「学習者参加型」日本語教育 ………………………………… *67*

　　　5-2-1　学習の主役は誰か　*67*

　　　5-2-2　学習内容と指導方法
　　　　　　―学部留学生の基本目標に関する提案―　*68*

　　　5-2-3　教室活動について　*69*

　　　　5-2-3-1　ワークショップとは　*70*

　　　　5-2-3-2　ワークショップの特徴と意義　*71*

　　　5-2-4　学習者参加型評価　*73*

　　　　5-2-4-1　ポートフォリオ評価　*73*

5-2-4-2 「総合自他評価」─自己評価と他者評価の併用 *74*

5-2-5 まとめ *75*

第6章 「自律学習」について ———————————— *77*

6-1 自律学習とは ……………………………………………… *77*

6-1-1 自律学習（autonomous learning）とは何か *77*

6-1-2 自律学習の歴史的流れ *79*

6-1-3 自律的学習能力（学習者オートノミー） *80*

6-2 学部留学生の自律的学習能力 …………………………… *82*

6-2-1 自律的学習能力はなぜ必要か *82*

6-2-2 学部留学生の「自律学習」への認識 *83*

6-3 事例研究 ………………………………………………… *84*

6-3-1 事例研究1：グループモニタリングによる授業活動 *84*

6-3-1-1 対象者 *85*

6-3-1-2 活動内容および分析 *85*

6-3-2 事例研究2：自律学習能力を引き出す教室活動 *89*

6-3-2-1 受講者 *90*

6-3-2-2 教室活動の進行 *90*

6-3-2-3 教室活動の内容 *92*

6-3-2-4 授業評価の記述とその分析 *93*

6-3-3 まとめ *84*

第7章 「ワークショップ型」学習による日本語授業 ——— *96*

7-1 「ワークショップ型」学習 …………………………… *96*

7-2 事例研究3：「一般日本事情」におけるワークショップ型

学習 ……………………………………………………… *97*

7-2-1 研究概要 *98*

7-2-1-1 対象者 *98*

7-2-1-2 授業活動内容 *98*

　　　　7-2-1-3　「ワークショップ型」学習のテーマ　*99*

　　　　7-2-1-4　「ワークショップ型」学習実施の実際　*99*

　　　7-2-2　ポートフォリオ・カードの記録による授業活動への

　　　　　　　観察　*101*

　　　7-2-3　事例研究3における分析結果　*110*

7-3　事例研究4：「敬語使用能力」養成のワークショップ型

　　　学習 ……………………………………………………………… *111*

　　　7-3-1　研究概要　*112*

　　　　7-3-1-1　対象者　*112*

　　　　7-3-1-2　授業活動の内容　*112*

　　　　7-3-1-3　課題について　*112*

　　　　7-3-1-4　「ワークショップ型」学習実施の実際　*114*

　　　7-3-2　報告書記録による授業活動への観察　*116*

　　　7-3-3　事例研究4における分析結果　*122*

7-4　まとめ ……………………………………………………………… *124*

第8章　「学習者参加型評価」について ——————————— *128*

8-1　「ポートフォリオ評価」について ……………………………… *129*

　　　8-1-1　「ポートフォリオ評価」とは　*129*

　　　8-1-2　ELP の特徴　*129*

　　　8-1-3　大学の日本語教育における「ポートフォリオ評価」　*131*

8-2　事例研究5：日本語授業でのポートフォリオ評価の活用 ……… *132*

　　　8-2-1　研究対象　*132*

　　　8-2-2　授業内容　*132*

　　　8-2-3　評価基準　*132*

　　　8-2-4　事例研究の経過　*135*

　　　　8-2-4-1　スピーチ課題　*135*

　　　　8-2-4-2　ポスター発表　*137*

　　　　8-2-4-3　個人発表　*141*

　　　8-2-5　事例研究5のまとめ　*143*

8-3 事例研究 6 ：実践授業の教室活動における学習者参加型評価
　　　 の活用 ……………………………………………………………… 146
　　　8-3-1　研究対象 *147*
　　　8-3-2　教室活動内容 *147*
　　　　　8-3-2-1　前期の教室活動 *147*
　　　　　8-3-2-2　後期の教室活動 *147*
　　　8-3-3　評価の仕方 *148*
　　　8-3-4　評価基準 *149*
　　　8-3-5　教室活動の結果分析 *150*
　　　　　8-3-5-1　「自律的な評価力」について *151*
　　　　　8-3-5-2　評価基準への認識 *153*
　　　　　8-3-5-3　３評価による得点の変化 *154*
　　　　　8-3-5-4　学習効果と評価基準への理解との関係 *155*
　　　8-3-6　事例研究 6 のまとめ *158*
8-4　まとめ ………………………………………………………………… 160

第 9 章　大学に日本語教育における教師の役割について ― *161*

9-1　学部留学生の成人学習の特徴について　………………………… *161*
9-2　成人教育からみる日本語教師の役割　…………………………… *163*
9-3　学部留学生のエンパワーメントを引き出す日本語教師
　　　の役割 ………………………………………………………………*165*
　　　9-3-1　具体的な日本語教師の役割 *165*
　　　9-3-2　「ワークショップ型」学習における日本語教師の役割 *165*
　　　　　9-3-2-1　「他者決定型学習」における日本語教師の役割 *165*
　　　　　9-3-2-2　「自己決定型学習」における日本語教師の役割 *168*
　　　　　9-3-2-3　「相互決定型学習」における日本語教師の役割 *169*
　　　　　9-3-2-4　日本語教師のさらなる役割 *171*
9-4　授業活動をプロデュースする必要性　…………………………… *173*
　　　9-4-1　事例研究 7 ：学習者のレベルに合わせて考案した
　　　　　　　聴解指導の授業活動 *173*

9-4-1-1　はじめに　*173*

9-4-1-2　大学の日本語教育における聴解指導の目的　*174*

9-4-1-3　大学の講義聴解の指導法　*175*

9-4-1-4　本節の内容　*176*

9-4-1-4-1　検証課題およびデータ分析　*178*

9-4-1-4-2　考察　*181*

9-4-1-5　まとめ　*182*

9-4-2　事例研究 8：Movie Teleco を活用した音声指導の
教室活動　*183*

9-4-2-1　はじめに　*183*

9-4-2-2　具体的な音声理解の指導方法　*183*

9-4-2-3　授業の内容　*184*

9-4-2-4　自律的に学習活動の内容　*186*

9-4-2-5　おわりに　*190*

9-5　まとめ ……………………………………………………… *191*

あとがき ──────────────────────── *197*

参考資料と参考文献 ──────────────────── *199*

参考資料　*201*

資料 1　*201*／資料 2　*203*／資料 3　*213*／資料 4　*215*／

資料 5　*218*／資料 6　*219*／資料 7　*220*／資料 8　*221*／

資料 9　*222*

参考文献　*223*

索引 …………………………………………………………… *231*

序

研究背景と意義

　経済や社会のグローバル化を背景に日本に在住する外国人登録者数は341万人[1]を超え、来日の目的の多様化が進んでいる。令和5（2023）年度に日本に在留していた留学生は34万人に上り、その6割以上は学部（短大、高専含む）留学生であった[2]。札野・辻村（2006）によれば、日本の大学において、日本語で専門分野を学ぶ留学生（以下、学部留学生とする）には、基本的な生活のための日本語能力や人間関係を豊かにする人的ネットワーク作りのための日本語コミュニケーション能力が必要とされている。また、学部留学生は、研究生としての留学生[3]や大学院留学生と異なり、専門分野の知識がほとんどないにもかかわらず、大学生特有の専門分野での学習スキル（講義やゼミでの学習・研究活動に必要な言語能力、日本語での思考・表現能力など）が必要とされる。さらに、西郡（2015）は「大学教育の世界でも人文科学系を中心に、日本国内では留学生が日本語で知識を得て、日本語で議論し、日本語で論文を書くのは当然の姿である」と強調した。

　筆者自身も日本の大学で留学生として勉学した経験がある。当時の大学でも、学部留学生向けの日本語の授業が開設されていたが、それでも筆者は日本語能力の不足によって学生生活の各方面で不便や困難を感じていた。そして、授業において講義が理解できないだけではなく、教師や日本人学生とコミュニケーションをうまく取れないことにも悩んでいた。筆者のように、大学での学生生活を順調に送るために必要とされる日本語コミュニケーション能力を十分に持っていない、かつ、大学の専門分野における学習・研究活動に必要な学習スキルが不足していると感じている学部留学生がほかにも多数存在すると推測さ

---

1) 法務省の発表によれば、令和5年末では日本に在住する外国人登録者数は341万人を超えた。
2) 文部科学省においてOECD等による統計「令和5年度外国人留学生在籍状況調査結果」による。
3) 研究留学生とは大学院の受験を控え、大学院の授業を履修する留学生である。

れる。

　そこで、筆者は2008年、2009年、2013年の3回にわたり、国立・公立・私立大学の社会科学・人文科学分野を専門とする学部留学生271人を対象に大学の日本語教育をどう感じているのかについてアンケート調査を行った。その調査結果では、約40％の人は「日本人のように日本語をしゃべりたい」「日本人学生と同じように授業を理解し、自己表現したい」のような学習目標を設定していたことが明らかになった。また、学部留学生が大学の日本語教育を必要と考え、専門分野での学習に対応できる実用的な日本語教育への期待も高いこともわかった。しかし、大学の日本語教育に対する期待感が高まっているのとは反対に、その教育内容に満足できないと感じる学部留学生も多く見られた。その不満を調査していくうちに、いくつかの問題点が見えてきた。

　まず、大学の日本語教育の目的、およびその到達点（つまり評価基準）が明確に学部留学生に伝わっていない点である。もちろん、大学の日本語教育の目的は学部留学生の専門分野における学習に対応できる日本語能力、および学習スキルの養成である。しかし、どのような日本語能力が必要なのか、また、どのようなスキルが必要なのか、どれくらい習得できれば大学における専門的な学習に対応できるのか、などについて明確に学部留学生に伝わっていないことである。そのため、実際に大学の日本語授業の内容に疑問を持ち、学習意欲が低下する学部留学生が現れる。日本語の授業への出席率が低く、また、出席するが教室活動に消極的で履修単位さえ取得すればいいという考えを持っている学部留学生も存在するようである。

　次に、学部留学生がメインストリームの価値観[4]から脱却できない点である。上記の調査で約40％の学部留学生は「日本人のように日本語をしゃべりたい」また、「日本人学生と同じように授業を理解し、自己表現したい」のような学習目標を設定していたことが明らかになった。無論、学習目標を高く設定することは自分自身の成長につながる基本的な考え方である。しかし「日本語母語話者並み」という理想と自分自身の現実との違いの中で苦しみ、ありのままの自分を受け入れることができない、自分自身の可能性を意識化できない、公平

4）社会学において、メインストリームの価値観とは、同質化圧力などを通じて、個人を集団の規範へと順応させる評価的判断を指す。つまり、価値観の均質な集団の持つ権威への服従である。

な自己実現ができないなどの不自由な思いをしている。つまり、自分なりの日本語との関わり方や学習できる枠組みを自ら作り出す学部留学生のエンパワーメントすなわち自ら参加し自ら学習を進める力を引き出すことが必要である。

そして、次なる問題は学部留学生の「自律学習」への認識が欠如している点である。学部留学生と言っても、個々の学習経験も多様であり、また専門分野も異なるため、それぞれ抱える日本語学習上の問題も多岐にわたる。多様な背景を持つ学部留学生のニーズを教師一人で満たすことには限界がある。学びを「知識の獲得」と捉え、教師が一方的に学部留学生へ知識を伝達する従来の教育の形から、彼らが自ら学習を計画・実行・評価する「自律学習」が必要とされている。そして、大学で養われる「自律的学習能力」は卒業後の職業生活や社会生活の中で行われる生涯学習にもつながっていくと思われる。

これらの問題点を改善するためには、大学における学部留学生の日本語教育に必要とされているものを彼らの現状や要望に応じて教育の原点に戻って考え直す必要があると思われる。また、これまでこの分野の研究では、エンパワーメントの視点から、「生活者」としての外国人のための日本語教育や大学院における日本語教育などについてさまざまな調査や研究が行われてきたが、大学における学部留学生のための日本語教育についての事例研究はいまだに少ない。

また、西郡（2015）が言及したように、1980年代の「留学生10万人計画」に始まる留学生の急増から、1990年代の日本のバブル経済の崩壊によって日本経済や日本の先進技術への憧れの衰退、そして、2000年代に入って日本のアニメや音楽などサブカルチャーへの関心の高まりなどによって、アジア各国特に中国の富裕層の留学目的に変化が見られた。つまり、時代とともに留学生像も変わりつつある。このような変化を背景に今日の学部留学生の実態、そして、彼らが学習への要望などを踏まえ、大学における日本語教育を考える必要がある。

本書では、まず前半で学部留学生の大学における学習に必要な日本語能力や彼らの現段階の日本語能力への認識について調査し、その状況を数量的に報告する。次に、後半5章以降で学部留学生の「自律学習」を促す「学習者参加型」日本語教育について、日本語教育現場における8つの事例研究を通して彼らのエンパワーメントを引き出す「ワークショップ型」学習の有効性と可能性を提案する。さらに、大学の日本語教師の役割についても言及し提案する。

第1章

学部留学生に必要な日本語能力

渡辺（1995）は「学部留学生は研究留学生や大学院留学生と違って、専門分野の知識はほとんど持っておらず、かつ日本人大学生と同等の学習スキルが授業で求められている」としている。また、専門分野での学習・研究活動だけではなく、大学という生活環境を中心とした人的ネットワーク作りのための日本語コミュニケーション能力に関しても高いものが要求される。大学の学部において留学生が「日本での留学生活を順調に送るために、必要な日本語能力は何であるか」を考える際に、この学部留学生の特徴や、日本語学習に対する特有のニーズを考える必要がある。

1-1　学部留学生に必要な日本語能力とは何か

1-1-1　日本留学試験による定義

日本留学試験は、日本への留学希望者を対象に2002年より実施されている試験である。この日本留学試験の推進のため、1998年6月「日本留学のための新たな試験」調査協力者会議が発足、2000年8月に『「日本留学のための新たな試験」について─渡日前入学許可の実現に向けて』という報告書が出された。この報告書の「日本語シラバス」の「測定対象能力」の記述によると、試験の目的として、「外国人留学生として日本の高等教育機関、特に大学学部に留学を希望するものが、日本の大学での勉学に対応できる日本語力をどの程度習得しているかをシングルスケールで測定することを目的とする」とあり、測定対象能力として「日本での留学生活を送る上で、日本語によるコミュニケーション能力があるかどうか、また、自国での初等・中等教育修了までに習得した知識を前提としながら、日本の大学での学習・研究活動を行うための日本語能力

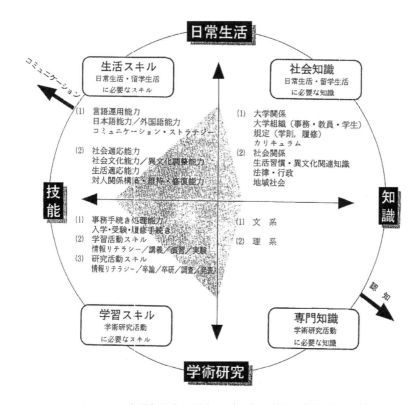

図1-1　測定対象能力の概念図（調査研究協力者会議、2000）

があるかどうかを測定する言語テストであり、かつ、標準テストである」[5]としている。また、日本留学試験の「測定対象能力」について図で示している（図1-1）。

上記の「測定対象能力」を示している図1-1の網掛け部分が試験で測る能力とされている。また、その能力については、日常生活・留学生活に必要なコミュニケーション能力、および学術研究活動に必要なスキルと位置づけている。つまり、大学に入学する段階では、学部留学生が「社会知識」と「専門知識」のような「知識」よりも、「生活スキル」や「学習スキル」のような「スキル」

---

[5] 調査研究協力者会議（2000）『「日本留学のための新たな試験」について―渡日前入学許可の実現に向けて』。

が重視されることになる。この測定対象能力の概念図では、学部留学生が日本での留学生活を順調に送るために必要な言語能力について、縦軸・横軸で4つの領域に分けそれぞれ必要項目を挙げているが、やはり学部留学生に必要な日本語能力について具体的な内容を把握することは難しい。

1-1-2　先行研究による定義

堀井（2003）の「日本留学試験」と「アカデミック・ジャパニーズ」との関係を研究する報告書では、大学で学ぶ留学生のための日本語教育と日本人大学生のための「日本語教育」との関連性を考察している。その中で、学部留学生の大学での勉学に対応できる日本語力について、日本語による講義を聞き取り理解する力、大量のテキスト・資料・参考文献などの読解力、レポート・論文や発表のための情報収集力、レポート・論文を書く力、発表する力、学内でコミュニケーションを取り人間関係を作る会話力、などを挙げているが、これは、知識や形式的なスキルだけでは得られない、総合的な「学び」につながる力であると捉えている。

また、札野・辻村（2006）は全国の大学の1・2年生を対象とした学部レベルの一般授業の担当教師に向けて、学部留学生に期待される日本語能力に関す

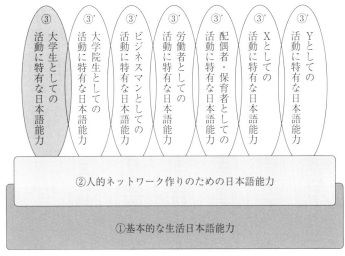

図1-2　大学生に必要な日本語能力（札野・辻村、2006）

る調査を行った。その結果、学部留学生に必要な日本語能力は3つの種類に分類できるとしている（図1-2）。

- 基本的な生活のための日本語コミュニケーション能力（生きるために必要な情報を得たり、発信したりするための言語能力）　　　　——①
- 人間関係を豊かにするための日本語コミュニケーション能力（大学という生活環境を中心とした人的ネットワーク作りのための言語能力）—②
- 本来の活動に必要な大学生に特有の日本語コミュニケーション能力（講義やゼミでの学習・研究活動に必要な言語能力、日本語での思考力・理解力・表現力も含む）　　　　　　　　　　　　　　　　　　　——③

　①はすべての日本語学習者に共通する能力で、日本語で生活するために最低限必要な言語機能が達成できる能力である。②は単なる言語の構造などの知識だけではなく、一つの場面でどのように表現するのが適切かというような語用論的な知識をもとに、より円滑な人間関係の構築に貢献する言語能力を指す。この能力は基本的に全学習者に共通するものだと考えられるが、大学という場面とそれを取り巻く人間関係を想定することにより、留学生特有の大学生活でのコミュニケーション能力だと考えられる。③に関しては、留学生としての本分の学習・研究活動などに必要とされる特有の能力である（札野・辻村2006）。

1-1-3　本書において用いる日本語能力の基本的枠組みとその定義

　本書では、堀井（2003）、札野・辻村（2006）などの日本語学習者に必要な日本語能力に関する先行研究を踏まえ、学部留学生に焦点をあて、彼らに必要な日本語能力を①基本的な生活のための日本語能力、②留学生活に必要な日本語コミュニケーション能力（学内外における人的ネットワーク作りのための言語能力）、③専門分野における学習・研究活動に必要な日本語での学習スキル（講義やゼミでの学習・研究活動に必要な言語能力、日本語での思考力・理解力・表現力、および情報処理能力を含む）と定義する（図1-3）。

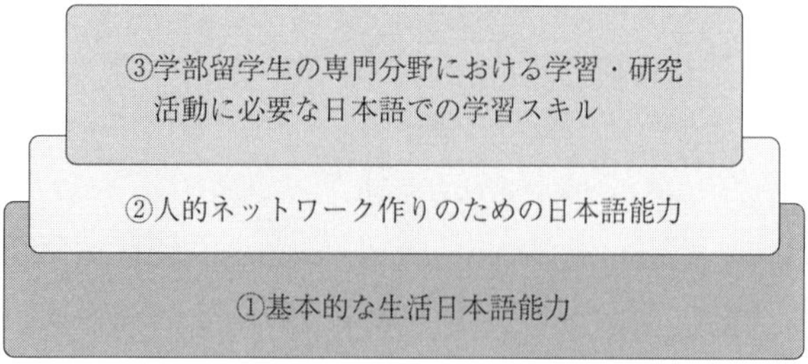

③学部留学生の専門分野における学習・研究
活動に必要な日本語での学習スキル

②人的ネットワーク作りのための日本語能力

①基本的な生活日本語能力

図1-3　学部留学生に必要な日本語能力

1-2　学部留学生のコミュニケーション能力

　言語コミュニケーションは、「聴く」「話す」「読む」「書く」という行為を通して成立すると一般的に言われており、コミュニケーション能力があるということはこの言語の4技能をある程度身につけているということである。

　尾崎（2006）は「コミュニケーション能力とは、言語という記号体系、言語使用に関する社会的な約束事及び言語外の知識をもとに、相手に伝えたい表現意図、相手が伝えたいと思っている表現意図を①正確、②迅速、③適切に表出する（話す、書く）能力、理解する（聴く、読む）能力だということになる」と強調している。

　さらに、そのコミュニケーション能力はどのような要素から成り立っているのかについて、Canale and Swain（1980）は次の4つの構成要素を提示している。

　1）文法能力：　　文法的な文を生成、理解する能力
　2）社会言語能力：社会的に適切な発話を生成、理解する能力
　3）談話構成能力：文章・談話を構成、展開する能力
　4）方略能力：　　円滑、効果的なコミュニケーションを行う、あるいは種々
　　　　　　　　　　のコミュニケーション問題を処理する能力

Canale は、この4つの構成要素を提示し説明しているが、その相互関係については明らかにしていない。

　それに対し、Bachman（1990）はさらに精緻化した3つの構成要素モデル

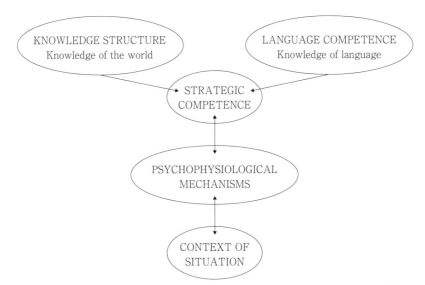

図1-4　言語コミュニケーション能力の構成要素（Bachman、1990：85）

を提案した。

1）Language competence（言語知識）
2）Strategic competence（方略能力）
3）Psychophysiological mechanisms（心理的整理的メカニズム）

さらに、Bachmanは3つの構成要素の関係性について図1-4のように提示している。

尾崎（2006）によれば、Bachmanはcompetenceを「知識」と「能力」という2つの異なる意味で使っている。Language competenceは言語「知識」を指し、strategic competenceは方略「能力」を指している。

日本語教育の分野においては、ネウストプニー（1982）は文法能力と文法外コミュニケーション能力を区別し、さらに、ネウストプニー（1995など）は文法能力と文法外コミュニケーション能力を包摂するインターアクション能力というより広い概念を提唱した。

以上の研究から学部留学生に必要な日本語能力には言語「知識」だけではなく、ネウストプニーのインターアクション能力にも注目すべきと考え、本書では、学部留学生の日本語コミュニケーション能力を学部留学生が日本での生活

を順調に送るために学内および学外でのコミュニケーションの場において、日本語によって相手に正確に、迅速に、かつ適切に意思交換する能力、つまり、日本語の言語知識だけではなく、その知識を運用する能力を含めたインターアクション能力というより広い概念として定義する。

1-3　学部留学生の学習スキル

　先述した「『日本留学のための新たな試験』について—渡日前入学許可の実現に向けて』」という報告書の「測定対象能力」の記述と図1-1によれば、学習スキルとは、学術研究活動に必要なスキルである。具体的には、（1）事務手続き処理能力（入学・受験・履修手続き）、（2）学習活動スキル（情報リテラシー・講義・演習・実験）、（3）研究活動スキル（情報リテラシー・卒論・卒研・調査・発表）と示している。

　それに対して、森（2005）は、「学部留学生の学習スキルとは『授業をこなし単位を取得することが出来る日本語能力』（授業は講義、演習、ゼミ、卒業研究等を含む）である」とする。また、その具体的な技能は、「講義・演習を聞く」「ノートを取る」「教科書、プリントを読む」「文献を調べる」「文献を読む」「レポートを作成する」「口頭発表をする」「作品を作る」「実験をする」などとしている。

　また堀井（2006）は、「大学における問題発見解決をスムーズに進めるためには、基礎知識はもちろんだが、日本語によるスタディ・スキルが必要となる。発見の機会ともなる講義をきちんと聞き取ったり、大量のテキスト・文献を読み、情報収集をするためには、ノートテイク、スキミング・スキャニングのスキルが必要であり、また、自分の考えたことを他とインターアクションしたり、伝えたりするプレゼンテーション・スキルやアカデミック・ライティングなどを身につけることも必要である」と述べている。

　さらに、堀井（2006）では、大学で学習するために必要なスキルを考えるときに、何のために言葉を使うのか、何のために大学で学ぶのか、日本語を使っていかに問題を発見するか、いかにその問題を考えていくか、いかに批判的に捉えていくか、そして、いかに自分が考えたことを伝えていくか、というスタディ・スキルが必須と強調している。

第1章　学部留学生に必要な日本語能力　　11

　本書では、以上の先行研究をまとめ、援用し、学部留学生に必要な学習スキルを「授業をこなし単位を取得することができる日本語能力」（授業は講義、演習、ゼミ、卒業研究等を含む）と捉え、具体的には、問題発見解決能力、およびそれをスムーズに進めるためのスタディ・スキル（「講義・演習を聞く」「ノートを取る」「教科書、プリントを読む」「文献を調べる」「文献を読む」「レポートを作成する」「口頭発表をする」「作品を作る」「実験をする」「情報リテラシー」などを含む）と定義し調査を実施することとした。

第2章
学部留学生の日本語能力についての調査

2-1 先行研究について

　三宅（2003）は、「学部留学生が大学で勉学するのに必要な日本語能力に関して、大規模な調査はほとんどおこなわれていないようである」と指摘している。これまでに一般教養や専門教育の教師側に対して行った留学生に必要な日本語能力、レポート作成能力に関する調査は下記①〜④に示すようにいくつかある。

　①二通（1996）の調査は、留学生の指導に役立つことを目的に、勤務する大学の専門・教養担当の教員によって日本人大学生に課されているレポートについて調査したものである。レポートの種類や内容、頻度や分量などのほか、レポート作成に関する大学生の問題点や指導法を聞いている。そして、日本人大学生と留学生については「日本語力や背景的な知識には違いがあるものの、レポート・論文作成に必要な論理的な思考や正しく伝えるための技術に関しては共通の課題を持っていることが分かった」としている。

　②札野・辻村（2006）は全国の大学の1・2年生を対象とした学部レベルの一般授業の担当教師に向けて、留学生に期待される日本語能力に関する調査を行った。この調査では人的ネットワーク作りの日本語能力と学習・研究のための日本語能力について教員の考えを聞いているが、学習・研究のための日本語能力においては、「論文を書いたり口頭発表をしたり、議論するなど、能動的な言語行動が出来るようになることが期待されている」としている。

第 2 章　学部留学生の日本語能力についての調査　　13

　以上の①と②は大学側が留学生に期待する日本語能力に関する調査である。それに対し、学部留学生の目線から、自分の日本語コミュニケーション能力や学習環境、および大学での専門日本語教育に対する期待や要望に関する調査は少ない。その中に以下の③と④のような調査があった。

　③池原ほか（2004）は、留学生が学部授業の受講を円滑に進めるために、勤務する大学で日本語予備教育コースを受けた学生55名、およびその留学生の担当教員47名を対象にアンケート調査を行い、日本語コース終了時の学習到達度と学部授業の理解度、学習者の満足度との関連、および学習者のニーズを分析した。その結果、留学生が講義内容の理解にかなり困難を感じていることに対し、担当教員は留学生が何に困難を感じているのか、留学生の理解度・困難度をどの程度把握し、どう対処しているかに関しての認識に、かなり差があった。「一般教科、専門教科を担当する教員は留学生にさらなる日本語の力を期待しており、留学生自身も、日本語コース終了時点の日本語力では、学部の授業を受講するためには充分ではない、もっと高度な日本語能力が必要だと自覚していることがわかった」としている。

　④宮城（2003）のアンケートの内容は、多様な背景を持つ留学生を受け入れるようになった時期に、留学生が大学での授業・講義などの学習の場でどのような障害や問題を抱えているのかについて調査した。従来の指導体制の見直しを目的として、その勤務大学で留学生21名、および担当科目の指導教員33名を対象にアンケートを実施した。その結果、「大学での勉強の意味を理解し、目標意識をもって勉強ができるように、意識面・精神面での指導や支援も大切である」としている。また、「先生や日本人学生、留学生仲間に積極的にアプローチするなどのコミュニケーション能力が、大学での勉学を成功させるために重要である」と指摘している。

　ただし、③と④は両方とも学部留学生とその指導専門教員らの意識を比較しているが、調査人数は非常に少ない。
　また、鹿島ほか（1994）の調査でも、留学生を指導する教員と留学生自身の意識調査を行ったが、調査範囲は長崎大学に限定されていた。ほかにも90年代

の調査が存在するが、時代の変化とともに学部留学生の実情も変わりつつあるため、新たな視点で、かつ広い範囲での調査が必要だと思われる。

2-2　自己評価による調査の可能性

先行研究で言及した札野・辻村（2006）の調査では、大学学部の授業を担当する教員に対して、学部留学生に必要な日本語でのコミュニケーション能力の内容について調査を行った。しかし、その結果で示されているものは、教員が考える学部留学生が大学で勉学するために必要な日本語コミュニケーション能力の理想的な到達点であり、学部留学生が有している日本語能力の現状や問題点を反映していない。本書では学部留学生が有する日本語コミュニケーション能力、および学習スキルの実態、また、学部留学生の大学の日本語教育に対するニーズを把握したいと考える。そのため、他者評価ではなく、学部留学生の自己評価による調査の有効性を重視する。

2-2-1　自己評価について

海保（2002）によれば、人は誰しも自分の心について内省することができる。この内省という行為を支えているのがメタ認知である。メタ認知は、認知機能のモニタリングとコントロールのために次の4つの形で機能している。
　　1）自己モニタリング
　　　（1）自分は何を知っているか（知識のメタ認知）
　　　（2）自分は何ができるか（能力のメタ認知）
　　　（3）自分の今現在の心はどうなっているか（認知状態の認知）
　　2）自己コントロール
　　　（4）どのように心を動かせるのが最適なのか（心のコントロール）
　このメタ認知を教育訓練によって高めようという試みは自己教育の育成というような教育目標のもとで取り上げられている。高野・油谷（1993）は「不慣れな外国語を使っている最中は、一時的に思考力が低下した状態になっていることがある。本来なら、論理的で創意に富んだ話し方ができる人でも、本来の知的能力をひどく過小評価されてしまうことになりかねない。人間は自分自身に対してある認識を持ち、それに伴って主体的に行動できることこそ、人間の

心の最も重要な機能と言えよう」と述べている。近年、人間の自己認識と主体性を重視する自己評価は日本語教育の分野でも重視されつつである。

　もちろん、自己評価は人によって、その人の文化的背景によって差異が生じるであろう。Heine, Takata, & Lehman（2000）では、カナダ人と日本人の大学生を対象に自分の成績がどれくらいかを自己判断する実験を行った。その結果、カナダ人は少ない情報を基に自分の成績は平均以上だという確信を得るのに、日本人は自分が劣っているという結論に達しやすい。つまり、文化による自己高揚・自己批判傾向の差が、文化的自己観の個人への内面化を媒介としていることがわかる。

　一方、海保（2002）によれば、同一文化の中でも、相互独立性と総合協調性の個人差がさまざまな考え方や行動の差を生んでいる。文化の違いを背景とした違いも大きいが、おのおのの文化内での文化的自己観の内面化の程度による個人差もまた大きい。

　このような文化的背景や個人的な自己観による差異を考慮しつつ、学部留学生における人間の自己認識と主体性を重視する自己評価による予備調査を実施した。

2-2-2　予備調査

2-2-2-1　調査内容

　2007年10月、筆者は都内にある某私立大学に在学している学部留学生50名を対象にアンケート調査を行った。渡辺（1995）や藤井ほか（2004）によれば、大学キャンパス内において、学部留学生の日本語による人間関係構築能力は学習・研究活動に大いに影響を与えることになる。また学部留学生は生活費や学費を得るためにアルバイトを余儀なくされる場合が多いため、学外における人間関係構築能力も財政や精神的な面において、留学生活に非常に影響を与えていると思われる。

　そのため、アンケート調査の内容は留学生活における日本語コミュニケーション能力の有無、および大学の専門分野での学習・研究活動における学習スキルの2つの部分について重点的に設問した[6]。

6）巻末の参考資料1を参照。

2-2-2-2　結果分析

　アンケートの結果、日本語コミュニケーション能力の不足により人間関係の構築がうまくできず、さらに、専門分野での学習・研究活動に困難を感じていると答える人は48名で全体の（96％）を占めていた。その原因としては「同じクラスの日本人（学生）や先生（専門教員）とうまくコミュニケーション（が）取れない」や「授業で分からないことがあっても誰に聞けばいいのか分からない」および「アルバイト（が）いそがしい。勉強の時間（が）ない」などのコメント[7]から学部留学生らは自分の日本語コミュニケーション能力や学習スキルに対して、さまざまな不安や問題点を抱えていることがわかった。さらに、調査結果から、学部留学生は自分の日本語能力に対する不安や抱えている問題意識、および大学での日本語教育に対する意見や要望などを教師側にうまく伝えられないことがわかった。この予備調査は学部留学生の自己評価によるもので、彼らの評価とコメントからその人間のメタ認知機能に支えられている内省という行為が見られた。また、この内省によって得られた調査結果は、本調査を実施する前のパイロット調査として非常に有意義である。

2-3　学部留学生の日本語コミュニケーション能力および学習スキルの実態調査

2-3-1　本調査の目的

　前述したように、渡辺（1995）によれば、学部留学生は研究留学生[8]や大学院留学生と違って、専門分野での知識をほとんど持っておらず、しかも、授業では日本人大学生と同等の日本語コミュニケーション能力が求められている。そして、専門分野での学習・研究活動だけではなく、大学という生活環境を中心とした人的ネットワーク作りのための日本語コミュニケーション能力に関しても高く要求される。

　本調査では、2007年の予備調査から得られた問題意識を持ち、さらに、先行

7）用字・用語などは原文どおりで、意味がわかりにくい文については後ろの括弧に補足を入れている。

8）研究留学生とは大学院の受験を控え、大学院の授業を履修する留学生である。

研究を踏まえ、学部留学生の留学生活や大学での学習・研究活動に対応できる日本語能力の実態を把握する必要があると考え、学部留学生に自分の日本語コミュニケーション能力、および学習スキルに対して自己評価をしてもらい、さらに大学における日本語教育に対する期待や要望について広範囲なアンケート調査を行った。

その結果を通して、学部留学生の日本語でのコミュニケーション能力、および学習スキルの実態を客観的に分析し、また、学部留学生の視点から大学における日本語教育への意見や要望を明示し、その結果を大学における留学生の日本語教育分野での研究・指導に活用したいと考える。

2-3-2　調査概要

調査対象とした大学
・東京都および近郊の大学であること
・学部への正規留学生が20名以上在籍していること
・アンケートの実施を申し込み、それが可能であった大学

以上の条件を考慮して、今回の調査は関東地域にある国立・公立・私立大学10校に渡って調査を行った。内訳は表2-1のようになっている。

2-3-3　調査方法

調査方法は書面による選択および記述式アンケート調査である。調査の実施に関しては、全て筆者が直接アンケート用紙を手渡し、記入に関する説明を行った。個人名および個人情報の非公開などを説明し、了承を確認したうえでアン

表2-1　調査協力校数および回答者数

	国立	公立	私立	計
回答校数	3	1	6	10
回答者数	9	14	277	300
欠損値*	0	10	19	29
有効値	9	4	258	271

＊欠損値は、事前に設定した調査対象ではない大学院生・研究生のデータや無回答の多いデータである。

ケートを記入してもらった。

2-3-4 調査時期

調査の時期に関して、1回目は2008年5月から6月中旬まで、2回目は2013年7月末、3回目は2013年12月中旬に実施した。

2-3-5 調査内容

札野・辻村（2006）の調査項目、また、パイロット調査の結果を参考にしたうえで、調査項目を設定し、アンケート「大学学部留学生に対する日本語教育現状調査内容」を作成した。その中では、図1-3で示した①学部留学生の基本的な生活のための日本語能力は、そもそも大学入学以前に習得すべきものであるので、今回の調査項目としない。②学部留学生の人的ネットワーク作りのための日本語能力、③学部留学生の専門分野における学習・研究活動に必要な日本語での学習スキルに関する内容を中心に調査項目とした。

「大学学部留学生に対する日本語教育現状調査内容」は、①「フェイスシートの23問」、②「調査パート1　日本語での人的ネットワーク作りのための日本語能力の23問」と、③「調査パート2　大学での学習・研究活動のための日本語能力の27問」（以下調査パート1・調査パート2とする）、④「日本語学習環境」の4つの部分で構成されている[9]。各質問で、留学生が日本語を用いる行動の場面を提示し、その行動を行うことを想定し、自分の日本語コミュニケーション能力および学習スキルに関する自己評価を行ってもらった。

2-3-6 回答率

全てのアンケート用紙は筆者により手渡しし、回答率は100％である。ただし、事前に設定した調査対象ではない大学院生・研究生のデータや無回答の多いデータを除くと回答率は90％となる。

2-3-7 統計分析の手法

統計ソフトのIBM SPSS 22.0 STATISTICS BASEを用いて「大学学部留

---

9) 巻末の参考資料2を参照。

学生に対する日本語教育現状調査内容」にある「フェイスシート」「調査パート1」「調査パート2」「日本語学習環境」のデータを数量化し、記述統計や多重集計、相関測定によりデータ分析を行った。

2-4　調査結果サマリー

2-4-1　調査対象者のフェイスシート

　フェイスシートでは調査対象者のプロフィールに関する質問項目となっている。

①フェイスシートに関する記述統計
　今回の調査対象は大学学部に在籍している1年から4年までの留学生であり、経済・国際経済・経営・商・文学・心理学・情報処理・法学・言語学など社会科学や人文科学分野の学問を専門とする留学生である。

　有効調査データの全271人の回答者中、男性155人（57.2%）、女性116人（42.8%）である。

　年齢については、18歳から35歳までであり、20代前半に集中している。無回答は5人である。

　出生地（国籍）に関しては、中国をはじめ韓国、ベトナム、マレーシア、インドネシアなど10カ国（地域）となっている。

　また、母語に関しては、中国語が176人で64.5%を占め、それに次いで韓国語は74人で27.3%であり、インドネシア語は6人で2.2%、ベトナム語は3人で1.1%、マレーシア語は3人で1.1%、香港（中国・広東語）は3人で1.1%、ネパール語は2人で0.7%、およびミャンマー語・タイ語・アラビア語・モンゴル語は各1人でそれぞれ0.4%である。

　学年については、1年生は196人で一番多く、全体の72.3%を占めている。2年生は49人で18.1%、3年生は17人で6.3%、4年生は9人で3.3%で一番少ない。

　今回の調査対象者は1年生が多いため、日本の滞在期間は2年と答えた人が一番多く、105人で全体の38.7%を占めている。海外で日本語教育留学試験を

受け、日本語学校などに長期間通うことなく、外国から直接日本の大学に入学した留学生が増加したため、1年および1年未満の人は73人で全体の27％を占めている。次いで、3年と答えた人は40人で14.8％、4年の人は29人で10.7％、さらに、5年と5年以上日本に滞在している人は23人で8.5％となっている。無回答は1人である。

　日本語能力試験を受けたことがある人は212人で全体の78.2％であり、それに対し、未受験の人は59人で全体の21.8％である。

　日本語能力試験を受験し、日本語能力N1を取得した者は172人で全体の63.5％を占めている。N2取得者は37人で13.7％であり、N3取得者は2人で、無回答は1人である。

　日本留学試験を受験したのは271人中246人であり、全体の90.8％を占めている。受けてない人は24人で8.9％である。無回答は1人である。

　過去の来日経験は、193人（71.2％）の人が初来日と答え、76人（28％）の人はさまざまな理由で来日したことがあると答えている。また、来日の理由は旅行や家族・知人・友達を訪問したことなどである。

　日本語学習年数に関しては、1年以上〜2年未満の人は102人で37.6％であり、次いで、2年以上〜3年未満の人は97人で全体の35.8％であった。これは、今回の調査対象に1、2年生が多いことが原因だと思われる。また、4年以上の人は58人で21.4％である。9カ月〜1年未満の人は10人で3.7％であり、0〜4カ月の人は3人で、5〜8カ月の人は一番少なく1人である。日本語学習年数が1年未満の人は、ほとんどが国費留学生であり、私費留学生は1人しかいなかった。

　「自分の日本語能力に満足しているか」という質問に対して、満足していない人は265人で全体の97.8％を占めている。それに対し、満足している人は6人で2.2％である。また、「日本語で不便を感じているか」の質問に対して、不便を感じていると答えた人は221人全体の81.5％を占めている。それに対し、感じていないと答えた人は50人で18.5％である。

　「日本語学習の最終目標」について質問をしたところ、「日本人と同じレベル、あるいは日本語教師になる」「同時通訳」と答えた人が一番多く、100人で全体の36.9％を占めている。次いで「将来の仕事に役立つこと」と答えた人が59人で21.8％を占めている。さらに、「進学」と答えた人は47人で17.3％である。

そして、「生活上で困らない程度」と「日本人とコミュニケーションができる」は合わせて43人で、全体の15.9%である。無回答は22人である。

日本語学習の目的を把握するために、「大学卒業後の進路」についても質問した。その回答では、「日本で就職」と考えている人は117人で全体の43.2%を占めている。また、「日本で進学」を予定している人は、50人で18.5%で、「帰国」を予定している人は、36人で13.3%である。調査対象者は1、2年生が多いため、進路に関して「まだわからない」と答えた人は67人で24.7%である。無回答は1人であった。

調査対象とする学部留学生に対して「アルバイトをしているか」という質問をしたところ、「している」と答えた人は151人、全体の55.7%である。それに対して、「していない」と答えた人は120人で、44.3%である。

調査対象者である学部留学生の日本語コミュニケーション能力に影響を与えるさまざまな原因を探るために、「すぐに人と仲良くなれるか」という性格に関係する質問も設けた。その回答について、「ややそう思う」は271人中118人（43.5%）である。「どちらでもない」と答えたのは70人（25.8%）である。また、「あまりそう思わない」は37人（13.7%）、「とてもそう思う」は35人（12.9%）であり、「そう思わない」と答えたのは11人（4.1%）であり一番少ない。

②フェイスシートに関する複数回答の集計

フェイスシートに関する複数回答の集計結果について表2-2に示した。

前述のように、学部留学生に「自分の日本語能力に満足しているか」と質問をしたところ、97.8%の人は「満足していない」と答えた。具体的には「聴く・話す・読む・書く」といった4技能に関して、技能間でばらつきはあるものの、総じて、満足に至っていない回答が多い。

その中で、「話す」に満足していない人は182人で、271人中69.2%を占め、一番多い。次いで「書く」に関しては177人が問題を感じ、67.3%を占めている。また、「聴く」と「読む」に関しては、それぞれ103人と96人であり、271人中それぞれ39.2%と36.5%を占めている。「その他」は9人で3.4%である。この結果では「書く」「話す」は、4技能全体の中の63.3%を占めている。つまり、学部留学生が自分の「聴く」「読む」能力よりも「話す」「書く」能力の不足を感じていると言えよう。

表2-2　満足していない日本語能力度数分布表

		応答数		ケースのパーセント*
		度数	パーセント	
不満**	聞く	103	18.2%	39.2%
	話す	182	32.1%	69.2%
	読む	96	16.9%	36.5%
	書く	177	31.2%	67.3%
	その他	9	1.6%	3.4%
合計		567	100.0%	215.6%

＊複数集計のため、ケースのパーセントは100ではない。　　　　N＝271
＊＊2分グループを値1で集計。

表2-3　不便を感じる日本語能力度数分布表

		応答数		ケースのパーセント
		度数	パーセント	
不便*	授業理解	58	14.1%	26.2%
	意見発表	141	34.2%	63.8%
	資料理解	50	12.1%	22.6%
	レポート	139	33.7%	62.9%
	聞き取り	24	5.8%	10.9%
合計		412	100.0%	186.4%

＊2分グループを値1で集計。　　　　N＝271

　表2-3のように、学部留学生の大学での学習・研究活動中に自分の日本語能力によって不便を感じていることについて調査した。その結果、「自分の意見をうまく発表できない」「レポートや論文をうまく書けない」はそれぞれ141人と139人であり、271人中63.8％と62.9％を占めている。また、「授業内容が理解できない」および「教科書や資料を読んでも理解できない」と答えた人はそれぞれ58人と50人であり、26.2％と22.6％を占めている。この質問項目からも、学部留学生らは理解することよりも表出することに対して不便を感じていると見受けられる。

2-4-2　調査パート1：日本語での人的ネットワーク作りの ための日本語能力

　調査パート1の部分では、コミュニケーションを行う対象の人々、あるいは 場面を基に、6つのセクションに分けて合計23問の質問を設定し、日本語での 対応力について自己評価をしてもらった（表2-4、2-5）[10]。

　表2-4の平均値を見ると、学部留学生の人的ネットワーク作りのための日 本語コミュニケーション能力に対する自己採点は、学外および学内ともに高く、 ある程度コミュニケーション能力を有しているように思われる。ただし、教官・ 教員、留学生アドバイザー、身元保証人とのコミュニケーションについては自 己採点の点数が3.3で比較的に低く、問題があるように見受けられる。

　表2-5は調査パート1の内容の記述統計量を表すものであり、各質問項目 の平均値の降順で表示されている。また、271人の調査対象者から欠損値が多 い12人のデータを除いて、全259人のデータを有効データとして使用した[11]。

　平均値が一番高いのは、質問項目J1「仕事の指示を受ける」の4.0である。 次に、J2「（仕事関係）書類を読んで記入する」とW3「（学外の事務処理） 指示された事について理解する」の平均値はともに3.9である。次いで、W2 「（学外の事務処理）必要な書類を読んで記入する」、X1「（学内の事務処理） 用件を伝える」、X2「（学内の事務処理）必要な書類を読んで記入する」およ

表2-4　調査パート1のセクションごと平均値

〈学外〉	アルバイト先での上司、同僚との交流	3.8
	区役所、銀行、入管、病院	3.8
	寮・下宿アパートの管理人、大家さん	3.5
〈学内〉	事務室／局、図書館、売店などでの担当職員とのやりとり	3.8
	友達・クラスメート、クラブ・サークルでの仲間とのコミュニケーション	3.6
	教官／教員、留学生アドバイザー、身元保証人とのコミュニケーション	3.3

---

10) 調査パート1は、自己採点による5段階判定であり（5＝十分にできる、4＝大体できる、 3＝ややできる、2＝あまりできない、1＝できない）、最大値は5.0である。

11) 番号の中の記号は各質問項目が含まれていたセクションを表す。記号に続く数字は各セク ションでの質問番号である。各セクションの記号は巻末の参考資料2を参照する。

表2-5　調査パート1の記述統計量

番号	統計内容	度数	5	4	3	2	1	欠損値	平均値	標準偏差
J 1	仕事の指示を受ける	223	83	82	45	9	4	36	4.0	0.9
J 2	必要な書類を読んで記入する	223	72	70	67	11	3	36	3.9	1.0
W 3	指示されたことについて理解する	259	72	97	77	8	5	0	3.9	0.9
W 2	必要な書類を読んで記入する	259	72	85	74	13	5	0	3.8	1.0
X 1	用件を伝える	259	68	107	62	16	6	0	3.8	1.0
X 2	必要な書類を読んで記入する	259	62	106	71	15	5	0	3.8	0.9
W 1	困っていることを説明、相談する	259	67	97	75	13	7	0	3.8	1.0
J 3	世間話をする	223	52	78	78	11	4	36	3.7	0.9
F 4	授業ノートを見せてもらったり質問をする	259	56	98	89	9	7	0	3.7	0.9
D 3	生活上の問題について注意を理解する	257	64	92	76	15	10	2	3.7	1.0
F 1	初めて会う人と自己紹介して友達になる	259	62	87	79	23	8	0	3.7	1.0
F 2	事務連絡や活動で必要なコミュニケーションをとる	259	45	101	87	23	3	0	3.6	0.9
J 4	アルバイトで職場用語を使用する	219	41	75	85	13	5	23	3.6	0.9
P 1	授業で分からないところについて質問する	259	51	83	88	28	9	0	3.5	1.0
F 6	個人的な話題で電子メールや手紙のやり取りをする	259	54	91	67	31	16	0	3.5	1.1
D 2	困っていることを説明、相談する	256	44	95	80	23	14	3	3.5	1.0
F 5	個人的な悩みや将来についての考えを話す	259	47	94	73	33	12	0	3.5	1.0
P 3	世間話をする	259	39	84	95	31	10	0	3.4	1.0
D 1	世間話をする	257	47	81	76	29	24	2	3.4	1.2
F 3	流行のファッションや音楽、遊びなどについて話す	259	37	83	76	49	14	0	3.3	1.1
P 4	個人的な悩みや将来についての考えを話す	259	37	71	96	38	17	0	3.3	1.1
P 5	相手によって敬語を使い分ける	259	38	69	83	47	22	0	3.3	1.2
P 2	推薦状作成の依頼などをする	257	30	60	90	56	21	2	3.1	1.1

N＝259

びW1「（学外の事務処理）困っていることを説明、相談する」の平均値は3.8である。平均値が3.8以上の項目を見ると、ほとんどアルバイトや事務処理に関する内容である。それは、学部留学生が日常的に使っているコミュニケーション能力であるからだと推測できる。

　そして、J3「（仕事関係）世間話をする」やF4「（学内友人関係）授業ノートを見せてもらって、質問をする」、D3「（学外社会関係）生活上の問題について注意を理解する」、F1「（学内友人関係）初めて会う人と自己紹介して友達になる」、F2「（学内友人関係）事務連絡や活動で必要なコミュニケーションをとる」やJ4「（仕事関係）アルバイトで職場用語を使用する」の平均値が3.7および3.6である項目に関しては、学外における仕事関係や学内の友人関係を構築する内容に集中している。

　また、P1「（学内敬語使用）授業で分からないところについて質問する」、F6「（学内友人関係）個人的な話題で電子メールや手紙のやり取りをする」、D2「（学外社会関係）困っていることを説明、相談する」、およびF5「（学内友人関係）個人的な悩みや将来についての考えを話す」、の4つの項目の平均値は3.5である。P3「（学内敬語使用）世間話をする」とD1「（学外社会関係）世間話をする」の平均値はともに3.4である。こちらの項目を見ると、その内容は学部留学生が学内における敬語使用や学外における社会関係を構築する内容に集中している。

　さらに、F3「（学内友人関係）流行のファッションや音楽、遊びなどについて話す」、P4「（学内敬語使用）個人的な悩みや将来についての考えなどを話す」の平均値はともに3.3であり、P5「（学内敬語使用）相手によって敬語を使い分ける」は3.2である。一番平均値が低いのはP2「（学内敬語使用）推薦状作成の依頼などをする」の3.1である。これらの項目を見ると、学内の教員、留学生アドバイザー、および身元保証人などとのコミュニケーション場面に集中しているため、やはり敬語の使用に関する自己採点が低い傾向にあると考えられる。

　記述統計量調査パート1のデータを見ると、学部留学生の生活に必要不可欠なアルバイトや事務処理的な日本語能力における自己評価は一番高く、それに対し敬語使用能力は一番低い結果となっている。学部留学生は、日常的に使用する決まり文句や友人同士の交流に使用するくだけた日本語についてはその場

面で身につけるが、突発的なコミュニケーション場面や不慣れな改まった日本語表現については使いこなせない。敬語使用能力の不足がコミュニケーションの支障の原因となり、「相手によって敬語を使い分けることが出来ない」[12]や先生方に「推薦状作成の依頼などが出来ない」などの面で、学部留学生の不利益が生じてしまうことが想像できよう。

2-4-3　調査パート2：大学での学習・研究活動のための日本語能力

　調査パート2の部分では、5つのセクションに分けて合計27問の質問を設定した。各質問の回答結果は（表2-6、2-7）を参照する。

　表2-6を見ると、調査パート2の各セクションの平均値は日本語を媒介とした技能といったコンピューターや電子機器による情報処理能力が一番高く、それに対し、予習・復習・自習、実験・実技・実習、講義・ゼミナール、課題といった学習研究活動に必要とされる具体的な学習スキルに対する自己評価が低い。また、課題をやり遂げる能力に関しては自己評価が一番低い。

　また、表2-7の調査パート2の記述統計量を具体的に見てみると、平均値が一番高いのはT4「インターネットで日本語での情報を得る」、T2「日本語環境のコンピューターを操作」、T5「日本語で電子メールをやりとりする」の4.0である。次いで、L2「板書を読んで理解する」、T1「図書館などで資料を検索する」、およびT3「日本語のワープロ文書を作成する」の平均値はともに3.9である。そして、S1「教科書や参考資料を読んで理解する」は3.8

表2-6　調査パート2のセクションごとの平均値

日本語を媒介とした技能	3.9
予習・復習・自習	3.5
実験・実技・実習	3.4
講義・ゼミナール	3.4
課題	3.1

12）学部留学生のコメントから抜粋。

表 2 - 7　調査パート 2 の記述統計量

番号	統計内容	度数	5	4	3	2	1	欠損値	平均値	標準偏差
T 4	インターネットで日本語での情報を得る	257	88	96	63	9	1	2	4.0	0.9
T 2	日本語環境のコンピュータを操作（設定、印刷など）	257	94	85	66	11	1	2	4.0	1.0
T 5	日本語で電子メールをやりとりする	257	93	83	66	12	3	2	4.0	0.9
L 2	板書を読んで理解する	258	49	135	66	6	2	1	3.9	0.8
T 1	図書館などで資料を検索する	257	77	89	72	16	3	2	3.9	1.0
T 3	日本語のワープロ文書を作成する	257	79	84	75	16	3	2	3.9	1.0
S 1	教科書や参考書を読んで理解する	256	55	111	71	18	1	3	3.8	0.9
L 3	ノートをとる	258	59	95	83	20	1	1	3.7	0.9
L 1	講義を聞いて理解する	258	39	124	79	14	2	1	3.7	0.8
E 1	口頭指示を聞いて理解する	241	45	87	89	19	1	18	3.6	0.9
S 3	視聴覚教材を理解する	254	42	87	97	25	3	5	3.6	0.9
E 2	（実験）手引き書や機器のマニュアルを読んで理解する	238	31	86	99	18	4	21	3.5	0.9
E 5	（実験）ノートにデータなどを記入する	235	29	74	101	25	6	24	3.4	0.9
E 3	予測できる正常な状況を口頭で説明する	238	26	77	106	25	4	21	3.4	0.9
A 1	レポートを書く	257	34	68	111	37	7	2	3.3	1.0
L 7	自分の考えを述べる	257	31	66	120	37	3	2	3.3	1.0
S 2	専門文献を読んで理解する	256	29	74	108	38	7	3	3.3	1.0
E 4	予測できない異常な事態（事故・トラブル）を口頭で説明する	237	26	66	102	39	4	22	3.3	1.0
E 6	（実験）結果をまとめて短いレポートを作成する	235	31	61	97	35	11	24	3.3	1.0
L 4	教官・教員に質問する	257	29	73	105	39	11	2	3.3	1.0
L 6	レジュメを作成する	257	22	67	115	47	6	2	3.2	0.9
A 4	クラスやゼミで口頭発表する	254	28	54	111	50	11	5	3.1	1.0
L 8	議論する	257	22	64	106	57	8	2	3.1	0.9
A 3	参考文献を要約する	256	17	61	120	51	7	3	3.1	0.9
L 5	ゼミ資料の内容の要点をまとめて口頭で説明する	256	15	59	121	51	10	3	3.1	0.9
A 2	論文を書く	255	19	63	102	58	13	4	3.1	1.0
A 5	学会や研究会で口頭発表する	251	21	39	107	63	21	8	2.9	1.0

N = 259

で、L3「ノートをとる」、L1「講義を聞いて理解する」はともに3.7である。また、E1「口頭指示を聞いて理解する」、S3「視聴覚教材を理解する」は3.6であり、E2「（実験）手引き書や機器のマニュアルを読んで理解する」の平均値は3.5である。以上の部分はコンピューターや電子機器を利用することや教科書・専門資料、および口頭での指示を理解する内容に集中しているように見うけられる。

　また、E5「ノートにデータなどを記入する」、E3「予測できる正常な状況を口頭で説明する」の平均値は3.4であり、A1「レポートを書く」、L7「自分の考えを述べる」、S2「専門文献を読んで理解する」、E4「予測できない異常な事態（事故・トラブル）を口頭で説明する」、およびE6「（実験）結果をまとめて短いレポートを作成する」、L4「教官・教員に質問する」の平均値はともに3.3であり、L6「レジュメを作成する」は3.2である。さらに、A4「クラスやゼミで口頭発表する」、L8「議論する」、A3「参考文献を要約する」、L5「ゼミ資料の内容の要点をまとめて口頭で説明する」、およびA2「論文を書く」の平均値は3.1である。そして、A5「学会や研究会で口頭発表する」の平均値は最下位の2.9である。平均値が3.4以下の部分を見てみると、そのほとんどが4技能中の「話す」「書く」といった表出する内容である。

　調査パート2の学習スキルについて、おのおのの平均値を見ると、学部留学生らが自分の情報リテラシーや理解する能力より、表出能力のほうに問題意識を持つ傾向があると考えられる。

2-4-4　調査パート1・調査パート2の4技能別による分析

　調査パート1と調査パート2のすべての結果から、各質問項目に含まれる行動を達成するのに必要な技能、「聴く」「話す」「読む」「書く」の4技能別[13]に分類し、再集計を行い、留学生がそれぞれの技能に関して、どの程度の能力を有しているかについての自己評価を分析した（表2-8）。

　なお、4技能の分類にあたり「世間話をする」「困っていることを説明、相談する」「必要な書類を読んで記入する」「個人的な話題で電子メールや手紙のやり取りをする」などのように、2種類以上の複合技能が必要とされる質問項

---

13)　4技能別の分類にあたって、札野・辻村（2006）に準ずる。

表2-8　4技能間平均値の比較

全体		調査パート1	調査パート2
技能（質問項目数）	平均値	平均値（質問項目数）	平均値（質問項目数）
読む（16）	3.69	3.75（6）	3.65（10）
聴く（15）	3.61	3.68（9）	3.51（6）
書く（13）	3.54	3.76（4）	3.44（9）
話す（24）	3.41	3.51（16）	3.20（8）

目については、それぞれの技能に重複して集計した。

　4技能ごとに平均値を降順に表示し、各技能全体の平均値を求めた。また、各技能の間に有意差の有無を確認するために分散分析を行った。その結果、$F_{(3, 64)} = 3.75$, $p < 0.05$となり、4技能別の主効果が認められた。HDS法による多重比較の結果、全体的な「話す」能力は「聴く」能力、および「読む」能力に対し、有意に低いことが認められた（$p < 0.05$）。

　それに対し、全体的な「書く」能力の平均値は3.54であり、他の3技能との有意差が確認できなかったが、4技能の中で「話す」能力に次いで2番目に低い自己評価となった。その中で調査パート1の「書く」能力の平均値は3.76で、思いのほか高い結果となっている。これは、調査パート1の「書く」能力に関する調査項目は4つしかなく、それに「必要な書類を読んで記入する」のようなアルバイトや事務処理に関する簡単な行動場面であったためだと考えられる。この全体的な4技能の調査結果はフェイスシートの質問「自分の日本語能力に満足していますか」また、「自分の日本語のどの部分に問題を感じますか」（表2-2、2-3）の結果と一致している。

2-4-5　結果分析

　先行研究でも言及した札野・辻村（2006）の調査によれば、学部留学生にはコミュニケーションをとる内容や相手によって日本語能力の必要度が変わる。（学外）人間関係構築能力よりは（学内）人間関係構築能力のほうがより高い日本語コミュニケーション能力が必要とされている。また、札野・辻村（2006）は学習・研究活動に必要な学習スキルに関して、「日本人学生と同程度の能力ではなくても、日本語だけで学習・研究の目的を最低限果たせる程度の能力が

求められている」と指摘している。そして、「4技能全般にわたっての技能が必要」とし、「特に『課題』『講義・ゼミ』に含まれる行動を達成するために、論文を書く、口頭発表をする、議論するなど能動的な言語能力を持つことが期待されている」また、「より良い人間関係を構築するための言語能力よりは、学習・研究活動のための言語能力のほうが高い日本語能力が求められる」と強調した。

　それに対し、今回の学部留学生による自己評価から得られたアンケートのデータから、以下の傾向が見られた。

①学部留学生の人的ネットワーク作りのための日本語コミュニケーション能力に対する自己評価は、学外、および学内の平均値がともに高く、特にアルバイトや事務処理能力に対して自己評価が高い。それに対し、敬語の使用能力に対して自己評価が低い傾向が見られる。

②学部留学生の大学での学習・研究活動のための日本語能力に関しては、コンピューターや電子機器の利用能力はある程度有している。それに対し、課題や研究をやり遂げる学習スキルが不足する傾向が顕著に見られる。

③調査パート1、および調査パート2の全体的な結果から見ると、学部留学生の4技能の中、「読む」「聴く」といった日本語の理解力より、「話す」「書く」といった日本語の表出能力のほうが不足する傾向が見られる。

　今回の調査結果を用いて、札野・辻村（2006）の結論を踏まえて考えると、学部留学生の人的ネットワーク作りのための日本語コミュニケーション能力、および大学での学習・研究活動のための日本語能力に関して、「読む」「聴く」「書く」「話す」の全般にわたっての技能の養成が必要であり、その中で特に学部留学生に不足している「書く」「話す」のような表出能力の養成が必要である。また、学部留学生が経験するおのおのの行動場面では、2つ以上の複合技能が必要とされる場合もある。4技能といっても、その能力はそれぞれ独立しているわけではなく、お互いに関係性を有していると考えられる。

第3章

学部留学生の日本語能力に関する
共分散構造分析[14]

　第2章の調査結果から、学部留学生が経験するおのおのの行動場面で「話す」「書く」「読む」「聴く」の4技能の中の2つ以上の複合技能が必要とされる場合もあり、4技能といっても、その能力はそれぞれに独立しているわけではなく、お互いに関係性を有していると考えられる。

　また、堀井（2006）は日本の大学での勉学に対応できる日本語力とは、日本語による講義を聞き取り理解する力、大量のテキストや資料・参考文献などの読解力、レポート・論文や発表のための情報収集力、レポート・論文を書く力、発表をする力、学内でコミュニケーションを取り、人間関係を作る会話力などであるとしている。しかし、以上の能力は、知識や形式的なスキルだけでは得られない総合的な「学び」につながる力であると捉えている。

　さらに、山本（2006）は大学の聴講・文献理解・レポート作成に求められる聴解力・読解力・文章表現力は大学入学後すぐに必要とされ、それらはその後に続く専門ゼミでの発表、卒論作成のための文章・口頭表現力の基礎能力となるとしている。そして、以上で述べた学習・研究活動を通して訓練・蓄積された論理的・分析的思考力および表現力は、今後の職業生活や社会生活で営まれる知的活動に必要な日本語力へとつながっていくとも考えられる。

　以上の論述から、大学における専門的な「学び」につながるような「知識」「問題発見解決能力」「スキル」[15]だけではなく、総合的な「学び」をスムーズに行うための学内・学外で人間関係を作るコミュニケーション能力にも基本的な4技能がそれぞれに複合的に含まれていると考えられる。そのため、学部留学

---

14) 共分散構造分析とは、観測データの背後にある、さまざまな要因の関係を分析する統計手法であり、複雑な関係性を「パス図」で表現することは特徴である（豊田、2007）。

15) 堀井（2003）は、留学生に対するAJ教育の内容について、その構成要素を知識・スキル・問題発見解決能力とし、問題発見解決能力をその中心に据えたと強調した。

生の専門分野における学習・研究活動に必要な学習スキルと人間関係を作るコミュニケーション能力とは、お互いに影響し合い、相乗関係を有していると推測する。

　次に、本章では、上述した学部留学生に必要な日本語能力間の関係性に注目し、実際にアンケート調査で得られたデータを用いて、統計ソフトの IBM SPSS 22.0 STATISTICS BASE を使い、探索的因子分析[16]を行う。また、その結果を用いて IBM SPSS Amos 22.0を利用し、共分散構造分析により各能力間ではどのような関係性を有しているのか、また、その関係性について各能力間ではどのように影響し合っているのか、について検証を行う。

3-1　学部留学生の日本語能力への探索的因子分析

3-1-1　記述統計量

　調査パート1と調査パート2（2章参照）で測定した項目を共分散構造分析に用いることが可能であるかを判定するために、測定項目の平均値、標準偏差、歪度[17]、そして尖度を算出した（表3-1）。

　調査パート1と調査パート2については、5段階尺度による採点であり、全ての項目で「できない」を1点、「十分にできる」を5点とする得点化を行った。そして、表3-1に示した得点化により算出した測定項目の平均値、標準偏差、歪度、そして尖度において、P5「相手によって敬語を使い分ける」の尖度は－0.72であり、正規分布から逸脱しているため、分析項目から除去した。また、J1〜J4、E1〜E6に関しては、データの欠損値が多いため、分析項目から除去した。さらに、F1「初めて会う人と自己紹介して友達になる」に関しては、人間関係構築のためのコミュニケーション能力の有無よりは、被調査者の性格による影響が考えられ、個人差が大きいため、分析項目から除去した。そのほかに極端に分布が偏っている項目は認められないため、38の項目を

---

16) 探索的な因子分析は、基礎となる変数（つまり、観測対象の変数セット内における相関パターンを説明する因子）を識別しようとする分析手法である。

17) 尖度：観測値が中心の周りに群がる度合いの測定値である。正規分布の場合尖度統計値は0となる。

　　歪度：分布の非対称の測定値である。正規分布は対称で、歪度は0となる。

表 3-1　全記述統計量

項目内容	度数	平均値	標準 偏差	歪度 統計	歪度 標準誤差	尖度 統計	尖度 標準誤差
F1　初めて会う人と自己紹介して友達になる	259	3.66	1.03	-0.46	0.15	-0.28	0.30
F2　事務連絡や活動で必要なコミュニケーションをする	259	3.63	0.91	-0.27	0.15	-0.29	0.30
F3　流行のファッションや音楽、遊びなどについて話す	259	3.31	1.10	-0.23	0.15	-0.68	0.30
F4　授業ノートを見せてもらったり質問をする	259	3.72	0.93	-0.49	0.15	0.32	0.30
F5　個人的な悩みや将来についての考えを話す	259	3.51	1.07	-0.45	0.15	-0.37	0.30
F6　個人的な話題で電子メールや手紙のやり取りをする	259	3.53	1.13	-0.52	0.15	-0.42	0.30
P1　授業で分からないところについて質問する	259	3.54	1.04	-0.33	0.15	-0.36	0.30
P2　推薦状作成の依頼などをする	257	3.09	1.11	-0.02	0.15	-0.65	0.30
P3　世間話をする	259	3.43	1.01	-0.28	0.15	-0.27	0.30
P4　個人的な悩みや将来についての考えなどを話す	259	3.28	1.09	-0.21	0.15	-0.46	0.30
P5　相手によって敬語を使い分ける	259	3.21	1.16	-0.17	0.15	-0.72	0.30
X1　用件を伝える	259	3.83	0.97	-0.69	0.15	0.28	0.30
X2　必要な書類を読んで記入する	259	3.79	0.94	-0.57	0.15	0.14	0.30
D1　世間話をする	257	3.38	1.18	-0.45	0.15	-0.54	0.30
D2　困っていることを説明、相談する	256	3.52	1.05	-0.54	0.15	-0.06	0.30
D3　生活上の問題について注意を理解する	257	3.72	1.03	-0.62	0.15	0.10	0.30
J1　仕事の指示を受ける	223	4.04	0.95	-0.87	0.16	0.49	0.32
J2　必要な書類を読んで記入する	223	3.88	0.97	-0.46	0.16	-0.39	0.32
J3　世間話をする	223	3.73	0.93	-0.34	0.16	-0.14	0.32
J4　アルバイトで職場用語を使用する	219	3.61	0.93	-0.28	0.16	-0.02	0.33
W1　困っていることを説明、相談する	259	3.79	0.98	-0.60	0.15	0.16	0.30
W2　必要な書類を読んで記入する	259	3.83	0.96	-0.55	0.15	0.00	0.30
W3　指示されたことについて理解する	259	3.86	0.93	-0.55	0.15	0.18	0.30
L1　講義を聞いて理解する	258	3.71	0.82	-0.38	0.15	0.19	0.30
L2　板書を読んで理解する	258	3.86	0.77	-0.48	0.15	0.66	0.30
L3　ノートをとる	258	3.74	0.91	-0.21	0.15	-0.65	0.30
L4　教官・教員に質問する	257	3.27	0.99	-0.14	0.15	-0.27	0.30
L5　ゼミ資料の内容の要点をまとめて口頭で説明する	256	3.07	0.90	0.02	0.15	-0.02	0.30
L6　レジュメを作成する	257	3.20	0.92	0.08	0.15	-0.23	0.30
L7　自分の考えを述べる	257	3.33	0.91	0.18	0.15	-0.33	0.30
L8　議論する	257	3.14	0.96	0.10	0.15	-0.39	0.30
E1　口頭指示を聞いて理解する	241	3.65	0.89	-0.07	0.16	-0.58	0.31
E2　〈実験〉手引き書や機器のマニュアルを読んで理解する	238	3.51	0.88	-0.17	0.16	0.04	0.31
E3　予測できる正常な状況を口頭で説明する	238	3.40	0.88	-0.06	0.16	-0.06	0.31
E4　予測できない異常な事態〈事故・トラブル〉を口頭で	237	3.30	0.93	0.07	0.16	-0.37	0.31
E5　〈実験〉ノートにデータなどを記入する	235	3.40	0.93	-0.14	0.16	-0.07	0.32
E6　〈実験〉結果をまとめて短いレポートを作成する	235	3.28	1.02	-0.10	0.15	-0.33	0.32
S1　教科書や参考書を読んで理解する	256	3.79	0.87	-0.35	0.15	-0.36	0.30
S2　専門文献を読んで理解する	256	3.31	0.95	-0.06	0.15	-0.27	0.30
S3　視聴覚教材を理解する	254	3.55	0.92	-0.12	0.15	-0.40	0.30
A1　レポートを書く	257	3.33	0.97	-0.01	0.15	-0.32	0.30
A2　論文を書く	255	3.07	0.99	0.01	0.15	-0.39	0.30
A3　参考論文を要約する	256	3.12	0.90	0.10	0.15	-0.10	0.30
A4　クラスやゼミで口頭発表する	254	3.15	1.00	0.10	0.15	-0.32	0.30
A5　学会や研究会で口頭発表する	251	2.90	1.03	0.19	0.15	-0.25	0.31
T1　図書館などで資料を検索する	257	3.86	0.96	-0.47	0.15	-0.37	0.30
T2　日本語環境のコンピュータを操作〈設定、印刷など〉	257	4.01	0.91	-0.49	0.15	-0.60	0.30
T3　日本語のワープロ文書を作成する	257	3.86	0.97	-0.44	0.15	-0.46	0.30
T4　インターネットで日本語での情報を得る	257	4.02	0.87	-0.49	0.15	-0.44	0.30
T5　日本語で電子メールをやりとりする	257	3.98	0.96	-0.60	0.15	-0.25	0.30
有効なケースの数（リストごと）	197						

34

共分散構造分析に用いることが可能であると考え、分析を進めることとした。

3-1-2　データによる探索的因子分析

　学部留学生が有する日本語能力への探索的因子分析を行った。データに関して第2章と同様に271人の調査対象者から欠損値が多い12人のデータを除いて、全259人のデータを有効データとして使用した。そして、この259人の分析対象者のデータ値の相関関係を測り、調査パート1と調査パート2の全38項目について、分析対象者とする学部留学生の自己評価である評定値を用いて主因子分析を行った（表3-2）。

　その結果、固有値[18]が1以上を示す7つの因子を抽出した。そして、この7つの因子を学部留学生の有する日本語能力の潜在変数[19]とした。各因子負荷量[20]は（表3-2）に示すとおりである。

　潜在変数とされた7つの因子についてそれぞれ解釈し、命名した。因子1は、学部留学生の専門分野での「書く」「話す」といった内容を示す項目が高く負荷しているため、この因子を「専門分野（表出能力）」と解釈した。因子2は、書類の記入や指示を受ける、また、用件を伝えるなど事務的な内容を示す項目が高く負荷しているため、この因子を「事務処理能力」と解釈した。因子3は、電子機器の使用や情報収集する内容を示す項目が高く負荷しているため、「情報処理能力」と解釈した。また、因子4は、学部留学生の専門分野での「理解力」に関する内容を示す項目が高く負荷しているため、この因子を「専門分野（理解力）」と解釈した。因子5は、学部留学生が教員や学内・学外の人との交流に欠かせない敬語使用に関する内容を示す項目が高く負荷しているため、この因子を「敬語使用能力」と解釈した。さらに、因子6は、交友関係に集中しているため、「交友関係構築能力」と解釈した。最後に、因子7は、学外でのコ

---

18)　固有値は、各主成分が元のデータをどれだけ説明できるかを表す指標である。具体的には、各主成分が持つ情報の量や重要度を表す。固有値が大きいほど、その主成分は元のデータをよく表現していると言える。

19)　人の知能や各種の能力あるいは景気や経済力といったものは直接測定できない。これらは「構成概念」とよばれ、これを表す変数を「潜在変数」と呼ぶ。測定のできる変数を「観測変数」と呼ぶ。

20)　因子分析において、得られた共通因子が分析に用いた変数（観測変数）に与える影響の強さを表す値で、観測変数と因子得点との相関係数に相当する。−1以上1以下の値をとり、因子負荷量の絶対値が大きいほど、その共通因子と観測変数の間に（正または負の）強い相関があることを示し、観測変数をよく説明する因子であると言える。

第3章　学部留学生の日本語能力に関する共分散構造分析　35

表3-2　パターン行列

変数		因子1	因子2	因子3	因子4	因子5	因子6	因子7
A5	学会や研究会で口頭発表する	0.899	0.146	0.004	−0.269	−0.102	0.033	0.054
A4	クラスやゼミで口頭発表する	0.863	−0.047	0.175	−0.200	−0.009	0.035	0.043
L7	自分の考えを述べる	0.780	−0.074	0.005	−0.020	0.081	0.008	0.023
A1	レポートを書く	0.764	0.045	−0.059	0.175	−0.084	−0.028	−0.104
L5	ゼミ資料の内容の要点をまとめて口頭で説明	0.721	−0.117	−0.048	0.102	0.191	−0.053	0.018
L8	議論する	0.717	−0.001	−0.049	−0.006	0.070	0.028	0.065
A3	参考論文を要約する	0.699	−0.001	−0.068	0.219	−0.054	−0.082	−0.002
A2	論文を書く	0.662	0.027	−0.084	0.229	−0.048	−0.082	−0.068
L6	レジュメを作成する	0.660	−0.069	0.110	0.057	0.043	0.056	−0.037
L4	教官・教員に質問する	0.348	−0.154	0.007	0.255	0.325	−0.003	0.051
X1	要件を伝える	−0.005	0.796	−0.125	−0.021	0.134	0.144	−0.096
X2	必要な書類を読んで記入する〈学内〉＊	−0.015	0.734	0.025	−0.035	0.029	0.162	−0.049
W2	必要な書類を読んで記入する〈学外〉＊＊	−0.053	0.734	0.050	0.148	0.065	−0.191	0.030
W3	指示されたことについて理解する	0.024	0.723	0.041	0.078	−0.137	−0.030	0.107
W1	困っていることを説明、相談する	−0.028	0.689	−0.052	0.062	0.208	−0.155	0.012
T4	インターネットで日本語の情報を得る	−0.057	−0.059	0.936	−0.055	0.034	0.017	0.010
T2	日本語環境のコンピューターを操作	−0.025	0.001	0.834	0.024	0.096	−0.101	0.001
T3	日本語のワープロ文書を作成する	0.103	0.028	0.762	−0.033	0.005	0.040	−0.074
T5	日本語で電子メールをやり取りする	0.018	−0.041	0.671	0.158	−0.150	0.142	0.011
T1	図書館などで資料を検索する	0.036	0.120	0.353	0.301	0.036	−0.304	0.099
L2	板書を読んで理解する	0.013	0.031	−0.058	0.807	0.016	−0.033	0.063
L1	講義を聞いて理解する	0.100	0.023	−0.012	0.674	0.073	0.042	−0.051
S2	専門文献を読んで理解する	0.078	−0.032	0.037	0.656	−0.089	0.168	0.008
S1	教科書や参考書を読んで理解する	0.096	0.117	0.064	0.642	−0.138	0.105	0.023
L3	ノートをとる	−0.018	0.089	0.085	0.540	0.157	0.017	−0.099

S 3	視聴覚教材を理解する	0.264	0.150	0.016	0.379	− 0.139	0.176	− 0.007
P 2	推薦状作成の依頼などをする	0.094	0.124	− 0.037	0.013	0.659	− 0.097	− 0.023
P 4	個人的な悩みや将来などについて話す	− 0.172	− 0.122	− 0.029	0.143	0.610	0.289	0.119
P 3	世間話をする	− 0.043	0.111	0.063	− 0.103	0.590	0.181	− 0.045
P 1	授業で分からないところについて質問する	0.050	0.125	0.027	− 0.024	0.585	− 0.078	0.069
F 2	事務連絡や活動で必要なコミュニケーション	0.186	0.130	0.043	− 0.118	0.392	0.227	− 0.067
F 5	個人的な悩みや将来などについて話す	0.000	− 0.082	− 0.150	0.059	0.069	0.689	0.065
F 6	個人的な話題で電子メールや手紙のやり取りをする	− 0.026	− 0.031	0.060	0.092	0.024	0.636	− 0.005
F 4	授業ノートを見せてもらい、質問する	− 0.008	0.240	0.113	− 0.009	0.094	0.416	0.004
F 3	流行のファッションや音楽、遊びなどを話す	0.017	0.003	0.167	0.044	− 0.009	0.349	0.022
D 2	困っていることを説明、相談する	0.016	− 0.040	− 0.037	− 0.003	0.027	0.034	0.842
D 1	世間話をする	− 0.037	− 0.097	0.027	0.044	0.094	− 0.002	0.771
D 3	生活上の問題について注意を理解する	0.048	0.273	− 0.018	− 0.066	− 0.099	0.088	0.656
固有値		14.204	2.891	2.232	1.651	1.401	1.248	1.196
寄与率（%）		37.380	7.607	5.873	4.344	3.688	3.285	3.148
累積寄与率（%）		37.380	44.987	50.860	55.205	58.892	62.178	65.326

1因子	1.000						
2因子	0.519	1.000					
3因子	0.602	0.561	1.000				
4因子	0.661	0.604	0.611	1.000			
5因子	0.455	0.489	0.339	0.449	1.000		
6因子	0.380	0.346	0.306	0.232	0.469	1.000	
7因子	0.429	0.452	0.350	0.384	0.468	0.436	1.000

＊事務室／局、図書館、売店などでの場面で担当者とのやりとりの中で、必要な書類を読んで記入する。

＊＊区役所、銀行、入管、病院などでの場面で担当者とのやりとりの中で、必要な書類を読んで記入する。

ミュニケーション能力に関する内容を示す項目が高く負荷しているため、この因子を「社会関係構築能力」と解釈した。

　探索的因子分析から、学部留学生が有している日本語能力に関しては、「専門分野（表出能力）」「事務処理能力」「情報処理能力」「専門分野（理解力）」「敬語使用能力」「交友関係構築能力」および「社会関係構築能力」の7つの潜在変数から構成されることになる。そこで、各項目の内容を考量し、7つの因子のそれぞれに高く負荷する項目を3項目[21]ずつ選定し、これを7つの潜在変数を測定する観測変数とした（表3-3）。

　潜在変数を測定する観測変数間の相関行列を表3-4に示す。A4からD3は、表3-3の各観測変数の番号と対応している。

　表3-4の観測変数間の相関係数は全て5％水準で有意（両側）である。なお、各潜在変数に対応する観測変数間の信頼性については、クロンバックの a 係数による内部整合性[22]を検討した結果、「専門分野（表出能力）」（ a = 0.82）、「事務処理能力」（ a =0.82）、「情報処理能力」（ a =0.85）、「専門分野（理解力）」（ a =0.80）、「敬語使用能力」（ a =0.73）、「交友関係構築能力」（ a =0.69）、そして「社会関係構築能力」（ a =0.83）となった。ここで、「専門分野（表出能力）」「事務処理能力」「情報処理能力」「専門分野（理解力）」「社会関係構築能力」の a 係数がともに0.80以上となったため、信頼性は高い。「敬語使用能力」の a 係数は0.70以上となり、「交友関係構築能力」の a 係数は0.70に近い値であったため信頼性は確認できた。

3-2　共分散構造分析によるモデルの分析

　堀井（2003）では、大学における本質的な「学び」につなげるために学部留学生の日本語教育を日本の生活に必要なライフ・ジャパニーズ（LJ）や授業関係以外の大学生活に必要なキャンパス・ジャパニーズ（CJ）、そして大学で

21）表3-2の各因子における因子負荷量の比較的に高い観測変数を選出した。因子に対する説明しやすさを重視したため、必ず因子負荷量の最も高い観測変数を選出したとは限らない。

22）リッカート尺度などの心理尺度を構成する各項目が、全体として同じ概念を測定しているといえるかどうかを表す指標。内的一貫性ともいう。クロンバックの a 係数を用いて評価することが多い。通常、 a 係数が0.8以上であれば内的整合性があり信頼性の高い尺度といえる。

表3-3　共分散構造分析に用いる潜在変数とその観測変数

潜在変数	観測変数	因子負荷量	観測変数
専門分野（表出能力）	A 4	0.863	クラスやゼミナールで口頭発表する
	L 7	0.780	考えを述べる
	A 1	0.764	レポートを作成する
事務処理能力	X 1	0.796	要件を伝える
	X 2	0.734	必要な書類を読んで記入する
	W 3	0.723	指示されたことについて理解する
情報処理能力	T 4	0.922	情報収集
	T 2	0.834	コンピューター操作
	T 5	0.671	日本語で電子メールをやり取りする
専門分野（理解力）	L 2	0.807	板書を読んで理解する
	L 1	0.674	講義を聞いて理解する
	S 2	0.656	専門文献を読んで理解する
敬語使用能力	P 2	0.659	推薦状作成の依頼
	P 4	0.610	個人的な悩みや将来について考えなどを話す
	P 1	0.585	授業で分からないところについて質問する
交友関係構築能力	F 5	0.689	個人的なことを話す
	F 6	0.636	個人的なことで文通する
	F 4	0.416	授業ノートを見せてもらい、質問する
社会関係構築能力	D 2	0.842	困っていることを説明・相談する
	D 1	0.771	世間話をする
	D 3	0.656	注意を理解する

の勉学に対応できる日本語能力、いわゆるアカデミック・ジャパニーズ（AJ）と分けて考えている。その構成要素は図3-1になる（堀井、2006：68）。

　学部留学生が留学生活を順調に送るために必要な日本語能力について、先行研究で取り上げた札野・辻村（2006）の調査では、特に学部留学生の専門分野での理解力や「論文を書く」「口頭発表をする」など、能動的に自分の意見や

第3章 学部留学生の日本語能力に関する共分散構造分析　39

表3-4　観測変数間の相関

	A4	L7	A1	X1	X2	W3	T4	T2	T5	L2	L1	S2	P2	P4	P1	F5	F6	F4	D2	D1	D3
A4	1.00																				
L7	0.67	1.00																			
A1	0.61	0.56	1.00																		
X1	0.29	0.35	0.33	1.00																	
X2	0.33	0.34	0.31	0.77	1.00																
W3	0.34	0.34	0.35	0.51	0.43	1.00															
T4	0.47	0.36	0.36	0.28	0.37	0.37	1.00														
T2	0.45	0.39	0.41	0.31	0.40	0.38	0.71	1.00													
T5	0.44	0.37	0.39	0.28	0.35	0.39	0.68	0.59	1.00												
L2	0.38	0.43	0.46	0.39	0.36	0.42	0.43	0.44	0.41	1.00											
L1	0.45	0.48	0.48	0.40	0.37	0.47	0.42	0.40	0.42	0.72	1.00										
S2	0.41	0.37	0.45	0.30	0.40	0.38	0.38	0.40	0.46	0.54	0.50	1.00									
P2	0.26	0.32	0.28	0.39	0.36	0.28	0.21	0.23	0.20	0.28	0.36	0.31	1.00								
P4	0.18	0.27	0.15	0.31	0.30	0.25	0.19	0.18	0.16	0.18	0.26	0.27	0.30	0.47	1.00							
P1	0.32	0.29	0.27	0.40	0.36	0.30	0.26	0.28	0.17	0.32	0.31	0.30	0.52	0.44	1.00						
F5	0.18	0.21	0.10	0.21	0.20	0.14	0.09	0.04	0.08	0.13	0.13	0.15	0.16	0.51	0.20	1.00					
F6	0.25	0.23	0.22	0.24	0.24	0.20	0.20	0.16	0.14	0.23	0.23	0.23	0.32	0.36	0.19	0.50	1.00				
F4	0.37	0.34	0.30	0.45	0.42	0.35	0.31	0.31	0.26	0.27	0.32	0.33	0.29	0.42	0.37	0.40	1.00			
D2	0.28	0.29	0.22	0.26	0.29	0.30	0.18	0.22	0.21	0.28	0.26	0.23	0.29	0.40	0.31	0.35	0.33	0.29	1.00		
D1	0.34	0.29	0.19	0.23	0.27	0.29	0.24	0.23	0.22	0.32	0.23	0.32	0.27	0.38	0.34	0.22	0.23	0.33	0.65	1.00	
D3	0.35	0.33	0.28	0.44	0.43	0.45	0.28	0.28	0.28	0.34	0.30	0.27	0.27	0.28	0.35	0.26	0.27	0.38	0.64	0.56	1.00

N=259

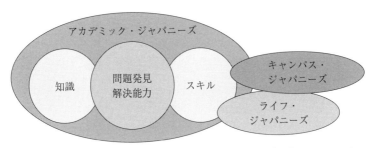

図3-1　アカデミック・ジャパニーズの構成要素（堀井、2006：68）

考えを表明する行動が必要とされている。また、これからのIT時代には、日本語でのコンピューターの操作や情報収集、および収集した情報を処理する能力も大変重要だと指摘している。そして、専門分野での学習スキルだけではなく、学部留学生がほかに必要とされる日本語能力とは、「仕事の指示を受ける」や「書類の記入」、および「生活上の問題について注意を受ける」などの学外でのコミュニケーションをとる日本語能力、および授業についていくためにクラスの友人のノートを見せてもらったり、理解できない内容に関して質問したりするような学内でのコミュニケーションをとる日本語能力であるとしてい

40

る。

さらに、札野・辻村（2006）では、講義内容の理解に関しては、学部留学生の個々に差があることは当然だと考えるが、授業の前後に教師と直接対話することでより深い理解を得ることが可能だとしている。また、より円満な人的ネットワークを作る場面では、相手によって使い分ける敬語の使用能力も必要であると指摘している。

本書では、これまでに言及した、学部留学生に必要な複数の日本語能力はどのように影響しあっているのか、また、それぞれの能力の背後にどのような要因が存在しているのか、を明らかにしたい。

3-2-1　潜在変数間の関係性を示すモデルの作成

複数の日本語能力間の関係性やそれぞれの能力の背後にある要因を明らかにするために、アンケート調査で得られたデータによる探索的因子分析の結果を用いて、共分散構造分析を行った。

具体的な手順として、探索的因子分析によって抽出された7因子を潜在変数とし、因子負荷量によって選出された21の質問項目を観測変数として、潜在変数間の関係性を示すパス図[23]を作成した。各潜在変数を測定する観測変数にそれぞれ誤差変数[24]（e 1～e21）をつけた。パス解析[25]に関して、モデルの推定には最尤法[26]を用いた。学部留学生の日本語コミュニケーション能力および学習スキルの実態に関する共分散構造分析の結果を図3-2に示す。

パスモデルについて、分析の結果から得られた主な適合度指標の値[27]をみると、カイ2乗値は181.642であり、自由度は158、確率水準は0.096＞0.05のため棄却されず、モデルの適合性が認められた。さらに、GFI値は0.938、AGFI値は0.910、CFI値は0.991であり、基準値の0.9より大きいため、妥当性を備

23）パス図とは、構成概念と観測変数との関係を円と四角、矢印を使って表現したものである。パス図は分析者の仮説を表現するものであると同時に、分析結果も表現してくれる。円は潜在変数、四角は観測変数、矢印はその関係性を表す（豊田、2007）。
24）山本ほか（1999）によれば、因果の結果は因果の原因による結果として決まるものであるが、それだけでは説明できない部分があり、これを「誤差」とすることを意味している。
25）パス解析とは変数間の因果モデルを仮設し、重回帰分析や共分散構造分析を応用して行う統計分析である（豊田、2007）。
26）共分散構造分析において、一般的な推定法である。データが多変量正規分布に従っていると仮定する。
27）適合度指標については、山本（1999）が示す妥当と判断されている数値を目安とした。

第3章 学部留学生の日本語能力に関する共分散構造分析　41

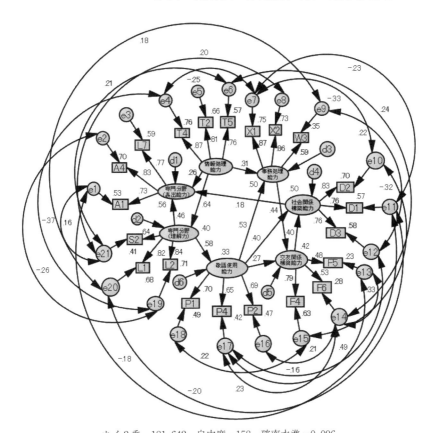

カイ2乗＝181.642　自由度＝158　確率水準＝0.096
図3-2　学部留学生の日本語能力に関する共分散構造分析の結果

えたモデルであるといえよう。また、カイ2乗検定やCFIによって採択されたモデルをAIC（赤池の情報量基準）で計り、最小モデルと認められた。RMSEAは0.024であり、0.08以下であるので適合度の高いことが説明された。以上の適合度の数値によって、このモデルは適切であることが証明された。

3-2-2　共分散構造分析による因子間の因果関係の分析

　「専門分野（表出能力）」「事務処理能力」「情報処理能力」「専門分野（理解力）」「敬語使用能力」「交友関係構築能力」「社会関係構築能力」は学部留学生の中で、より重要度の高い因子であると同時に、それらに関する日本語能力が

大学の日本語教育の中で高められることがより望まれている。つまり、大学での勉学と生活の２つの面から考えれば、以上の７つの潜在変数は学部留学生の中で重要なポイントとなる。そして、共分散構造分析によって、得られたパス図（図３−２）は、学部留学生の複数の日本語能力間の関係性やそれぞれの能力の背後にある要因を表している。なお、共分散構造分析の結果を表すパス図では、潜在変数間の因果関係は「→」で表示し、パス係数[28]（標準化係数）はその関係性の強さを表している。そして、各観測変数間の相関関係は「↔」によって表示され、パス係数（偏相関係数）はその関係性の有無を表している。

　７つの潜在変数の中で、「情報処理能力」から「専門分野（理解力）」へ出したパス係数は一番高く、0.64である。次いで、「専門分野（理解力）」から「敬語使用能力」へのパス係数は0.58であり、「敬語使用能力」から「事務処理能力」へのパス係数は0.53である。また、「専門分野（理解力）」から「専門分野（表出能力）」へのパス係数は0.46であり、「事務処理能力」から「交友関係構築能力」へのパス係数は0.44である。さらに、「敬語使用能力」と「交友関係構築能力」から「社会関係構築能力」へのパス係数は、ともに0.40である。そして、「情報処理能力」から「事務処理能力」へのパス係数は0.31であり、「敬語使用能力」から「交友関係構築能力」のパス係数は0.27であり、「情報処理能力」から「専門分野（表出能力）」へのパス係数は0.26である。最後に、「社会関係構築能力」から「専門分野（表出能力）」へのパス係数は0.18である。

　因果関係の強さには差があるが、７つの潜在変数間には、因果関係が存在することが示された。つまり、学部留学生の日本語能力間には関連性があると考えられる。

　「情報処理能力」は唯一の独立変数[29]であり、「専門分野（表出能力）」「事務処理能力」「専門分野（理解力）」との因果関係が示されている。「情報処理能力」は「専門分野（表出能力）」と「事務処理能力」へのパス係数がそれぞれ0.26と0.31であり、強い因果関係ではないが、留学生の専門分野での学習・研究活動だけではなく、学生生活の中でもコンピューターや電子機器の利用という情

---

28) 因果関係を表す回帰係数・標準化係数、また、相関関係を表す偏相関係数のようなパラメータはパス係数と呼び、因果関係の大きさや強さを表す。本書でも「パス係数」の呼称を使用する。図３−２のパス係数はすべて５％水準で有意である。

29) １つの変数はモデル内のどの変数からも影響を受けていない、このような変数は独立変数と呼ばれる。

報リテラシーとして、必要不可欠な複合的能力だと強調されている。また、「情報処理能力」から「専門分野（理解力）」へのパス係数は0.64であり、強い因果関係を示している。これは、近年、コンピューターやインターネットの普及により、専門理解に関わる内容は印刷物だけにとどまらず、ウェブサイト上からも関連する情報を収集し、読み取る能力が必要で、情報活用ツールであるコンピューターを使いこなせるかどうかは、学習・研究活動に大きく影響するものとなっているからだと考えられる。

　また、「敬語使用能力」は「事務処理能力」「社会関係構築能力」「交友関係構築能力」へのパス係数を見ると、それぞれ0.53、0.40、0.27であり、「敬語使用能力」は「事務処理能力」「社会関係構築能力」「交友関係構築能力」に影響を与えていると考えられる。学部留学生が日本での生活の中で、身元保証人や住居関係者、アルバイト関係者等とのコミュニケーションに必要な日本語能力だけではなく、専門分野での学習・研究において、指導教員や同じゼミナールに所属する日本人学生（先輩など）との人間関係の構築などにも敬語の使用（使い分け）は欠かせないと思われる。

　さらに、「専門分野（理解力）」は、「専門分野（表出能力）」、「敬語使用能力」へと強い因果関係を示し、影響を与えていると考えられる。専門的な文献を読んで理解すること、講義内容を聞いて理解すること、授業内容に関係する視聴覚教材を視聴して理解すること、および自ら電子機器を利用して収集した専門学習に関する情報を分別処理することなどのような「専門分野（理解力）」を有することで、専門的な内容に関する口頭発表やクラス・ゼミナールにおける議論や意見表明、また、レポート・論文を書くなどのような「専門分野（表出能力）」が発揮できるようになる。また、「専門分野（理解力）」は「敬語使用能力」に対しても、強い因果関係が示された。学部留学生の理解力は専門的な内容に限らず、「敬語使用能力」のような高度な日本語能力の習得にも影響を与えていると考えられる。

　「事務処理能力」から「交友関係構築能力」へのパス係数は0.44であり、因果関係が示されている。学内・学外における事務的な書類への記入や、学校関係、および学外における在留資格の取得や銀行、アルバイト先などからの指示を受けたり、大学の教員や事務職員に用件を伝え相談したりするなどの「事務処理能力」は、学部留学生の中で因子負荷量が2番目に高い重要な日本語能力の一

つである。「事務処理能力」を有することは、学部留学生の問題発見解決能力につながり、最終的に大学での勉学生活を順調に送ることにもつながるのではないかと考えられる。また、大学での勉学生活を順調に送るためには、「交友関係構築能力」も無視できない。学部留学生には、留学生活の悩みや問題を学外で相談できる日本人の友人、アルバイト先の仲間、および大学内の友人などを作る「交友関係構築能力」が非常に大事である。そのため、学部留学生の「事務処理能力」に含まれる問題発見解決能力は「交友関係構築能力」に影響を与えると考えられる。

そして、「交友関係構築能力」から「社会関係構築能力」へのパス係数は0.40であり、「交友関係構築能力」は「社会関係構築能力」に影響を与えていることを示している。学部留学生が有する「交友関係構築能力」は、学内・学外における友人作りのためだけではなく、日本社会の文化・習慣を理解するきっかけにもなると思われる。このようなノウハウは「社会関係構築能力」に影響を与えていると考えられる。

最後に、「社会関係構築能力」から「専門分野（表出能力）」へのパス係数は0.18である。因果関係は強くないが、統計上では有意であると認められた。これは、他の５つの潜在変数との総合関係によって、「社会関係構築能力」から「専門分野（表出能力）」へわずかながら影響を与えていることが示されている。

パスモデルの潜在変数であるそれぞれの日本語能力の背後にはどのような要因や関係性が存在しているのかを明らかにするために、潜在変数を測定する観測変数間の相関関係を確認した（表３-５）。なお、表３-５で示されている相関関係は単純な２つの観測変数間の相関関係ではなく、潜在変数の影響を考慮した偏相関[30]関係であり、示されているパス係数は偏相関係数である。

パス係数について、Ｔ５とＳ２、Ｔ５とＦ６、Ｗ３とＤ３、Ｆ５とＦ６、Ｆ５とＰ４、Ｆ６とＰ４、Ｆ６とＰ２、Ｆ４とＰ１は有意に正の相関が認められた。図３-２を確認すると、この相関関係の中では、Ｐ１・Ｐ２・Ｐ４はともに潜在変数「敬語使用能力」の観測変数であり、Ｆ４・Ｆ５・Ｆ６はともに潜在変数「交友関係構築能力」の観測変数である。つまり、学部留学生の「敬語使用能力」を養成すれば、各場面における「交友関係構築能力」も向上すると考えら

---

30) 偏相関とは、相関分析を行う２つの変数同士に関連する、第３の変数の影響を取り除いた相関関係のことである。

第3章　学部留学生の日本語能力に関する共分散構造分析　45

表3-5　観測変数間の相関関係

誤差変数	パス係数	誤差変数	誤差変数	パス係数	誤差変数
e 1（A 1）	0.16	e21（S 2）	e 1（A 1）	−0.18	e11（D 1）
e 6（T 5）	0.21	e21（S 2）	e 2（A 4）	−0.26	e19（L 2）
e 6（T 5）	0.24	e14（F 6）	e 4（T 4）	−0.37	e19（L 2）
e 8（X 2）	0.20	e21（S 2）	e 4（T 4）	−0.25	e 7（X 1）
e 9（W 3）	0.18	e20（L 1）	e 7（X 1）	−0.23	e11（D 1）
e 9（W 3）	0.22	e12（D 3）	e 7（X 1）	−0.33	e10（D 2）
e13（F 5）	0.33	e14（F 6）	e10（D 2）	−0.32	e15（F 4）
e13（F 5）	0.49	e17（P 4）	e20（L 1）	−0.20	e11（D 1）
e14（F 6）	0.23	e17（P 4）	e12（D 3）	−0.16	e17（P 4）
e14（F 6）	0.21	e16（P 2）	／	／	／
e15（F 4）	0.22	e18（P 1）	／	／	／

相関係数は全て5％水準で有意（両側）。誤差変数に対応する観測変数を（　）内で表示している。

れる。T5は潜在変数「情報処理能力」の観測変数であり、S2やF6と正の相関が認められたため、学部留学生の情報処理能力を高めれば、専門文献を読んで理解する力や、日本人の友人と文通する力も向上できると考えられる。

　また、A4とL2、T4とL2、T4とX1、X1とD1、X1とD2、D2とF4は、有意に負の相関が認められた。この相関関係の中では、D1・D2は、ともに潜在変数「社会構築能力」の観測変数であり、潜在変数「事務処理能力」の観測変数であるX1との間に負の相関が確認された。つまり、「社会関係構築能力」と「事務処理能力」の両方は、一定のレベルに達していると仮定した場合、日常的な社会生活の中で必要なコミュニケーション能力を高めても、慣れていない学内・学外における専門性に関わる事務処理的な能力の向上にはつながりにくいと考えられる。また、A4とL2、T4とL2、T4とX1の間にも負の相関関係が認められた。A4は「クラスやゼミナールで口頭発表する」であり、L2は「板書を読んで理解する」である。この2つはともに専門分野に関わる能力であり、本来正の相関関係であるべきだと思われるが、実際に学部留学生の「専門分野（理解力）」が高くても、「専門分野（表出能力）」が低

いという現状がうかがえる。さらに、Ｔ４とＬ２、Ｔ４とＸ１の間にある負の相関関係は、情報収集能力が高くても、収集した情報を理解し、他人に伝える能力が低いという現状がうかがえる。

３−２−３　分析結果

　以上の分析から、学部留学生の日本語能力に関して、７因子の間にはそれぞれ因果関係があり、さらに、その観測変数の間にも相乗関係が示され、お互いに影響し合っていることが検証された。それによって、以下のことが言えよう。

　まず、「情報処理能力」は留学生に必要とされる７つの能力の中で、唯一他の能力から影響を受けず、技術的な訓練を受ければ養成できる能力である。「情報処理能力」を高めることは、「事務処理能力」や「専門分野（表出能力）」、および「専門分野（理解力)」の向上に影響を与えていることが示唆された。

　次に、「専門分野（理解力)」を高めることは、「専門分野（表出能力)」や「敬語使用能力」の向上につながることが示唆された。

　また、「敬語使用能力」を高めることは、「事務処理能力」や「社会関係構築能力」、および「交友関係構築能力」の向上の原因の一つとなることが示唆された。

　さらに、「交友関係構築能力」を高めることは、「社会関係構築能力」の向上に影響を与えることが示唆された。

　そして、「社会関係構築能力」を高めることは、「専門分野（表出能力)」の向上にも影響していることが示唆された。

　最後に、７つの能力を構成する各観測変数である具体的な技能の間にも、それぞれに相関関係が確認できた。その内容は７つの能力間の因果関係、および第２章で分析した学部留学生の日本語能力の現状に一致する。

　よって、学部留学生に必要な７つの能力は、それぞれの因果関係によって影響し合い、そして、全体的な相乗関係を有していることが検証された。つまり、学部留学生の専門分野における学習・研究活動に必要な学習スキルと人間関係を作るコミュニケーション能力とは、お互いに影響し合っていることから、大学の日本語教育において、その関連性を考慮せず、専門分野における学習スキルに限定し教育を行うだけでは、学部留学生に必要な日本語能力の向上にはつながりにくいと考えられる。全体的な各能力の養成について、バランスのとれ

た学習目標の設定や、効果的な授業シラバスデザイン、および学部留学生が学習への積極的な参加ができる学習環境作りなどが必要だと考えられる。

第 4 章

学部留学生の日本語教育の問題点

　第 3 章では、今回のアンケート調査のデータを用いて共分散構造分析を行った。その結果、学部留学生の日本語コミュニケーション能力、および学習スキルの実態が明らかになり、パス解析のモデル図によって、各能力間の因果関係が見られた。そこで本章では、学部留学生の学習環境の現状や彼らの大学の日本語教育への意見や要望を分析し、また、学部留学生の事例観察を通して大学の日本語教育上の問題点を指摘したい。

4-1　学部留学生の学習環境について

　本章では、学部留学生の大学の日本語教育に対する意見や要望を把握するため、彼らの学習環境について調査した。

4-1-1　データ集計

　今回のアンケート調査の対象である国立・公立・私立の10校において、日本語の授業内容、および学部留学生の日本語学習環境について調査した。

　その結果、まず、「大学学部の日本語授業は必修科目ですか」という質問に対して、「必修」と答えたのは、全体の約77％を占めていることがわかった。それ以外に、「選択履修」や「選択必修」と答えたのはそれぞれ約15％と 7 ％である。その他は 1 ％である。つまり、今回の被調査者である学部留学生の大半が日本語授業を必修科目として履修することになっている。

　「大学学部で何人の日本語教師に習っていますか」という質問に対して、 4 人と答えたのは約26％で一番多い。 3 人また 5 人以上と答えたのは、それぞれ24％である。その他、 2 人と答えたのは約14％で、 1 人しかないと答えたのは10％である。もちろん、大学によって在学している留学生数にも差があるが、

実際に学部留学生の日本語教育を実施している日本語教師の人数を考えると、この極端な人数差は大学によって、学部留学生の日本語教育に対する重視度に差が存在すると言えるであろう。

また、「大学の日本語授業でレポートや論文の書き方、要約の仕方、発表の仕方などを教えてもらいましたか」といった学習スキルに関する質問をしたところ、「教えてもらった」または「教えてもらっている」と答えたのは全体の約79%を示している。それに対して、「教えてもらっていない」と答えたのは全体の約17%である。その他は約4%である[31]。つまり、大学の日本語教育の中で、学部留学生の専門分野における学習・研究活動のために日本語授業のカリキュラムに専門分野での学習スキルを高める学習内容が組まれるところが多い。それに対して、いまだに日本語授業のカリキュラムに専門分野での学習スキルに関する内容が組み込まれていない大学もある。

「大学学部の日本語授業では、具体的にどういう授業が行われていますか」という質問に対して、「作文（レポート作成を含む）」と答えたのは約72%で一番多い。その次に、「読解」と「日本事情」がそれぞれ約64%と約62%である。続いて「会話」と「聴解」がそれぞれ約58%と約53%である。その他に関しては、2人が「言語表現法」と答えた[32]。つまり、大学の日本語授業の内容は、特に書く能力に力を注いでいるように見受けられる。そして大半の大学では、「日本事情」「読解」「会話」「聴解」といった内容を学部留学生の日本語授業の中で実施していることがわかった。

さらに、「大学学部の日本語授業は必要だと思いますか」という質問に対して、全体の約94%の人は「必要」と答え、それに対し「必要ない」と答えたのは全体の約6%である。大学における日本語授業の必要性に関連して、学部留学生に「大学学部の日本語授業に対する満足度」について質問したところ、「やや満足する」と答えた人は、全体の約35%で、一番多い。次いで、「やや満足しない」は、全体の約25%である。「どちらでもない」と答えたのは約21%である。そして、「非常に満足する」は約11%、「非常に満足しない」は約8%である。全体からみると、満足している人は約46%に対し、満足していない人は約33%である。そのほかの21%の人は日本語授業に対して、不満はないけど、

31）今回の調査対象は私立大学が多いため、国立・公立・私立大学間の比較は割愛する。
32）複数回答可のため、総数は100%ではない。

満足している様子も見受けられない。今回の調査は、被調査者である学部留学生の日本語教育を担当する教師の了承を得たうえで実行したため、日本語授業に対する満足度という質問に関しては、多少学生の担当教師に対する遠慮も考えられる。そのため、満足していない人は、得られたデータ以上に存在しているのではないかと考えられる。

　以上の調査結果は、以下のようにまとめられる。

・今回の被調査者である学部留学生の大半は、日本語授業を必修科目として履修している（調査対象者は1年生が多い）。
・大学によって、日本語教師の人数に格差が存在する。
・すべての大学の日本語教育において、専門分野での学習スキルに関する内容が教えられているとは限らない。
・調査対象大学の大半では、「作文」「日本事情」「読解」「会話」「聴解」といった内容が日本語授業のシラバスに組み込まれている。
・ほとんどの学部留学生は日本語授業が必要だと感じている。
・履修している日本語授業の内容に対して、満足していないと思う学部留学生は少数ではない。

4-2　学部留学生の具体的なコメント

　調査用紙の最後の「自由コメント」欄に被調査者たちに意見や要望を求め、271人中の約半数である129人からコメントが寄せられた。そのコメントの中から、いくつかを紹介する（用字・用語などは原文どおりで、意味がわかりにくい文については括弧で補足説明を入れている。また、文頭のアルファベット文字は被調査者の識別番号である）。

4-2-1　4技能に関するコメント

（CHGU_13）「聴くと会話の練習はあんまりしてなかったです。日本語授業には、これについてはもうちょっと増やして欲しいです。」
（TMU_14）「聴解と文法の練習を増やしたい。」
（TECH_20）「新聞の記事を解読させて欲しい。（新聞を用いた読解授業がほし

い。）」

(MEIJI_1)「日本語の授業は文法、外来語についてあまり教えてもらっていません。だから文法外来語についてもっと教えてもらいたいんです。」

(CHGU_9)「電子辞書があるから、言葉はわからないとき調べれる（調べられる）。でも文法と辞書中ないの（ない）言葉（流行の言葉）もっと勉強したい。」

(TMU_14)「聴解と文法の練習を増やしたい。」

(SEN_6)「日本人のクラスメートと会話する授業（がほしい）。」

(SEN_48)「言葉だけではなく、もっと日本人らしい話し方を教えて欲しい。」

(TECH_3)「会話の練習をもっとやらせてほしい。」

(SEN_43)「話す機会が多いけど、書くのが弱い。」

　以上のコメントから、学部留学生は自分が有する日本語能力の問題点についてよく理解していることがわかる。さらに、学部留学生は大学学部の日本語教育に対してバランスよく4技能を向上させるような授業を求めていることが見受けられる。

4-2-2　専門分野における日本語教育への意見や要望

(SEN_2)「特に専攻と関わる日本語の授業が必要。専門用語やカタカナ用語の授業は必要。」

(MEIJI_10)「大学に入るとレポートや発表するのはたくさんあるが、日本語学校で勉強したもの別のものになったから。（大学と日本語学校での勉強内容が違う。）」

(HTBS_1)「レポートや発表まったく要領が分からない。日本語授業の目標を明確的にしてほしいです。表現能力、口頭表現能力、書面表現能力（について教えて欲しい。）」

(HTBS_2)「大学生の立場に立って、大学生活、授業にとって必要な日本語の聴解、読解、文章表現などの技術を教えて欲しい。」

(TECH_6)「講義のスピードははやしすぎて（速すぎて）ときどき聞きとれない場合がある。」

(TECH_9)「専門的な日本語を習うほうがいいと思う。」

（TECH_19）「専門用語が多いので分からない。発表が弱いです。」

（SEN_63）「実用的な知識をもっと学びたい。大学の授業にむけて授業して欲しいです。日本語学校で勉強した日本語は生活のため、進学のためであったが、大学に入ってから日本語の勉強は学生をもっと日本人学生れべる（レベル）に縮むためだと思います（日本人学生レベルに近づきたい）。なので、普通授業をもっと理解するための補導（指導）が必要です。また、留学生がゼミに入る時は自分が慣れるまで頑張るしかないので、大学の日本語授業でゼミのための準備を指導してほしいです。」

（KKSK_10）「専門語（専門用語）と外来語に対して迷惑をします（困難を感じる）。」

（CHGU_14）「専門性の言葉（専門用語）が少ないです。」

（TECH_3）「専門用語がたらないかんじがする。（足りないと感じる。）」

（SEN_43）「話す機会が多いけど、書くのが弱い。専門用語が多いので、覚えるのが難しい。」

（KMZW_4）「できれば、学部による専門に基づく日本語の授業があればいいかなと思う。」

（SEN_45）「学部の留学生は、それぞれの学部に所属するが、専門知識についての日本語も教えてもらいたい。」

（CHGU_16）「（授業や講義）一つの単語が分からなかったら、次の話をきでない（聞き取れない）。①つまない話（つまらない話）が多すぎる。②つまない内容（つまらない内容）をやめて欲しいです。」

　以上のコメントから、学部留学生が自分の本分である学習・研究活動に必要な日本語能力が欠けていることを実感していると見受けられる。特に、専門用語や外来語の不足、専門ゼミナールでの学習や研究に対応できる学習スキルの不足、および専門講義への理解力の不足などが挙げられている。さらに、彼らは、それぞれ自分が不足していると感じる日本語能力の養成を大学の日本語教育に強く求めている。

4-2-3　敬語やその他に関する意見や要望

（KMZW_9）「日本人らしいの話しはまだ不足だと思う。（敬語について）日本

人と世間話をする時の話す力（は）まだまだだ。日本語学校で習った知識はまだまだだから。」

(HTBS_3)「レポートの作成や日本語（の）敬語についてもっと勉強したいと思います。」

(CHGU_16)「敬語を使い場合じゃないとも使わない。（敬語の使い分けはできない。）人によって話し方が変る。」

(TECH_19)「事務連絡について指導してほしい。敬語の指導を受けたい。生活上の注意を理解することについて指導を受けたい。病院のことなどよく分からない。日本人のように日本語を使えることを目指したので、必要と思います。（日本語授業は必要である。）」

　以上のコメントから、学部留学生は大学の事務連絡や生活の面で注意・指導を受けるといった場面などでは、自分の敬語使用能力が欠けていることを自覚しているように見受けられる。また、「日本人らしい話し方を習いたい」、つまり、フェイスシートの質問18にも見られたように、自然な日本語でコミュニケーションを取ることを日本語学習の目標としている学部留学生が多い。彼らは、専門分野だけではなく、学内・学外で必要な日本語コミュニケーション能力、および敬語使用能力を向上させてくれる日本語授業を求めていると考えられる。

4-2-4　現在の大学における日本語教育の授業内容や形態に批判的な意見

　学習環境の部分ですでに述べたように、今現在の大学学部の日本語授業に対して、非常に満足しない」と答えた人は全体の約8％である。その理由は以下のようになっている。

(TECH_19)「（日本語の授業の）回数が少ない、授業中におもにプレゼンデションンやるので基本的な文法を教えることが少ない。授業の数を増やして、内容を日本の名場所や言葉に集中してほしい。」

(SEN_2)「一クラスに人数が多く、授業に積極的に参加する人と、そうでもない人が現れる。授業が体系化されていない。口頭表現や発表が多く行われる授業であれば、人数を少なくした方がいいと思う。授業の内容の一

括性（一貫性）がなく、体系化された内容を用いて欲しい。もっとも大切なのは、教えるほうと習う方の呼吸が合う授業だと思う。」

（CHGU_14）「教員とのコミュニケーションはあまりなかったと思う。教えて欲しいことは（教員が）理解していないと思うので、学生に覚えやすい授業のほうがいい。」「実際に役立つ授業がいい。」

　学部留学生の大学の日本語授業に対する批判的な意見の大半は、授業内容に関するものである。つまり、学生の学習したい内容と実際に授業で実施された内容が一致しない、また、学習レベルが一致しないというような問題が存在する。

4-2-5　分析

　以上のコメントから、学部留学生が切実な思いで大学における日本語教育に期待している様子が読み取れる。学部留学生には大学院の留学生と異なり、専門分野の授業でも英語などの代替言語を使用する機会が少ないため、日本人学生と同様な学習環境の中で、高度な日本語コミュニケーション能力を必要とされる。また、調査結果から学部留学生本人も「日本人と同じように日本語をしゃべりたい」という要望が多く見られた。学部留学生のコメントをまとめると、以下のことが考えられる。

　まず、学部留学生は、彼らの大学生活に必要な日本語コミュニケーション能力の養成に関して大学の日本語教育に次のことを求めている。

・事務連絡や生活において、注意・指導を受けるといった場面における自然な日本語での話し方、文書の書き方の訓練
・大学内の事務職員や日本人の同級生、食堂、売店などの人々とのコミュニケーション能力の訓練
・大学外での金銭などが絡むアルバイト関係の人々とのコミュニケーション能力の訓練
・さまざまな場面において、相手によって自然に、かつ正確に敬語を使用する能力の訓練

また、学部留学生は、彼らの専門分野での学習・研究活動に必要な学習スキルの養成に関して、大学の日本語教育に次のことを求めている。

・日本語だけで学習・研究の目的を最低限果たせる程度の専門用語やカタカナ語などの語彙力の養成、およびその使い方の訓練
・コミュニケーション能力における４技能全般が必要とされるため、バランスよく４技能を向上させる日本語授業
・発表やレジュメ作り、論文要約、およびレポートの作成などの専門授業での学習、研究に対応できる学習スキルの養成
・専門授業の講義を理解する能力の養成

4-3　事例から見る学部留学生の問題点

　以上の調査から、学部留学生が切実な思いで大学における日本語教育に期待していることがわかった。筆者は学部留学生の日本語教育を行う中で、彼らの日本語学習の過程や問題点、および全体的な学習生活に与える影響について参与観察を行い、フィールドノートにまとめた。その中から、日本語学習に問題を抱えていそうな学部留学生56人に個別に話を聞いた。その中で日本語学習の問題として特記すべき点を含んだ事例について説明する。

4-3-1　日本語教育と自律的学習能力

4-3-1-1　学部留学生（朴さん〈仮名〉）の事例

　朴さんは、韓国のソウルから来た留学生で、都内の私立大学で経営学を専攻している１年生である。彼は、来日半年にして、日本語能力試験のＮ１を取得し、留学試験も好成績であった。特に電子機器の使用が得意で、親がソフトウェアの会社を経営していることもあって、韓国の高校時代から「インターネットやコンピューターに強い」と自負していた。しかし、彼が大学の専門授業で提出したレポートに対し、インターネットで収集したデータの不備や情報内容の信憑性について、担当教員に指摘され、彼は自身の情報処理能力の不足に気づき、一時は自信をなくしていた。その後、彼は学部留学生のための「日本語文章理解」、「日本語文章表現」の日本語授業を１年間履修したことによって「コ

ンピューターに強いだけではなく、情報処理能力が高くなった」と自信を取り戻したという。彼が受けた日本語授業の内容は、いずれも学部留学生のレベルと学習目標に応じて、実用性や教材・教具、教授法の多種多様性を重視し、さまざまな工夫が施された授業内容であった。そこで、朴さんは、コンピューターの機能や操作に詳しいということは大学における専門学習に必要な技能の一つに過ぎず、集められた学習に関係する情報を理解し、分別処理を行い、最後に信憑性のある情報を上手に利用できる情報処理能力が必要だと認識した。

4-3-1-2　事例分析

　前述した調査結果から、T4「インターネットで日本語での情報を得る」、T2「日本語環境のコンピューターを操作」、T5「日本語で電子メールをやりとりする」の4.0で、学部留学生の自己評価の平均値が一番高い。その次にT1「図書館などで資料を検索する」およびT3「日本語のワープロ文書を作成する」の平均値はともに3.9である。おのおのの平均値を見ると、学部留学生は自分の情報リテラシーには自信を見せている。つまり、朴さんのようなコンピューター関連の電子機器の利用を得意とする学部留学生はほかにも多く存在する。近年コンピューターやインターネットの普及により、印刷物だけではなく、ウェブ上からも学習に関連する情報を収集し、それを読み取る能力が必要となった。情報活用ツールであるコンピューターを使いこなせるかどうかは、学習・研究活動だけではなく、留学生活の成否にも大きく影響するものとなる。しかし、コンピューターやそれに関連する電子機器について、操作の簡易性、楽しさ、およびそのエンターテインメント性を重視するだけでは、大学での学習に必要な情報処理能力の向上にはつながらないと考えられる。情報処理能力に関して、中村（2006）は「クリティカル（批判的）な思考を育成することで、虚偽の情報や悪質な情報など、相手を欺いて、混乱させかねない情報をも含めて、的確に分析・吟味・評価する能力を高めたい」と述べる。このような情報処理能力は学部留学生の専門学習の場面にとどまらず、日本社会での生活の各場面でも要求される。朴さんの事例から、学部留学生はコンピューターやその関連する電子機器の利用には親しみがあるが、それを活用して、自分自身の表現力につながっていく自律的な学習能力の養成が必要とされる。

4-3-1-3　事例により導き出されるもの

　向後（2006）は「スタディ・スキル（学ぶ技能）とリサーチ・スキル（研究する技能）を大学教育のゴールの中核としたとき、それは最終的に『書かれたもの』によって評価される」と述べた。学部留学生の場合、この「書かれたもの」は、調査した情報をもとに作成したレポート、および卒業論文などの形によって評価される。調査によって得られた情報を的確に処理できず、かつ、書く能力が不足するという原因で、学部留学生のレポートや論文にはデータの不備や不正引用、さらにコピー・アンド・ペーストなどの問題も見受けられる。このような問題は、学部留学生だけではなく、日本人学生にも言える。向後（2006）は「それは学力低下というような問題ではなく、ただ大学の中で書くためのスキルをトレーニングしていないということに起因する」、また、「このような大学教養教育の空洞化に気づき、近年、一部の大学が学部１年生のために『基礎ゼミナール』や『日本語表現法』などの名称の学習科目を設けていた」と指摘した。学部留学生の場合は、大学の日本語授業で基礎教養教育を受けている。そこで、彼らには日本語の知識や理解・表現の技能を学ぶとともに、大学での学習生活だけではなく、生涯学習にもつながる自律的学習能力も身につける必要がある。

4-3-2　日本語教育と人間関係構築能力

4-3-2-1　学部留学生（黄さん〈仮名〉）の事例

　黄さんは中国上海の出身で、日本語の予備教育機関である日本語学校で日本語学習歴ゼロから２年間勉強し、４年制大学へ進学した。インタビューした当時は、私立大学の経済学部に所属する２年生であった。中国での高校時代、彼は成績が優秀で３年間クラス委員を務めていた。日本の大学に入学した最初は、大学に進学できたことに喜びを感じ、これからの学習生活に希望と自信を持っていた。しかし、彼は次第に専門分野での学習スキルの不足を感じるとともに、専門科目を担当する日本人の教員、および同じ科目を履修する日本人学生との価値観や考え方の違いなどで、学習に不安を覚えはじめた。また、学内での事務的な手続きを行う窓口の職員やゼミナールの先輩・同級生との関わりの各場面で、自分の日本語コミュニケーション能力の不足にも悩まされていた。さらに、生活のために始めたアルバイトでも日本語によるミスコミュニケーション

が頻繁に生じていた。夢と自信に満ちた憧れだった日本での留学生活は、いつの間にか苦痛しか感じられないようになっていた。しかし、彼は大学の留学生のために設けた日本語教育の一環である「一般日本事情」の前期の授業を履修したことをきっかけに「日本での留学生活に慣れた」と語るようになった。その「一般日本事情」の授業内容は、受講する学部留学生が感じる日本社会・日本人に対する印象や疑問、および自分自身が抱える不安や問題意識などをトピックにして、最善の解決策をグループでディスカッションする内容である。黄さんは、そこで自分が抱えている問題を同じ学部留学生と話し合う中で、自ら解決方法を見つけ、希望や自信を取り戻したと考えられる。

4-3-2-2　事例分析

　黄さんのインタビューによると、彼は中国にいるときに、勉強や生活について、うまく行かない理由は「自分の努力が足りないからである」と教育されてきた。それによって、自分自身に対して厳しく要求し、それなりに達成してきた。しかし、日本に来てからも同じように頑張ってきたが、社会環境の違いや異文化を持つ他者が多様な価値観を持つことへの認識ができなかった。また、日本の大学に進学することは彼にとって大きな目標であったため、日本語学校では留学受験のための勉強しかしておらず、日本語でコミュニケーションを取る訓練に力を入れなかったことに対し悔やんでいた。彼は、日本語コミュニケーション能力の不足を「自分の努力が足りない、自分はだめな人間だ」と、受けてきた教育のメインストリームの言説から、外的抑圧を受け、自分の内側からも同じように自分を抑圧してしまい、自信を失っていた。その後、黄さんは「一般日本事情」の授業で、彼と同じ立場にいる学部留学生の仲間との協同活動によって、学習と生活上の不安や悩みなどを共有することで、「不安や悩みを抱えているのは自分だけではない」と孤独感を払拭し、矮小化した自信を取り戻すことができた。

　上述した「一般日本事情」は、黄さんのような学部留学生にとって、専門分野での学習に対応する日本語スキルの養成だけではなく、学習以外の異文化を持つ他者の価値観を認識する能力、および新しい人間関係を構築する能力の養成につながる必要不可欠な授業だと考えられる。

4-3-2-3 事例により導き出されるもの

　本来、大学における学習に対応し、かつ新しい人間関係を構築する能力は、大学入学する以前に備えておくべき能力だと考えられてきた。そして、大学の専門分野での学習において、学部留学生は日本人学生と同じ環境で勉学し、同じ課題を解き、同じ論理的思考力を有することが要求される。その中で、異文化による価値観の違いは、学部留学生の学習生活において、決して軽視できない問題だと思われる。しかし、この異文化による価値観の違いは、教えられてすぐに理解できるものではなく、生活や学習の各場面において、学部留学生本人の気づきと適応しようとする気持ちなしには解決できない問題だと考えられる。学部留学生が自ら問題を提起し、その問題を自ら解決していく自律的な学習能力の養成は専門分野での学習のほかに、人間関係を構築するさまざまな場面でも必要である。そして、学部留学生が日本社会において、人間関係構築能力を自律的に身につけるためには、大学の日本語教育の一環として日本語教師によるサポートが必要だと思われる。

4-4　まとめ

　本調査の結果から、学部留学生の多くは大学の日本語教育を必要とし、高い学習目標を持っている。その一方で、受講している日本語授業の内容に疑問と不満を持っている学部留学生も少数ではない。彼らは、専門分野での学習に対応できる日本語スキルや人間関係を構築するためのコミュニケーション能力といったさまざまな場面での実用的な日本語能力を求めている。そして、彼らは大学の日本語教育に、これらの実用的な日本語能力を養成する内容を期待している。

　しかしながら、大学の日本語教育を担う立場にある日本語教師が学部留学生のそれぞれの、かつすべての期待と要望に応えるには限界がある。学部留学生の初年次の日本語教育を考える際に、堀井（2003）が述べているように、大学における日本語教育では、留学生に対するアカデミック・ジャパニーズ（AJ）教育の内容を明確にするために、日本の生活に必要なライフ・ジャパニーズ（LJ）、および大学のキャンパス・ジャパニーズ（CJ）と分けて考える必要がある。

しかし、上述した黄さんの事例にも見られたように、学部留学生の大学の日本語教育に対する期待や要望は多種多様で、知識や技能だけにとどまらず、大学側や日本語教師が提供できる日本語教育の内容との間には認識の違いがある。また、朴さんの事例から見られるように、学部留学生が有する日本語能力と大学の学習に求められる日本語能力との間にも認識の違いがあると考えられる。

　以上、観察された学部留学生の日本語教育における2つの問題点は、彼らの留学生活に多大なる影響を与えると予想される。これらの問題点は、大学の日本語教育を担う日本語教師や学部留学生のどちらか一方だけでは解決できない問題だと思われる。佐々木（2006）によれば、近年の日本語教育において、教師主導型から学習者と社会との関係性を重視する自律学習へと大きなパラダイムシフトへの流れが見られた。堀井（2003）は、「大学における本質的な『学び』につなげるために、AJの構成要素を知識・スキル・問題発見解決能力とし、問題発見解決能力をその中心に据えた」と強調し、留学生初年次の日本語教育をデザインするよう勧めている。そのため、学部留学生が問題発見解決能力を身につけるために、サポートする日本語教師の力量も問われる。上述した朴さんと黄さんの事例から見られるように、学部留学生には、自分自身の日本語能力について的確に評価する能力、学習・生活の各方面において、自ら問題意識を持ち、自ら問題解決するという自律的学習能力が必要とされる。また、学部留学生には、異文化の環境の中で、今までのメインストリームの価値観から脱却すること、自分自身と他人について認識する際に、複眼的な視点を獲得することも必要とされる。このような、自分自身の可能性を最大限に引き出すこと、また、自分の置かれた不利な状況を変えていこうとする考え方、つまり、エンパワーメントは、学部留学生の大学における学習や日本社会における生活、および今後の生涯学習にもつながると思われる。

　そして、次章以降では、学部留学生のエンパワーメントを引き出し、「自律学習」を促す「学習者参加型」日本語教育について具体的に述べていきたい。

第 5 章

エンパワーメントの視点から見る
学部留学生の「学習者参加型」日本語教育

　第 4 章では、学部留学生に対する調査や個別の事例を観察した結果、学部留学生と言っても、個々の学習経験が多様であり、また、専門分野も違うため、おのおのが抱える日本語学習上の問題も多岐にわたることがわかった。一方、日本語教師がその多様な背景を持つ学部留学生のニーズに対応するには限界がある。これに対応するため、学部留学生の日本語教育に関して、数多くの研究や実践が行われてきた。そして、「自律学習」という「教師主導」から「学習者中心」へ、つまり、学習者が社会との関わりの中で自ら自律的に学習を構成していくという1960年代にヨーロッパの言語教育の中で生まれた概念が、1990年代後半から日本語教育の分野でも注目されるようになった。学部留学生の「自律学習」については、第 6 章で具体的に論じる。

　本章では「自律学習」の一つの側面として、学部留学生の「自律的学習能力」を養成するための「エンパワーメント」の視点から「学習者参加型」日本語教育の理論背景について考えたい。

5–1　エンパワーメントとは

5–1–1　エンパワーメントの可能性と危険性

　エンパワーメントは「権利や権限を与えること」という英語の法律用語として17世紀から使われ始めたと言われている。久木田ほか（1998）によれば、エンパワーメントは、第二次世界大戦以後のアメリカの公民権運動やフェミニズム運動などの社会変革運動を契機として、20世紀を代表するブラジルの教育思想家であるパウロ・フレイレによって提唱され、主に社会学的な意味で世界の各方面の市民運動などの場面で用いられ、実践されるようになった概念である。

また、1980年代以後には、エンパワーメントという用語はNGOや国際機関による開発援助の文脈で使われるようになった。

　エンパワーメントという言葉が一般的な用語から、専門用語として定義され、使用される文脈がどのように変遷・拡大してきたかをたどることも、この論考を進めるうえで重要なヒントになると思われる。三省堂『大辞林』第3版によれば、エンパワーメントとは「①力をつけること。また、女性が力をつけ、連帯して行動することによって自分たちの置かれた不利な状況を変えていこうとする考え方。②権限の委譲。企業において従業員の能力を伸ばすためや、開発援助において被援助国の自立を促進するために行われる」と記されている。

　このエンパワーメントという用語は、他者をエンパワーメントする（他者に力をつけること）、または自分がエンパワーメントされる（自分が力をつけさせられること）というような「人間が力を獲得するための働きかけ」として捉えることができる。しかし、働きかける人間と働きかけられる人間の2つの存在が関係していると想定できるため、この大きな可能性を有している用語を開発援助の領域で使用することの危険性にも注意すべきだと佐藤（2005）は指摘している。

　　ある言説が権威を持ってくることの問題点は、その言説の背景にある「物の見方」「事実の説明の仕方」に疑いを差し挟むことが困難になり、それ以外の説明の仕方が見失われたり圧殺されたりする可能性が生じることにある。そして開発援助におけるエンパワーメント言説の問題点は、エンパワーメントを達成させたい外部からの介入者が、途上国の現実を「自らの見たいように」しか認識できなくなる危険性にあると筆者は考えている。
　　（佐藤、2005：4）

　つまり、「人間の力を獲得するための働きかけ」の中身によって、外部からの特定の働きかけを正当化していく危険性も内包していることを論じずに、エンパワーメントを語ることはできない。この可能性と危険性の両方を内包しているエンパワーメントを教育においても常に批判的に問い直していくことが求められていると思われる。

5-1-2　エンパワーメントの日本語教育における応用

　鈴木（1999）は『エンパワーメントの教育学』の中で、エンパワーメントがもつ社会教育的意味・意義を「主体形成」という視点から述べている。鈴木は「地球的な規模での諸問題が顕在化する中にあって、地域に生活する諸個人がそれらの諸問題を批判的に捉え返し、自分の力を見直し信頼し、協同してオルターナティブを創造していくような実践が必要であり、そのためにはエンパワーメント（主体的力量形成）が必要であると指摘する。この「主体形成」「主体的力量形成」という考えが、教育の内容よりは、むしろ教育に関わる「働きかける人間」と「働きかけられる人間」の関係性につながるのではないかと考えられる。

5-1-2-1　エンパワーメントの関係性

　山西（2013）は、このエンパワーメントの関係性について、「人間は関係性の中を生きる存在である」、「エンパワーメントがめざすパワーは、こういった関係性の中を生きる人間を取り巻くあらゆる関係のあり様を、人間に即して、人間が置かれている現状に即して、経験的に問い直す中で、描き出すことが可能になる」、また、「内なる関係性・外なる関係性を含み、人間が全体的にそれらの関係を意識し、それぞれの関係により受容的協働的創造的に関わっていく中、みなぎってくるのが生の力（パワー）だとすると、エンパワーメントはそのような生の力への働きかけとして捉えることが可能になる」と指摘する。

　このエンパワーメントの関係性を日本語教育の中でいかに捉えれば適切であるかを考えなければならない。日本語教育におけるエンパワーメントの関係性の一つは、教育を担う教師と学習者との関係である。フレイレは彼の『被抑圧者の教育学』（1970）で、「課題提起型教育」が本来の教育のあり方であると主張した。フレイレの教育方法論は、教育は対話に基礎をおかねばならないという信念から始まり、すべての人が固有の人間として成長するために自ら貢献できるとしている。フレイレの『被抑圧者の教育学』は、識字教育実践の体験を通じて、学習は人間の尊厳を尊重し、貧しい人々でも、男性でも女性でも、文化の作り手になり、「沈黙させられている文化」を克服することができるということを示唆した。この「課題提起型教育」の目的は、新たな自己認識を創造

すること、人々の中に新たな意識をもたらすことであった。フレイレの「意識化」は、彼の教育論の象徴である。そして、フレイレの教育の基本原理として提起された「課題提起型教育」は、今までの「銀行型教育」[33]と大別して、教育の内容や教育の方法について教育者が決定することから始まるのではなく、教育者と学習者がともに、学習者が抱えている問題に注目し、調査・研究を行い、それを課題として解決していくものである。「課題提起型教育」では、教師と生徒が常に認識する主体であり、授業を準備する段階でも、生徒と対話する段階でも教師は生徒の認識活動に応じて、常に自らの認識活動を直していく必要がある。そして、生徒は単なる従順な知識の容れものではなく、教師との対話を通じて、教師とともに批判的な視座をもつ探求者となる（フレイレ、1979）。それについて、野元弘幸氏が社会教育、多文化教育などの分野でフレイレの「識字教育」と日本語教育の接点として「課題提起型教育」の実践研究を行った。

　野元（1995）は、歴史問題によって日本語教育の機会を奪われてきた在日韓国人や朝鮮人一世の読み書き学習としての「識字教育」と今日の留学生などの語学教育としての「日本語教育」とは別のカテゴリーに位置することを確認し、日本語学習支援の歴史を踏まえ、問題点や支援のあり方を検討した。その中で、問題点として「学び」が個別化しすぎて、学習者同士での共有が図れていない点や、テキスト中心の学習、教授方法が画一化されている点を指摘している。また、野元（1996）では、今日の日本語教育実践・日本語教育論における道具主義、内容の脱文脈化、学習者の主体性の軽視という3つの傾向を指摘している。まず、一つ目の問題点とは、「日本語運用能力の習得ばかりが目的とされ、どのような社会が展望されるのかといった本質的な議論が欠けている」ということである。また、二つ目の問題点とは、「日本語学習と学習者の実生活とが乖離しているため、日本語学習が学習者にとってどのような意味を持ち、役割を担うことができるかという視点が欠如している」ということである。さらに、三つ目の問題点とは、「学習のあり方、内容や方法などの決定が学習支援者によって行われ、学習者は教授する客体として存在する傾向にある」ということ

---

33)「銀行型教育」について、パウロ・フレイレは『被抑圧者の教育学』の中で、「教師が一方的に話すと、生徒はただ教師が話す内容を機械的に覚えるというだけになる。生徒にものを容れつづけるわけで、生徒の側はそれを忍耐をもって受け入れ、覚え、繰り返す。これが「銀行型教育」の概念である」と指摘している。

である。野元氏は、「このような機能主義的日本語教育にかわって、真に人間の解放に貢献する」「批判的な日本語教育」を提起し、日本語教育を「人間らしい生き方の実現に取り組む主体を形成する場、直面する問題を批判的に認識して解決する手立てを獲得する場、学習者が主体的学習に参加する場」として位置づける重要性を強調している。野元（2001）では、今日の日本語教育のあり方を考える際、フレイレの教育実践から多くの示唆を得ることができると述べている。

　日本語教育におけるエンパワーメントのもう一つの関係性は、学習者自身、および学習者同士の関係性である。鈴木（1999）の「主体形成」という考えは、個々人が学習・教育の主体であることを意味する。その主体である学習者について、三登ほか（2003）は、日本語教育にエンパワーメントとして、次の4つの基本的な要素を取り上げた。

（1）「自分を知ることと、相手を知ること」
　　「異なる」文化を持つ他者と出会うことによって、多様性への気づきや、多様性への自分の「反応に対する気づき」を起こすことである。自分の持っているステレオタイプ的なものの見方の検証作業も含まれている。これは、それまでの人生で無意識に身につけてきた考え方、習慣、メインストリームの言説を相対化するための第一歩になる。
（2）「メインストリームの価値観から脱却すること」
　　私たちは誰しも多かれ少なかれ、メインストリームの価値観にさらされることで外的抑圧を受け、さらにその圧力を自分自身が受け入れてしまい、自分で「自分はだめだ」と思い込んで、自分の可能性を限定してしまう内的抑圧を受けている。このような「外的抑圧」、「内的抑圧」の両方の存在に気づき、そこから抜け出す契機を見出すことである。
（3）「私の現実を語る」
　　メインストリームの言説によって紡ぎだされた物語をあたかも自分の現実であると信じ込んで語るのではなく、自分自身の体験・発見による物語を語ることを意味する。誰かによって与えられた現実ではなく、自分自身が発見した物語を語ることが、自分の潜在力に対する気づき、つまりエンパワーメントにつながる。

（4）「複眼的な視点を獲得すること」

　　自分の文化とは異なる文化を持つ人々と接することによってさまざまな
　　新しい経験をするが、それは、自分がこれまで何かに囚われていたこと
　　に気づいたり、これまで知らなかったものの見方や価値観の存在を知っ
　　たり、視野が広がることに結びつく。

　加えて三登ほか（2003）は「メインストリームの価値観に囚われていること
で自分がありのままの自分を受け入れることができなくなっていたことに気づ
き、見失っていた自分自身の潜在力を発見すること、これが筆者の考えるエン
パワーメント」と定義している。

5-1-2-2　エンパワーメントの本書における応用

　第4章で取り上げた2人の学部留学生の事例に見られたように、学部留学生
は日本での生活や大学における専門分野での学習、および自分の将来のために、
期待を込めて努力し、日本語学習を進めていると思われる。しかし、「学部留
学生の大学の日本語教育に対する期待や要望は多種多様で、知識や技能だけに
とどまらず、大学側や日本語教師が提供できる日本語教育の内容との間には認
識の違いがある」、また、「学部留学生の自分自身が有する日本語能力と大学の
学習に求められる日本語能力との間にも認識の違いがある」という第4章で2
つの事例分析から導き出した2つの問題点以外にも、学部留学生の多くが「日
本語母語話者並み」「日本人学生と同じ」[34]という高い学習目標を設定している
ことは、彼ら自身に不自由な思いをさせている。また、彼らは、従来までの日
本語教育の一元化された知識を身につけなければならない、という考えにも囚
われていた。このようなたくさんの問題を抱えている学部留学生に、彼らが自
分の現実を認識し、自分なりの日本語との関わり方を学習できる枠組みを提供
することが必要ではないかと思われる。しかし、この枠組みを提供する際に、
佐藤（2005）が言うように、エンパワーメントの危険性も考慮する必要がある。
つまり、「エンパワーメントを達成させたい外部からの介入者」（日本語教育を

34）本書第2章で記述した学部留学生のアンケートの結果によれば、「日本語学習の最終目標」
　の質問に対し、「日本人と同じレベル、あるいは日本語教師になる」「同時通訳」と答えた
　人が一番多く全体の36.9％を占めている。

行う側）が、「途上国の現実」（学部留学生の日本語能力の現状・日本語学習の現状）を「自らの見たいように」（現実から離れた教授法や教授内容の実施）しか「認識できなくなる危険性」がある。

　以上の先行研究を踏まえ、本書では、学部留学生の「主体形成」、および「人間の関係性」に基づき、エンパワーメントの包括的な捉え方を提示したい。本書で扱うエンパワーメントは、メインストリームの価値観に囚われていることで自分がありのままの自分を受け入れることができなくなっていたことに気づき、見失っていた自分自身の潜在力を発見することであり、また、人間が内なる関係性・外なる関係性を含み、人間全体的にそれらの関係を意識し、それぞれの関係により受容的協同的創造的に関わっていく中、漲ってくる真の力（パワー）への働きかけである。

5-2　「学習者参加型」日本語教育

　人間の関係性に基づき、エンパワーメントの包括的な捉え方を基に、具体的に学部留学生の「学習者参加型」日本語教育の構成内容について考えたい。

5-2-1　学習の主役は誰か

　日本語教育の教室活動について、細川（2004）はコミュニケーション活動の目的を学習者個人の自己表現として、その表現をどのように自覚化しどのように運用するかはすべて学習者自身の問題だと捉えている。こうした視点から、「学習者主体」という考え方が生まれると述べている。また、細川（2004）は「学習者主体」とは、単に学習者の意思のままに教室を運営することや、学習者たちが勝手にテーマを設定したり活動を任せたりすることではなく、学習者の自覚と発信意識の育成が教室の目標となった場合、学習者主体の表現活動とその活動の組織化が担当者の目指すものとなり、学習者自身が自ら「考えていること」を発信しようとする行為をどのように支援できるかが担当者の課題となるとしている。さらに、細川（2004）は、学習者自身の「考えていること」を引き出すという活動は、学習者と担当者、あるいは学習者間の接触を活動の中心に据えることから始まり、活動によって、学習者が他者（担当者やほかの学習者、あるいは教室外の人物）との信頼関係を取り結べたという達成感を得

ることが重要であると強調する。

　一方、舘岡（2013）は、日本語教育の中では、「『教師の教え方』の中に『学習者』への視点が強く示され『学習者中心』ということばも生まれ、学習者の自律性（learner autonomy）が重視されるようになった」と述べ、「教師による教授法から学習者による学習法へと転換してきた」と考え、「そうなると、教師は何をどのように教えるかではなく、学習者が自ら学べるようにどう学習環境をデザインし、どう支援をするかということが重要になってくる」と指摘している。

　つまり、大学の日本語教育において、エンパワーメントの視点から学部留学生は日本語学習の「主体」や「中心」であるべきだと思われる。そして、学習の主役である学部留学生の「自律学習」を促すことが「学習者参加型」日本語教育の目的となる。

5-2-2　学習内容と指導方法
―学部留学生の基本目標に関する提案―

　エンパワーメントの関係性でも言及したが、フレイレは教師と生徒（あるいは教育者と被教育者）の垂直的な上下関係の中で、認識の主体としての教師が自ら専有する「知」を一方的に生徒に注入する教育を「銀行型教育」と呼び、生徒の客体化・非人間化を進めるものとして否定した。それに対し、教師と生徒がともに認識活動を行い、課題解決のために現実変革の実践を行う教育を「課題提起型教育」と呼び、提起した。

　野元（2000）は、「課題提起型教育を通じてフレイレが目指したものは、端的に言えば、『世界を読む力』をもち、世界の人間化のための現実変革に積極的に関与する主体の形成であった。その際、フレイレは、学校での課題提起型教育においても、識字教育においても、学習者のくらしや地域の課題の把握に努め、それらの課題解決の過程での学びを重視した」と述べている。

　そして、ここで、学部留学生の「課題提起型」日本語教育の学習内容を考える際、どのように考えればいいのであろうか。野元（2000）で提示したプログラム編成の原理を参考にし、本書の第2章で行った学部留学生の日本語能力の実態調査の結果、第3章で行った学部留学生の日本語能力に関する共分散構造分析の結果、および第4章で行った学部留学生の日本語教育における問題点に

第5章　エンパワーメントの視点から見る学部留学生の「学習者参加型」日本語教育　69

ついての分析結果を踏まえ、以下のように基本目標を設定するのが望ましいと思われる。この「学部留学生の学習内容と指導方法に関する基本目標」は筆者独自の提案である。

①学習者の主体的意識化の養成

　批判的意識（世界について批判的に考えること）の形成、課題解決能力の獲得、および人間関係構築能力の獲得を進める。主に、話し合いや討論、意見交換を通じて、仲間や他者との関わりの中で現実問題に目を向け、解決していく力を集団的に作り上げていく。

②日本語運用能力の習得

　学部留学生は日本語のことばに関する蓄積よりも、それを実際の人間関係において、いかにして使えるようにすることが大切である。つまり、知識としてのことばを言語行動のプロセスとしてのことばに転換するということである。

③生活情報・基礎知識の習得

　学部留学生が日本で学習・生活していくうえで、必要不可欠な情報や知識を得る。その際、彼らが身近な社会的な活動にアクセスできるように、具体的で、かつ必然性のある場面設定が必要である。

④教師の学習

　教師は、学部留学生が抱える課題にとどまらず、学習とともに新たな課題を掘り起し、彼らとともに解決する課題として意識することが必要である。つまり、教師がいかに学部留学生のための言語学習環境を設定するかは非常に大切な問題である。

5-2-3　教室活動について

　学校教育の中で、「教師と学習者」「学習者自身、および学習者同士」という2つの関係性についてさまざまな議論がある。この関係性は、教室活動に大いに影響を与えると考えられる。大学における「学習者参加型」日本語教育は、「学習者主体」「学習者中心」とする基本的な考え方で、学部留学生の「自律学

習」を目的としている。教室活動の中で、日本語教師と学部留学生の関係は「たて」ではなく、「よこ」に近い対等な関係が望まれる。さらに、「知識は状況に依存しており、学習とは学習者自身が知識を構築していく過程であり、社会的相互作用を通じて行われるものである」（久保田、2000）という社会構成主義の考え方を背景にして、学部留学生の主体的な学び、および仲間同士との学びあいという「よこ」の関係性によって、教室活動の中身が構築される。そこで、「ワークショップ型」学習による日本語授業を一つの教室活動の形として提案したい。

5-2-3-1　ワークショップとは

　ワークショップ（Workshop）は、教育、療育、芸術（アート、演劇など）から、1990年代以後、まちづくり（建築計画など）、企業研修など、非常に多様な分野で急速にひろがっていった活動である（茂木、2010）。また、茂木（2010）は、「教育や学習の領域において、ワークショップの学びは、従来の学校教育を支えてきた客観主義的から社会構成主義（social constructivism）や状況的学習論（situated learning）に基づく学習観への変容の中で、その方法や場として捉えられるのが一般的な定義である」と述べている。一方、広石（2005）は、ワークショップを「参加・協同型学習（Participatory Learning）」として、「意味生成の自由な学び」と定義し、その特徴について、参加・体験・相互作用を挙げている。

　ワークショップの歴史をたどっていくと、ジョン・デューイ（John Dewey、1859-1952）の名前が見られる。デューイはアメリカのプラグマティズムの教育学・哲学者で、彼の教育方法は①理論化、②実践、③観察、④反省を循環しながら、よりよいものを求めていく反省的思考（reflective thinking）に特色がある（茂木、2010）。デューイの批判は、人を国家や産業社会の中で「機能する主体」に育てる近代学校教育制度に向けられ、さまざまな仕事を通して、仲間と学びあう中で生活や社会と教育が関連を取り戻すことを提案した。このようなデューイの教育は「学校のコミュニティー化」と言われてきたが、「学校のワークショップ化」、つまり「行為することで学ぶ（learning by doing）」というプロセス重視の学びの実現を図る構想だったという指摘がある（真壁、2008）。

5-2-3-2 ワークショップの特徴と意義

　刑部（2010）では、ワークショップの特徴について以下の表5-1のようにまとめてある。

　表5-1からワークショップという「場の学び」のいくつかの特徴が見られる。まず、知識を習得することだけが学習の目標ではない。人々との協同的関係の中で、新たな自分を発見したり、今まで気がつかなかったことに気づいた

表5-1　学習観の比較表（獲得型・徒弟的・協同的学習観）（刑部、2010；30）

	獲得型学習観 従来の学校の教室	徒弟的学習観　徒弟制度	協同的学習観　協同・表現のワークショップ
学習	知識を獲得すること	生産できること	知や学びを問い直すこと・捉え直すこと・新しい自分に出会うこと・魅力的な他者に出会うこと
環境	個人の知識の注入	師匠を上位あるいは中心とした縦型的関係	入れ子構造の中で起こる水平的関係性
知識	既存の知識を所有するもの	実践に埋め込まれた知識を使えるようになること	表現することを含めた知識の再構築・創造
教師	知識の提供者	実践共同体で中心となる行為者（師匠）	知・学びを再構成する同伴者（コーディネータやファシリテーター）
教師・師匠・ファシリテーターの専門性	効率よく、知識が国得されるように教授すること	生産工程を熟知していること	参加者をケアし、予想外のことに柔軟に対応すること
学習の目標	教育の効率化	生産過程で役に立つ技能の獲得	知ることの再構成的発見学習のプロセスを味わうこと
学習者	同じ知識を与えられる受容器	コミュニティーの中のアイデンティティ形成を含めた全人格的存在としての学習者	さまざまな参加様態が許された参加者
評価	与えられた知識が所有できたか	予定していた生産品ができたか	学びの履歴と振り返り

り、既存のものを捉え直したりすることによって自信を取り戻すことができる。また、ワークショップの学びの場では、教師が中心に学習者に教え込むのではない。教師は学習の主体である学習者の能動性を重視し、支援者となり、学習者の周辺で支える存在である。さらに、学習の主体である学習者だけではなく、支援者である教師も水平的関係性の中で学習者を支援すると同時にワークショップの内容・形作り、および学習目標への達成度に対する評価や内省ができる。

　また、茂木（2010）では、ワークショップの学びについては「参加者によって生起する相互作用＝お互いの違いが創造力を生むことを大切にするので、参加者によって常に変動し、あらかじめ学びのデザインを完全に記述しておくことは不可能で、参加者自身が能動的（活動等の）意味づけを行いながら、学び自体を作っていく学びだというのである」と説明している。

　ワークショップの学びの特徴は、「学習者主体・学習者中心」や「教師と学習者との関係性」などの面では、大学における「学習者参加型」日本語教育の基本的な考え方と一致する。しかし、ワークショップの「活動プロセスの即興性」や「参加者に自由な振る舞いを求める姿勢」といった自由な学びの形は、「学習＝知識習得」という従来の学習観をもつ大学教育に対してどのような意味を持つのであろうかと指摘されることがある。また、長岡（2010）は、「『学習＝知識習得』という学習観にとって重要なのは、『正しい学習目標が設定されているか』、また、『その学習目標に到達したか』という2つの点である。学習者の考え方、学習者自身が主体的に変容していくこと自体が重要視されていない。それについて、日頃、教育現場での私たちの思考は『設定した目的をいかに実現するか』に向かいがち、『設定した目的の背後にある世界観』が問われることはない。そして、『ワークショップでの学習』について考える際も、つい『学習＝知識習得』という学習観を暗黙の前提としている。社会構成主義や状況的学習論から『ワークショップの学習』について考えると、フラットでダイナミックな関係性の中で経験される学習を通じて学習観自体の再考を迫るという、再帰性を帯びた学習活動の意義が見えてくる」と指摘する。

　そこで、ワークショップの学習理念を前提として、大学という教育の場において、そのワークショップの学習活動の可能性と意義を検討したい。本書では、学部留学生のために設置された日本語授業で取り入れるワークショップの学習

活動を「ワークショップ型」学習による日本語授業と呼び、事例研究を通して、学部留学生の日本語教育にワークショップの学習活動をいかに取り入れることができるのか、また、「ワークショップ型」学習による日本語授業を通じて、「学習の主体性」を持つ参加者である学部留学生の学習観がどのように変化するのかを検討したい。その詳細は第7章で具体的に論じている。

5-2-4　学習者参加型評価

横溝（2002）によれば、評価というと、まずテストやグレードづけが思い浮かぶが、評価の本質は学習者が学習を改善していくことにあり、80年代以後、教育の視点が「教師主導」から「学習者中心」へと大きく転換する中で「学習者参加型評価」はそれまでの「教師主導型評価」への批判として提案されてきた。これには、1930年代の教育者デューイの経験主義が深く影響していると言われる。「経験そのものだけでは何かを学ぶことは可能ではない。重要なのは経験を自分の中で咀嚼し、振り返ることだ」というデューイの考えによれば、「評価＝振り返り」の作業に、学習者が積極的に参加することが大切だと考えられる。そこで、学習効果をみる一斉テストの代わりに、学習プロセスについて時間をかけ、学習の全体像をみる「ポートフォリオ評価」が提案され、効果的な評価法として着目されている。日本では21世紀に入り、学校教育への「総合的な学習」の導入に伴って、「ポートフォリオ評価」が学校現場で注目された。

5-2-4-1　ポートフォリオ評価

「ポートフォリオ」は学習者の学習成果を蓄積して振り返りに使うファイルである。社団法人日本語普及協会の報告書によれば、日本語教育に影響を与える「ポートフォリオ」の例として、ヨーロッパ言語ポートフォリオ（European Language Portfolio：以下「ELP」）がある。ELP[35]は行動中心主義を背景とするヨーロッパ言語共通参照枠（CEFR）の理念を現場で役立てるために開発された学習ツールである。その目標は「ヨーロッパ市民としての相互理解を深め、複言語主義[36]を身につけるとともに、自律的学習能力のある言語学習者を育成

---

35) 欧州統合の動きの中で人の移動を言語教育の面で保証することをめざし、欧州評議会によって作られた複言語主義・複文化主義に基づく言語学習・評価のための枠組み。

74

すること」とある（ヨーロッパ日本語教師会、2005）。ELPの教育観の中心に「自律的学習能力」が据えられていることが理解される。また、それぞれの教育機関が、就学前、学校教育用、成人用などのさまざまな対象に対して、ELPを作成し適用している。そのELPのもつ教育的機能の中心部分となるのは言語学習記録である。言語学習記録では、最初にコース終了時点の到達目標についての学習契約を結ぶことによって学習を意識化させ、そのプロセスでは、週や月ごとのチェックリストを使い、できるようになったことを書き込んでいく。このような資料集には、学習内容、目標設定、達成の記録、制作物、録音資料、記録写真などが含まれる。学習者にとっては、自分自身の詳細な振り返りのための資料として教育機能を持ち、同時に第三者にとっては、学習の能力を提示する報告機能を持つ。ヨーロッパ日本語教師会（2005）では、「ELPは言語学習のプロセスを学習者により分かりやすく提示することで内省と自己評価の力を育て、自分自身の学習に、より責任を持てるようにする」と主張している。

　日本語教育の分野でも、「ポートフォリオ」に対する注目度が増しているが、現場ではいまだに試行錯誤の部分が多い。ヨーロッパ日本語教師会（2005）は、「ポートフォリオ評価について、一般的にあげられる課題の一つとして、自己評価に対する信頼性の問題がある。ELPについてもこの点が懸念され、学習者、教師双方が自己評価を正しく行えるためのトレーニングが必要である」と指摘する。自己評価は「ポートフォリオ評価」の核心である。その自己評価が正しくできるということは、自分自身の学びに対する深い内省を通して課題を見出し、その解決のための適切な学習方法を選択できるということであり、つまり、自律学習の能力向上に直結する非常に大切な要素である（社団法人日本語普及協会、2009）。

5-2-4-2　「総合自他評価」─自己評価と他者評価の併用

　「ポートフォリオ評価」について、挙げられた自己評価に対する信頼性の問題は学習者の自律学習を促進するためには軽視できない。その解決策として、学習者に自己評価の機会を多く与え、そして正しく自己評価を行うトレーニング以外に、学習者の自己評価と他者評価の併用も考えられる。村田（2004）は、

36）複言語主義は個人の２つ以上の言語能力であり、それに対して多言語主義とは特定の社会における複数言語の併存状態を指す。

「学習者の内省と他の学習者からのフィードバックを分析し、内省とピアフィードバックを組み合わせることは『学習者同士の観察・評価の視点を広げ』『メタ認知力を高め、自律的な評価力を高めていくために役立つ』」と述べている。また、細川（2002）は、学習者主体の総合活動型日本語教育における「自己責任型の自己評価」の重要性を述べたうえで、他者評価のコメントを取り入れた「『相互自己評価』とでもいうべき方法が有効である」と主張した。さらに、細川（2004）は、「総合活動型日本語教育では、教師対学習者という枠組みを超え、学習者の主体的な相互行為により学習者自身の明確な意思を発信する言語学習を目指している」と学習者による自己評価の信頼性問題を超えた学習者の学びのプロセスを重視する観点からも自己評価と他者評価の併用という評価活動としての意義を主張した。しかし、自己評価と他者評価の醍醐味は信頼性だけでは測ることができない意味があるとされるが、その学習者による評価の信頼性や妥当性を高めることも必要不可欠である。そこで、従来の教師主導による評価と違って、学習指導の一環とする教師による評価を一種の他者評価として、学習者の自己評価と仲間同士による他者評価と同時に導入する「総合自他評価」を提言したい。

　本書では、大学の日本語教育において、「学習者参加型評価」の一つである「ポートフォリオ評価」を導入すると同時に、学部留学生の自律的評価能力を養成するための「総合自他評価」を導入する事例研究を行い、その可能性と意義を検討したい。学部留学生の「学習者参加型評価」については、第8章で具体的に論じる。

5-2-5　まとめ

　以上、エンパワーメントの包括的な捉え方を基に、具体的な学部留学生の「学習者参加型」日本語教育の構成内容について述べてきた。

　まず、学習の主役は誰なのかについて、「学習者主体」「学習者中心」という学習者の自律性を強調した。つまり、大学の日本語教育において、エンパワーメントの視点から学部留学生は日本語学習の「主体」や「中心」であるべきである。それによって、学習の主役である学部留学生の日本語の学習だけではなく、専門分野での学習や生涯学習にもつながるような自律的学習能力の養成が「学習者参加型」日本語教育の目的であることを明確にした。

また、教師と生徒がともに認識活動を行う課題提起・解決するフレイレの「課題提起型教育」の理論を援用し「学習者参加型」日本語教育の学習内容を考案するために、「①学習者の主体的意識化の養成」、「②日本語運用能力の習得」、「③生活情報・基礎知識の習得」、「④教師の学習」の４つを基本目標として提示した。

さらに、「フラットでダイナミックな関係性の中で経験される学習を通じて学習観自体の再考を迫る、という再帰性を帯びた学習活動の意義が見えてくる」（長岡、2010）という社会構成主義や状況的学習論の視点からの考えを援用し、「学習者参加型」日本語教育の学習方法について、「ワークショップ型」学習による日本語授業を提起した。

最後に、「経験そのものだけでは何かを学ぶことは可能ではない。重要なのは経験を自分の中で咀嚼し、振り返ることだ」というデューイの経験主義理論を援用し「学習者参加型評価」について、「ポートフォリオ評価」を導入すると同時に、学部留学生の自律的評価能力を養成するための自己評価と他者評価の併用を導入する「総合自他評価」を提起した。

本書で提起した「学習者参加型」日本語教育の具体的な内容については、以下の第６章、７章、８章で述べる。

第6章

「自律学習」について

第5章では、学部留学生のエンパワーメントについて考え、また、フレイレによって提起された「課題提起型教育」について論じた。本章では、エンパワーメントの視点から、2つの事例研究を通して、学部留学生の「自律学習」について検討したい。

6-1 自律学習とは

6-1-1 自律学習（autonomous learning）とは何か

自律学習（autonomous learning）とは、確立された教授法ではないため人によってさまざまな解釈が存在する。

1998年版の国立国語研究所監修『日本語教育専門用語集』では、自律学習を「学習者自身が自己の学習に主体的に関わり学習を孤立化せず、教授者や教材や教育機関などといったリソースを利用して行う学習」と定義した。

また、青木（2001）は、学習者が自分で自分の学びの主人公となり、学習の目的、内容、方法について選択する能力、さらにそれに基づいて計画、実行、評価する能力を自律的学習能力（学習者オートノミー：learner autonomy）と呼び、自律学習とはこの能力に基づいた学習であるとしている。

さらに、廣森（2013）は、「自律（学習）という概念には唯一絶対の定義が存在するわけではない」、「しかし、『自律を促す／自律を促進する』といった場合、自律（学習）を持つ意味を明確化しておく作業は非常に重要となる」と自律に関する代表的な研究を整理し表6-1にまとめた。

廣森（2013）は、応用言語学における自律の概念に関して、以下のようにさまざまな定義づけが存在することを言及した。

表6−1　自律に関する定義の分類例（廣森、2013：290）

焦点を置く側面	具体的な内容	代表的な研究例
認知的側面	-ability	-Cotterall（1995）
	-capacity	-Holec（1981）
	-skill	-Little（1991, 1999）
		-Littlewood（1996）
情意的側面	-attitude	-Bond（1988）
	-readiness	-Dickinson（1992）
	-self-confidence	-Wenden（1991）
	-responsibility	
メタ認知的側面	-Setting goals	-Benson（1996, 1997）
	-Planning learning activities	-Little（1991）
	-Monitoring learning progress	-Winne（1995）
社会的側面	-Working in cooperation with others	-Cotterall（1995）
		-Dam（1995）
		-Van Lier（1996）

　もっとも一般的な定義としては、Holec や Cotterall のように学習者が「（実際に）何かができるか否か（＝ability）の観点に焦点をあてるものや、Little や Little wood のように「（潜在的な）能力、あるいは可能性（＝capacity）」までを含めるものが挙げられる。情意的側面から自律を捉えようとする研究者らは、学習者が自らの学習に携わる決断やその履行に関して責任（responsibility）を持っている状態、あるいは責任を持つ学習者が学習に対して示す態度（attitude）といった観点から自律を概念化しようと試みる。一方、より行動的な側面、たとえば、自己調整学習（self-regulated learning）の立場から自律を捉えようとする研究者らは、学習のメタ認知プロセス（計画を立てる（planning）、行動をモニタリングする（monitoring）、結果を振り返る（evaluating））に焦点をあてる傾向があるのに対して、Vygotsky などの社会文化的アプローチに影響を受ける研究者らは、他者との共同作業（working in cooperation with others）などといった社会的側面から自律を捉えようとしている。自律という概念をより正確に捉

えるためには、どれか一つの側面に偏るのではなく、包括的な観点からとらえる必要があるということである。このような統合的・包括的視点に立って考えると、自律学習の先導的研究者である Benson（2001、2011）によれば、自律とは「自らの学習をコントロールする能力（the capacity to take control over one's own learning）」であり、そのコントロールする対象として、（1）学習の心理、（2）学習行動、（3）学習状況を挙げている。つまり、学習動機、学習方略、と学習内容（指導方法）に言い換えられる。この3つの要素を自らうまくコントロールする学習は自律学習と言えよう。

　以上、自律学習に対してさまざまな解釈があるが、財団法人国際日本語普及協会の調査報告（2009）では、自律学習についての論述（青木、2006；Little、1991；Little、2004）での共通する主要な要素を以下のようにまとめている。

①学習者が自分自身でコントロールする学習
②学習者が自分自身のためにする学習
③仲間や支援者、その他のリソースと協力し、交渉しながら社会的営みとして行う学習
④知識や技術を教師からもらうではなく、自らが構築していく学習

6-1-2　自律学習の歴史的流れ

　言語教育における学習者の自律学習という概念は、1960年代のヨーロッパで生まれたと言われる。財団法人国際日本語普及協会の調査報告（2009）によると、1960年代後半以降、ヨーロッパでは、移民労働者の増加等による第二言語学習者の多様化が進み、従来の学校型言語教育では、対応できなくなり、学習者の生涯学習の必要性や支援者としての教師の役割など新しい教育観に基づく考えや実践が提案された。その後、Holec（1981）は、成人教育における理論に言及し、人が自分の人生の著者であるためには自律的学習能力（学習者オートノミー）が必要だと述べている。

　そして、日本語教育においても学習観の変化が見られた。佐々木(2006)は、その変化を2回のパラダイムシフトという観点からまとめている。第一のパラ

ダイムシフトとは、1980年代に入り、それまでの文型積み上げ式の学習から、実際にコミュニケーションを重視するコミュニカティブ・アプローチが広範に紹介され、「学習者中心主義」の考えが強くなった。コミュニカティブ・アプローチは学習者のニーズ分析が重視されたが、全ての学習者の学習特性や事情に合ったコースを用意することはできない。また、教師が学習者の生涯学習を手伝うことは不可能である。そこで、90年代後半から、第二のパラダイムシフトである学習者が社会との関わりの中で自ら自律的に構成していく構成主義的学習観が支持されるようになった。その第二のパラダイムシフトへの変容について、佐々木（2006）は、以下の３つの要因を挙げている。①国内の多言語・多文化化の進展：近年日本に滞在する外国人の入国者数が著しく増加傾向にあり、中には短期の滞在者だけではなく長期滞在者（留学生・就労者など）、また、特別永住者もいる。「これらの人々に対する日本語学習支援の動き、あるいは地域自治体の多言語化への動きは、これまでとは異なる日本語教育の枠組みを必要とするものである」と佐々木が指摘している。②学校教育における教育理念の変容と日本人の価値観の多様化：「教育」を考えるとき、かつての日本の教育は質のいい教育水準の高い人々を生み出すとして、高い評価を得ていたが、近年は、個性が尊重され、自立した個人が自己責任の下に多様な選択を行う教育の理念が重視されるようになった。③教育機器の発達：最近の Skype、YouTube、Podcasting など使った ICT 技術の利用によって、教材、学習速度などを学習者自身の手でカスタマイズ化することができるようになり、自律学習の可能性が一段と広がることになった。

6-1-3　自律的学習能力（学習者オートノミー）

　青木（2011）では、自律的学習能力（学習者オートノミー）について、その定義が厳密にされていないと述べ、さらに、学習者オートノミーの理解を深めるために、自律的学習能力（学習者オートノミー）についての誤解にも言及した。

　Little（1991）の解説によると、自律的学習能力（学習者オートノミー）にまつわる誤解が５つある。一つ目は、学習者オートノミーとは、独習（self-instruction）の同意語であるという誤解である。青木（2001）は、この誤解について、「独習用の教材はほとんど内容や順番が決まっているため、学習者自身

がその内容や順番を変える余地がない。そういう点では、学習者オートノミーによる学習と独習とは全く別物だと認識できる」と強調している。二つ目は、学習者オートノミーとは、教師がすべての主導権とコントロールを手放すという誤解である。青木（2001）は、この二つ目の誤解について、「学習者オートノミーを育てようとする実践が最終的に目指すのは学習者が教師なしでも学習できるようになることだが、そこに到達するまでに教師がやらなければならないことはたくさんある」と強調している。三つ目は、学習者オートノミーとは教授法であるという誤解である。青木（2011）では、この三つ目の誤解に対して、「学習者オートノミーを育てるためのアプローチは多様であり、そのどれかが最も優れているというものではない。それぞれの社会、それぞれの教育機関に適したやり方があるであろうし、一人一人の学習者に適した働きかけのしかたもあるだろう」と説明している。四つ目は、学習者オートノミーは学習者による特定の行動を指すものだという誤解である。青木（2011）では、この四つ目の誤解に対して、「学習者オートノミーは能力である。人は能力があっても行動に移さないこともある。また、能力をどのように使うかも人さまざまである。学習者オートノミーを発揮する人々の行動の形は一様ではない」と説明している。最後に五つ目の誤解は、学習者オートノミーとは、到達できる学習者が限定され、常に変わらない状態であるという誤解である。これについて、青木は「学習者オートノミーは誰でも持ちうる能力である」とし、「学習者オートノミーは育つもので、時には後退することもある」とその変化を強調した。

　そのほか、Little（1996、2007）では、学習者オートノミーと自立（independence）との違いを強調した。彼は、「人は社会的動物であり、完全に独力で生きていくことはできない。他者との相互依存的な関係の中で、その関係に制約されたり助けられたりしながら、生きている。したがって、オートノミーを持つということは、全てのことが一人でできるという意味ではない」と述べ、また、「大切なことは、自分の意思が他者から尊重されているか、自分は意志的に行動できるかということなのである」と強調している。

6-2　学部留学生の自律的学習能力

6-2-1　自律的学習能力はなぜ必要か

　青木（2001）は自律的学習の必要性について「あなたのかわりに私が学んであげることはできないから」と述べている。さらに、青木（2005）では、次のような理由を挙げている。

> ①人の移動や社会の急激な変化に対応するためには生涯学び続ける必要がある。
> ②学習スタイルやストラテジー、学習環境、社会文化的環境は人によって違うが、これらが学習に与える影響は非常に大きい。よって学習者自身がこれらを把握して、自らの学習をコントロールできることが重要である。
> ③自分で選択することは学習の内発的動機づけとなり、責任につながる。さらにそれをやりとげることは自信につながる。
> ④自律的学習能力をつけることは社会の意思決定に責任をもって参加できる市民となることにつながる。

　青木が取り上げたこの4つの理由は、学部留学生の自律的学習能力の必要性にも当てはまる。まず、本書の第2章で取り上げた学部留学生を対象に行った調査の結果からみると、将来の進路について「日本で就職」は117人で全体の43.2%を占め、また、「日本で進学」は、50人で18.5%である。つまり、被調査者である学部留学生の大半は将来日本での生活を想定している。大学の日本語教育は、彼らに生涯付き添って学習のサポートを提供することは不可能であるし、日本語教師も彼らの学習へのサポートには限界がある。また、④の理由にも関連して、このような生涯学び続けるための自律的な学習能力は、学部留学生にとって必要不可欠な能力だと考えられる。次に、第4章で取り上げた学部留学生の事例にもわかるように、彼らは違う社会文化や学習環境を持ち、日本の大学でそれぞれの専門分野で学習している。学習内容やそれぞれが持っているストラテジーだけではなく、その学習に取り巻く人間関係や、その人間関

係を構築する能力の有無も彼らの留学生活に影響を与えると思われる。最後に、③の理由は、第4章で論じた、エンパワーメントの視点から見た「学部留学生には、自分自身の日本語能力について的確に評価する能力、学習・生活の各方面において、自ら問題意識を持ち、自ら問題解決するという自律的学習能力が必要」の裏づけにもなっている。

6-2-2　学部留学生の「自律学習」への認識

　本章では、「自律学習」の重要性が認識されるようになった大学の日本語教育の現場において、学部留学生の情意的な側面（学習動機）、行動的な側面（学習行動）、そして社会的な側面（学習状況）における「自律学習」に対し、彼ら自身がどのように認識しているのか、また、教師が学部留学生の持っている自律的な学習能力を引き出し、その能力を高めるためにはどのような指導法が有効であるかについて検討したい。

　学部留学生の学習に対する情意的な側面における自律とは、彼らの学習動機や自ら学習に携わる決断とその履行に関して責任を持つということである。第4章では、学部留学生への調査から、彼らの日本語の学習目標は高く、彼らは切実な思いで大学における日本語教育に期待していることがわかった。しかし、「授業中におもにプレゼンテーション・ディスカッションをやるだけで、基本的な文法を教えることがすくない」「学生に覚えやすい授業のほうがいい」「もっと板書を書いてほしい、ノート取れないから」などのような授業内容や形式に対し批判的な意見も見られた。このような批判的な意見は学部留学生の日本語学習に対する強い学習動機があるという裏づけになると同時に、学習することは教師に頼るものではなく、自ら知識を獲得していくものであるという認識が欠けていることの裏づけにもなる。青木（2011）は「学習者が目的意識、問題意識を持って、問題を解決して目標を達成するために学習方法のレパートリーを広げる必要があると感じていなければ、学習ストラテジーの訓練は単に教師に与えられたタスクとしか認識されず、学習とは教師主導で進むものだという伝統的な教育観を強化することにしかならないだろう」と指摘している。そこで、この情意的な自律は内発的動機づけの前提条件である（Deci、1995）ために、学部留学生のやる気を出させる方法として、青木（2011）では「学習者にとって意味のある選択の機会を提供する、また、教師は選択の幅と質を整え、

学習者を選択できる状況に導いていかなくてはならない」と提示している。

　また、学部留学生の学習に対する行動的な側面における自律とは、学習のメタ認知プロセス（計画を立てること、自分自身の行動をモニタリングすること、結果を振り返ること）を行うことである。さらに、学部留学生の学習に対する社会的な側面における自律とは、仲間や支援者、その他のリソースと協力し、交渉しながら社会的営みを行うことである。この行動的な側面と社会的な側面における学部留学生の自律的学習能力の必要性をどのように彼らに認識してもらうかは非常に大きな問題点である。青木（2011）では、「授業を標準化しようという傾向は全世界的に見うけられるが、これは学習者オートノミーの実践とは相いれないものである」、「学生が試験に出題される事柄だけが学ぶ価値のあるものだと感じるのは極めて自然なことである」と述べている。また、それに対して、「試験に合格することが学生の最大の関心事であっても、どうしたら合格できると思いますかと質問することはできる。このように小さなことを変えるだけで、その変化が周りに波及して大きな変化になることもある」と述べている。

6-3　事例研究

　ここまで述べた学部留学生の学習に対する情意的な側面（学習動機）、行動的な側面（学習行動）、そして社会的な側面（学習状況）における自律について、以下の2つの事例研究を通して、具体的に検討していきたい。

6-3-1　事例研究1：グループモニタリングによる授業活動

　事例研究1は、学部留学生の専門分野での学習に必要な聴解力、理解力、論理的・分析的思考力を養成するため、グループ・モニタリングによる授業活動を行ったものである。グループ・モニタリングとは、グループで話し合うことを通して、学習者が対象言語についての知識を内省し、修正する過程を指す。その内容は、学部留学生が専門分野での学習内容を中心とするテーマを挙げ発表し、その発表内容について、皆でディスカッションするものである。そして、授業活動を行う過程で学部留学生の学習に対する情意的な側面（学習動機）、行動的な側面（学習行動）、そして社会的な側面（学習状況）における変化を

第6章 「自律学習」について   85

観察した。

6-3-1-1　対象者

　都内某文系大学に在学する学部留学生8名を対象者とした。そのプロフィールは表6-2のとおりである。

表6-2　対象者プロフィール（2008年6月時点）

グループ	対象者	経済学部	経営学部	商学部	文学部
1	A	2年次			
	B		2年次		
	C			3年次	
	D				2年次（日本文学）
2	E	2年次			
	F		3年次		
	G			3年次	
	H				2年次（心理学科）

　対象者全員は「日本語能力試験」N1を取得しており、専門分野では、それぞれのゼミナールに所属している。その8名を4名（各学部1名）1グループとして、2グループに分けて活動を行った。

6-3-1-2　活動内容および分析

　学部留学生のグループ・モニタリングは4回行われ、1回目に授業説明・学習ニーズ調査と最後の回で学習内容に関する意見や感想のアンケート調査を行い全6回の授業活動を行った（表6-3）。

　まず、1回目の授業では、8名の学部留学生に対し学習ニーズ調査を行った。全員2年生以上の学部留学生のため、学習内容についてそれぞれの専門分野に関連する学習スキルの養成が希望された。またコメントとして、「専門科目やゼミでの勉強が難しい」[37]「授業内容への理解とその内容に対する質問や、意

―――――――――――――――――――
37）学部留学生のコメントを「　」で囲み、そのまま引用している。

見の産出は難しい」「自分の言ったことはなかなか相手に伝わらないような気がする」などがあった。そのほかに、「専門用語が分からないから、日本語の授業で教えてほしい」といったコメントも見られた。しかし、コメントの内容を見ると、学部留学生が抱えている問題は、全てが日本語能力の不足によるものだけではなく、学習態度や「自律学習」に対する認識の不足がその原因になっているものもあるのではないかと考えられる。専門用語の学習に関しては、今までの初級・中級レベルの日本語の語彙学習の方法、つまり日本語教師の語彙提示・語彙説明に頼る学習法が依然として求められることから学部留学生の「自律学習」に対する認識の不足が見受けられる。また、授業内容への理解や専門内容に関する意見の産出ができるようになるには、その専門内容に関していかに問題意識を持ち、いかにその問題を理解して解決しようとする自律的学習能力があるか否かに関係していると思われる。

次に、授業内容を説明したうえで、グループ・モニタリング活動を行った。その内容は表6-3のとおりである。

表6-3 グループ・モニタリング活動の内容

①それぞれの専門分野から1つのテーマを挙げ、それについての説明を5分程度でまとめ、各グループで発表する。
②聞き手は問題意識を持ちながら発表内容を聞く。メモを取り、質問を書き留める。
③聞き手は聞いて理解した発表内容の主旨、および疑問点を記録ノートに記入する。(1回目の記録ノート)
④聞いた発表の意味内容を確認するために、被験者同士のディスカッションを行う。
⑤ディスカッション後、聞き手はもう一度聞いて理解した発表内容の主旨とそれに対する意見や感想を記録ノートに記入する。(2回目の記録ノート)
⑥2回分の記録ノートを提出する(学習者はこの研究への協力のために積極的に提出してくれた)。分析資料として、学部留学生8名の各2回分の記録ノート(全16回分)を集め、その記録された内容を分析した。

例① グループ1の学部留学生Aの発表「ODAについて」については、同グループの聞き手の学部留学生Bがディスカッション前の1回目の記録ノートに「ODAは何のりゃく?」「南北問題で(って)なに?」「世界銀行は何をやる銀行?」との質問をメモし、「ODAは国の機関であり、お金を貸し出し

もしている」と要約していた。その後、10分間にわたり学部留学生同士のディスカッションを行った。その結果、学部留学生Bは2回目の要約で「ODAは政府開発援助、(Official Development Assistance)の略称であり、先進国が発展途上国におかねを貸したり、無償提供したりする機関です。日本もたくさんの国に援助をしています」のようにまとめ、「ODA」に対する理解がより具体化した。

　例②　グループ2の学部留学生Hの発表「人間関係について—バランス理論—」については、同グループの聞き手である学部留学生Fが1回目の記録ノートに「バランスってどうとるの？」「敵の敵はみかた？　見方？」との質問が書かれ、内容が理解できなかったため、1回目は要約できなかった。そして、10分間のディスカッションを行い、学部留学生Fの2回目の記録ノートに「バランス理論とは、自分と他人と第三者との関係であり、たとえば、友達の友達は自分の友達と考えることです」と要約していた。例①と同様にディスカッションによって発表内容への理解が深まったと考えられる。

　回収した記録ノートを分析した結果、学部留学生8人中7人が発表内容への理解がディスカッションによって促進された。最初は、自分と違う専門分野の他人の発表を聞き、内容の理解に苦しむ学部留学生の様子が観察された。1回目の記録ノートに「まったく分かりません」「意味がわからないから、質問はありません」というようなコメントも見られた。しかし、グループ・モニタリング活動を行っていくうちに発表者に対する質問やその答えに納得し頷く様子、また、発表者の答えに納得できず、さらに質問をする様子も見られた。このグループ・モニタリング活動に見られた変化について、8人の学部留学生に対し授業後のアンケート[38]によって調査を行い、分析した（表6-4・図6-1・図6-2を参照）。

　表6-4で示しているように、ディスカッション前は、発表者の8人のうち5人が発表内容は聞き手に「大体伝わった」（3）と思っている。それに対し、聞き手は8人のうちの6人は「あまり理解できなかった」（4）と意思表示し

38）巻末の参考資料3を参照。評価は聞き手と発表者の両方によって5段階で判断してもらった。

表6-4　発表内容の伝達度に関する認識調査　（単位：人）

評価	ディスカッション前 発表者	ディスカッション前 聞き手	ディスカッション後 発表者	ディスカッション後 聞き手
（1）	1	0	2	1
（2）	2	1	2	1
（3）	5	1	4	6
（4）	0	6	0	0
（5）	0	0	0	0

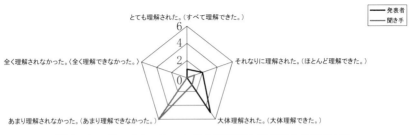

図6-1　ディスカッション前の発表者と聞き手の認識のズレ

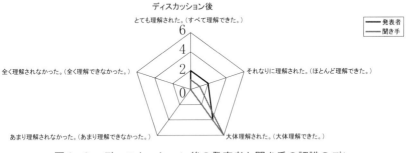

図6-2　ディスカッション後の発表者と聞き手の認識のズレ

ている。ディスカッションを行い、さらにアンケート調査をすると、発表内容は聞き手に大体伝わったと認識する人は発表者の半分の4人であるのに対し、聞き手の8人中の6人は発表内容について「大体理解できた」（3）と答えた。

　図6-1は、学部留学生の専門分野の違いによってインフォメーション・

ギャップが存在する中、それぞれの発表内容について、発表者側はディスカッションする前に、発表した情報が聞き手にうまく伝わっていないことを意味する。

図6-2は、ディスカッション後、発表者と聞き手の両方ともディスカッション前より理解が深まったということを意味する。

さらに、アンケートの7番「ディスカッションする必要があると思いますか」の質問について、「お互い意見を聞くことが大事だから、必要である」や「発表する人の考えを理解するためには、討論が必要だと思う」「ディスカッションすると、言葉を考えて、もっと頭を使って話すようになるため、必要である」および「理解できない部分を聞いてわかるように出来ました」などのコメントが得られた。事例研究1によって、学部留学生は教師に頼ることなく仲間とのグループ・モニタリング活動を通して、実際に出された課題をやり遂げることを経験した。彼らはグループ・モニタリング活動を経験したことで、学習に対する情意的な側面（学習動機）において、努力すれば自ら学習効果を上げられる、また、インフォメーション・ギャップが存在するような難しい課題でも仲間同士の協同活動によってやり遂げられるという自信につながったと考えられる。また、彼らの行動的な側面（学習行動）において、最初は他人の発表内容について「わかりません」と授業活動に消極的だったが、グループ・モニタリング活動を行っているうちに仲間同士とのディスカッションの楽しさ、今までの学習では知り得ない違う専門分野の知識を獲得できたことが彼らのやる気につながったと考えられる。そして、社会的な側面（学習状況）において、彼らは自分が言いたいことを聞き手に理解してもらえるようにわかりやすく伝え方を工夫したり、他人の発表内容を自ら問題意識を持ちながら聞き、質問したりすることで、自分と他人との認識の違いに気づき、仲間同士との協同活動によって学習内容への理解を深めることができたと考えられる。

6-3-2　事例研究2：自律学習能力を引き出す教室活動

事例研究2は、大学における日本語教育の「一般日本事情」15回の授業活動を通して、学部留学生の「自律学習」の内容、およびそれを経験して得られた学習効果について観察し、分析した。

今までの大学の「一般日本事情」は、日本の地理・歴史・社会現象などの内

容を知識として一方的に伝えるものが多かった。しかし、コンピューターなど
電子機器の普及やインターネットの利用の増加に伴い、入手できる情報量が著
しく増えたため、学部留学生は授業で習得した知識に物足りなさを感じている
ように思われる。そのうえ、日本で生活している彼らは日本の文化と自国の文
化の狭間において、日本の文化背景や日本人の考え方を深く理解する必要があ
る。それについて、細川（1999）は「教材を教えるだけではなく、自律的にテー
マを持ち、担当者と学習者とともに問題意識を持つことが大切である」と主張
している。そのため、日本語教師が学部留学生の実際に議論したい内容を理解
し、日本語教師と学部留学生、および学部留学生同士の協同活動によって知的
好奇心を刺激し活発な授業を展開することが望まれる。事例研究2では、学部
留学生が関心のあるテーマを取り上げ、そのテーマについて突き詰めて話し合
い、問題を認識することによって深い探求の糸口を提供する「一般日本事情」
15回の教室活動を行った。

6-3-2-1　受講者

　事例研究2の対象は、都内某私立4年制大学2011年度後期の全15回の授業で
ある。受講者28人は全員学部留学生の1年生で、日本語能力は上級である（表
6-5を参照）。

表6-5　受講者情報

経済学部	9人	中国	11人
経営学部	4人	韓国	17人
商学部	5人	男子	13人
文学部	5人	女子	15人
ネットワーク情報学部	3人		
人間科学部（心理学）	2人	合計	28人

6-3-2-2　教室活動の進行

　本節における「一般日本事情」の授業は、従来の教師から学生へ一方的に知
識を伝達する形ではなく、また単なる学部留学生の個人発表でもない「座長制」
という学部留学生を中心とする教室活動の形を取り入れた。

表6-6　「座長制」の内容

①1回分の授業では学部留学生が2人1組で「座長」を務め、テーマを提示する。
②授業では、「座長」がテーマに関する背景知識を事前に調査し発表を行う。
③受講する学部留学生全員を2グループに分け、それぞれのグループに「座長」1人を配置する。
④「座長」はグループ討論の進行役として、最後に討論によって得られたグループの意見をまとめて報告を行う。

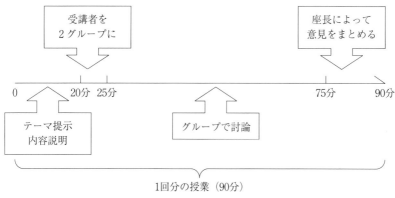

図6-3　授業の進行

　「座長」とは、会の進行や取りまとめなどをする役のことである。それに対して、本節で取り上げる「座長制」とは、授業のテーマの提示からその内容説明、またテーマについての討論、最後にその結果のまとめまでの一連の作業を全て「座長」中心として学部留学生に任せるというやり方である。「座長制」の内容は、表6-6のとおりであり、具体的な授業の進行について図6-3を参照する。

　「一般日本事情」に関する教室活動について、細川（1999）は「『教室は教師が教えるところではない』。教室は学習者それぞれが自分で考えたこと、調べたこと、集めたことなどの諸情報をもちより、それらを他の参加者に公開して皆と意見交換をするところである」と主張している。本研究の教室活動は授業の進行を学部留学生に任せることによって、学習の事前準備の大切さが認識され、また学部留学生が直接授業に関わることによって授業への参加度が高まった。学部留学生が「座長」を勤め、自ら日々の生活の中で持った問題意識をテー

マに取り上げることは、その物事に自分の「なぜ」という問題意識を掘り起こして、それについて深く考えるきっかけとなる。また、事前に自ら取り上げたテーマについてその背景情報を徹底的に調べることによって、情報の選別や情報へのアクセス能力の向上につながる。さらに、テーマについて調べた情報を説明することによって自分の考えを他者に的確に伝える能力の養成につながる。そして、最後にグループ討論の意見をまとめ、それを発表することによって、自分からの発信力だけではなく、他人の発するメッセージから必要な情報を紡ぎだしまとめる能力の養成にもつながる。

　教師は全てのテーマを事前に把握し、座長による内容説明の不足や学部留学生にとって理解しにくい部分について補足説明を行った。また、1人でも多くの学部学生がより多く発言できるような環境を整え、授業がスムーズに進行するよう時間のコントロールを行った。

6-3-2-3　教室活動の内容

　活動内容については、受講する学部留学生に「日本の文化・社会・経済などさまざまな分野に関心を持つことをテーマとして取り上げよう」という課題を与えた。彼らに日々の生活の中で疑問を持ったことに注目するようと助言した。全15回の授業内容を表6-7に示す。全てのテーマは学部留学生によって取り上げられたものである。

　15回の授業のテーマを総覧すると、学部留学生が日本の社会に対して関心を持っている事柄が見えてくる。今までの「一般日本事情」の教科書に取り上げられてきたテーマよりも具体的で、今日の日本の社会問題を反映しているテーマばかりである。

　たとえば、7回目の「日本のTPPへの参加について」や11回目の「日本の年金問題」、13回目の「日本の原発問題」などのような難しい社会問題にも一歩踏み込んだ問題意識を持ち、しっかりと意見を出し合って討論を行った。また、3回目の「日本人の心―『本音』と『たてまえ』」や10回目の「割り勘について」、12回目の「日本の働き方について」のような日本人との付き合い方についても高い関心を持っているように見受けられる。それは学部留学生が将来日本における就職やこれからの日本での長期的な滞在を意識し、日本人についてより深く理解したいという要望があるからだと考えられる。さらに、9回

第 6 章 「自律学習」について　93

表 6-7　テーマ内容

授業回数	内容
1	授業内容、成績の評価基準の説明
2	日本語の「すみません」の意味について
3	日本人の心―「本音」と「たてまえ」
4	捕鯨は本当に悪いのか
5	草食男子と乾物女子
6	日本の核家族について
7	日本の TPP への参加について
8	日本のアニメ・ドラマ・映画
9	日本の普天間問題
10	割り勘について
11	日本の年金問題
12	日本の働き方について
13	日本の原発問題
14	日本の地域格差
15	日本のパチンコ屋

目の「日本の普天間問題」のような敏感な政治問題にも挑戦し、日本の法律や
外交問題、また学部留学生の自国のそれとの比較まで真剣に議論を行った。

6-3-2-4　授業評価の記述とその分析

　15回の授業が終了した後、アンケート調査によって学部留学生が授業に対す
る意見を集めた。「『座長制』は新しい。最初は慣れてなかったが、だんだん面
白くなりました」「テーマは自分で決められるのがよかった」「他人の発表を聞
いたり、自分も発表したり、幅広く勉強になりました。よかったです」「さま
ざまなテーマの発表を聞くことができ、しかも他の学生たちの考えを知るよう
になりとてもよかったです」「自分の考えをちゃんと話せて、とても自信を持
つようになりました」などの意見があった。また同時に「日本語が足りないか
ら、討論するテーマの事前提示が必要」といった授業に参加するだけではなく、
さらに参加しやすくなるために授業の改善を求める意見もあった。

討論は、最終的に結論を出すことが目的ではない。毎回90分間という限られた時間の中で、それぞれのテーマを深堀分析する余裕はなかった。テーマによって留学生が納得するまで討論できないまま終了してしまうこともあった。しかし、留学生自身によって関心度の高いテーマを取り上げたため、授業を休む学生が少なく、発言も多く見られ、授業へ積極的に参加する姿勢が見られた。これは、学部留学生の学習に対する情意的な側面（学習動機）における自律が見られたと考えられる。

　また、学部留学生はグループ討論によって固定観念に拘束されずに自分自身の視点を獲得することで自分と他人との違いやその関係性について認識し、社会集団においてのコミュニケーションを行う訓練ができた。これは、社会的な側面（学習状況）における自律が見られたと考えられる。同時に、学部留学生同士の討論によってさまざまな意見を引き出し、自国と他国の異文化背景にある人々と異なるものの見方や考え方に気づき、共生することの難しさ、一方ではわかり合える喜びを体験できたことは非常に有意義であった。

　さらに、座長になった学部留学生は、テーマの提示からその下調べ、また他者への説明、そして討論のまとめといった一連の作業を行うことによって、自ら責任を感じながら授業に参加することができた。これは、学部留学生の行動的な側面（学習行動）における自律が見られたと考えられる。さらに、学部留学生を授業に巻き込み、今まで経験したことのない学習スタイルを体験させ、彼らのアイディアを生かすこともでき、達成感を与えることもできた。

6-3-3　まとめ

　事例研究1を通して、学部留学生の学習に対する情意的な側面（学習動機）、行動的な側面（学習行動）、そして社会的な側面（学習状況）における変化が観察されたことは、「そもそも成功する学習者は学習者オートノミー（自律的学習能力）を持っているものだ（Little、1991）」ということが言える。つまり、自律的学習能力は、本来学部留学生がそれぞれ持っている能力である。大学の日本語教育の中では、その能力を新たに作り出すのではなく、日本語教師の働きかけにより、学部留学生の自律的学習能力を引き出し育てることが可能で、必要だと考えられる。

　また、事例研究2を通して、「座長制」という教室活動から学部留学生が持っ

ている情意的な側面（学習動機）、行動的な側面（学習行動）、そして社会的な側面（学習状況）における自律的学習能力を引き出す可能性が見られた。また、学部留学生に自ら学習をコントロールする経験をさせたことは、彼らが「自律学習」について認識するきっかけとなったと考えられる。このように大学の日本語教育において、学部留学生の学習目標に合わせて、彼らの自律的学習能力を引き出し、さらにそれを高める教室活動の内容や方法を考案することが非常に大切だと思われる。

第7章
「ワークショップ型」学習による日本語授業

　本章では、学部留学生の「自律学習」を促す「学習者参加型」日本語教育の授業活動の一種である「ワークショップ型」学習による日本語授業について検討したい。

7-1　「ワークショップ型」学習

　第5章で述べたように、ワークショップ（Workshop）は、教育、療育、芸術（アート、演劇など）から、1990年代以後、まちづくり（建築計画など）、企業研修など、非常に多様な分野で急速にひろがっていった活動である（茂木、2010）。『大辞林』では、「①仕事場。作業場。②研究集会。講習会。③舞台芸術などで、組織の枠を超えた参加者による講習や実験的な舞台づくり」（第二版、1995）と記されている。また、広石（2005）は、ワークショップを「参加・協同型学習（Participatory Learning）」として、「意味生成の自由な学び」と定義し、その特徴について、参加・体験・相互作用を挙げている。また、茂木（2010）は、「社会構成主義や状況的学習論から『ワークショップの学習』について考えると、フラットでダイナミックな関係性の中で経験される学習を通じて学習観自体の再考を迫るという、再帰性を帯びた学習活動の意義が見えてくる」と主張している。

　刑部（2010）は「ワークショップの学習」の特徴について、学習観を獲得型・従弟的・協同的の3つに分けて比較した。その中の協同的学習観について、まず、学習の目的は「知や学びを問い直すこと or 捉えなおすこと・新しい自分に出会うこと・魅力的な他者に出会うこと」、「知ることの再構成的発見学習のプロセスを味わうこと」だと強調している。次に、学習環境や学習者と教師との関係性については「入れ子構造の中で起こる水平的関係性」、「知・学びを再

構成する同伴者（コーディネーターやファシリテーター）」であるべきと強調している。この「ワークショップの学習」の特徴は、「学習者主体・学習者中心」や「教師と学習者との関係性」などの面では、学部留学生が自ら学習に参加していく「自律学習」の基本的な考え方と一致する。

しかし、「ワークショップの学習」の「活動プロセスの即興性」や「参加者に自由な振る舞いを求める姿勢」といった自由な学びの形は大学などの教育機関で定められている教育体系と相いれないという問題がある。そこで、本研究は、ワークショップの学習理念を前提として、大学という教育の場において、学部留学生のための日本語授業で実施可能なワークショップの授業活動を「ワークショップ型」学習と呼ぶ。その特徴として、学部留学生が自ら「学習者主体・学習者中心」や「教師と学習者とのフラットでダイナミックな関係性」の中で学習に参加していき、実際に学部留学生に必要とされる学習内容を取り入れ、その学習に対する学部留学生の主体的意識化の養成につながるような大学の日本語教育の授業活動という点が挙げられる。そして、学部留学生の日本語教育に、ワークショップの授業活動をいかに取り入れることができるのか、また、「ワークショップ型」学習を通じて、「学習の主体性」を持つ参加者である学部留学生の学習観にどのような変化が見られるのかを事例研究3・4で具体的に検討したい。

7-2　事例研究3：「一般日本事情」におけるワークショップ型学習

多くの大学は、学部留学生の日本語教育の一環として、「一般日本事情」の授業を設けている。「一般日本事情」の定義は固定されておらず、極めて広範で捉えられている。外国人が日本に住みながら日常生活での問題解決に必要なコミュニケーション能力から、日常生活を送るうえで必要な社会的知識や「日本文化」への理解などさまざまな内容が考えられる。また、大学の「一般日本事情」の教授方法に関してもたくさんの議論が行われてきた。細川（1999）では、教師は教材を教えるだけではなく、学習者が自律的にテーマを持ち、担当者と学習者とともに問題意識を持つことが大切であると主張している。

本事例研究3では、大学の「一般日本事情」の授業で導入した学部留学生の

「自律学習」を促す「ワークショップ型」学習の内容を振り返り、その学習効果について検討し、報告するものである。

　今回の授業活動は、教師が「日本について何を勉強してもらうか」「日本の何を教えるべきか」を決定する事柄から始まる従来の学習ではなく、学部留学生が興味を持っていることや自分自身が抱えている問題意識を彼らの協同活動によって調査・研究を行い、結果をまとめてポスター発表を行うという「ワークショップ型」学習を行った。学部留学生は研究課題を抽出し、それらをテーマとして学習していくこと、そして、授業活動を通して、課題解決に必要な能力や知識を得て、「自律的学習能力」を獲得することにより、彼らの日本語の学習だけではなく、これからの専門分野での学習や将来の生涯学習にもつながっていくのではないかと考えられる。

7-2-1　研究概要

7-2-1-1　対象者

　研究対象は、私立大学に在学する学部留学生1年生のために設置された「一般日本事情」の授業である。対象者は該当授業を受講する学部留学生で、男性13名、女性4名の全17名である。国籍は中国13名、韓国4名であり、全員日本語上級レベルに達している。授業は週1回90分で8回実施した。

7-2-1-2　授業活動内容

　授業活動の内容は表7-1のとおりである。

　授業活動について、細川（1999）は「『教室は教師が教えるところではない』、教室は学習者それぞれが自分で考えたこと、調べたこと、集めたことなどの諸情報をもちより、それらを他の参加者に公開して皆と意見交換をするところである」と述べている。今回の「ワークショップ型」学習の特徴は、学部留学生の「学習の主体性」を重視し、教師によって「一般日本事情」の学習内容の範囲から学習テーマを提示し、その内容を学習していくのではなく、学部留学生の日本に対する共通の問題意識や、興味を持っているテーマを話し合いによって選出し、お互いの多様な個を認め合い、協同的問題解決を図りながら、自ら国や風習の異なる文化への認識を深めることである。

第 7 章　「ワークショップ型」学習による日本語授業　　99

表 7-1　「ワークショップ型」学習の内容 1

1回目	教師や学部留学生の自己紹介（質疑応答・ウォーミングアップ）
2回目	ワーキンググループの結成、グループ成員の話し合いによって、研究テーマを決める
3回目	各ワーキンググループでスケジュールや構成員の役割分担を決める
4回目	資料の調べ方や収集方法について大学図書館の案内ツアーを利用し、実際に資料を探す
5回目	各ワーキンググループでの資料合わせ、検討を行う
6回目	ポスター制作と発表の準備①
7回目	ポスター制作と発表の準備②
8回目	ワーキンググループによる発表と双方向の評価

7-2-1-3　「ワークショップ型」学習のテーマ

　今回の事例研究では、受講する17名の学部留学生が 3 グループに分かれ、話し合いによって、日本の地理・歴史・風習・政治・文化などのさまざまな分野の中から共通に関心を持っている「日本の歴史—明治について」「日本の食文化—麺について」「日本のサブカルチャーについて」の 3 つをテーマとして選出し、それぞれのテーマについてグループ活動を行った。各グループの具体的な研究内容を表 7-2 に示す。

7-2-1-4　「ワークショップ型」学習実施の実際

・導入（1回目）

　まず、受講する学部留学生に対し、「ワークショップ型」学習の課題内容、活動の構成、および評価の仕方について説明し、授業活動の目的を理解してもらった。

　次にアイスブレークとして、名前や所属、在留期間、および趣味や特技などについて担当教師を含め、参加者全員による自己紹介を行った。

・グループ活動①（2回目、3回目）

　アイスブレークができた状態で、学部留学生がマインドマップ[39]を作成しながら、各グループのテーマについて具体的な内容とそれぞれの役割分担を決めていく。

表7-2　各グループの具体的な研究内容

グループ	グループテーマ	個人のテーマ
グループ1	日本の歴史―明治について	教育改革について
		福沢諭吉について
		大艦巨砲主義について
		明治における日本初の○○
		明治時代の侍について
グループ2	日本の食文化―麺について	日本の麺の歴史
		うどん
		そば
		ラーメン
		つけ麺
		カップ麺
グループ3	日本のサブカルチャーについて	日本の刑事ドラマ
		メイド喫茶
		日本の漫画
		アニメソング
		ライトノベル
		宝塚歌劇団

・個人作業（4回目）

　　各個人の役割担当が決まったあと、大学の図書館やパソコン室で、それぞれの担当分野の資料収集を行った。具体的な資料収集の仕方については、担当教師によって説明を行った。

・グループ活動②（5回目、6回目、7回目）

　　個人作業によって集められた資料を基に各グループで検討し、ポスターの形やレイアウトを決め、そしてポスターの制作を行った。また、各グループ

39）マインドマップは人間の思考法に合った「ノート・クリエイション手法（インプットとアウトプットの両面からノートを取る手法）」である。この手法は、トニー・ブザン氏によってマインドマッピングとして創出し、「思考、情報、アイディアをコンパクトにまとめてノートを取る方法」である。本書では、マインドマップと呼び、学部留学生のグループ作業に取り入れた。

の学部留学生による発表のリハーサルも行った。

・まとめと振り返り（8回目）

　3グループのポスター発表を行い、17名の学部留学生による自己評価と他者評価を行った。今回は、まず、それぞれのグループにおいて、学部留学生が自分の役割（資料収集、ポスター制作、および発表の出来具合）について評価し、採点してもらった。また、17名の学部留学生による他グループの発表に対して、ポスターの見た目の出来具合、内容の充実さ、そして、グループのテーマと発表内容の整合性について評価し、採点を行った。最後に、担当教師によって、全員の評価を基に最優秀グループを選出し、表彰を行った。

7-2-2　ポートフォリオ・カードの記録による授業活動への観察

　今回の「ワークショップ型」授業活動について、その活動内容は学部留学生のポートフォリオ・カードによって詳細に記録されている。各グループ、および各個人の活動スケジュールや収集した資料、また制作した成果物も彼らのポートフォリオ評価の内容物として保存されている。

　3グループの学部留学生のそれぞれのポートフォリオ・カードを具体的に見ると、この「ワークショップ型」学習の成果が見えてきた。

　①学習者の主体性を重視したことによって、学部留学生の学習に対する積極的な取り組みが見られた。

　今までの「一般日本事情」の教材には、日本の社会・政治・文化・歴史・地理などのテーマによって内容が分類され、紹介される内容が多く見られた。そして、今でもそれらの教材に提示された内容を基に「一般日本事情」の授業が行われている。細川（1999）は「知識情報を一方的に注入することの弊害がこれほど明確に指摘されているにもかかわらず、『日本事情』の授業が依然として変わらないという現実は、どのように変革できるだろうか」と指摘している。もちろん、それらの教材の内容を基に学部留学生による討論やディベートなどを行う授業も学部留学生の日本語4技能と組み合わせる総合的な学習という視点から考えれば意味があると思われる。しかし、学部留学生と言っても、それぞれが興味や関心、問題意識を持つところが違う。また、小川（2013）によれば、学部留学生が問題意識を持つところは「一般日本事情」の教材に提示され

た内容よりももっと具体的で多種多様である。

　今回の授業活動の研究テーマは、それぞれのグループの学部留学生によって提起され、また、役割分担や作業のスケジュール決め、ポスター制作の手順などに関しても全て彼らの話し合いによって決めることにした。以下の図7－1から7－8までは、学部留学生のポートフォリオ・カードで記録された彼らの「ワークショップ型」学習の活動内容の一部である[40]。

　図7－1から見られるように、学部留学生のそれぞれの興味、関心を持っているテーマや問題意識が違うため、彼らはそれをいかにグループの研究テーマとしてまとめていくのか非常に難しく感じていたようである。しかし、図7－2から、彼らの工夫が見て取れる。図表やマインドマップを書いてグループ成員の考えを整理する活動内容が見られた。さらに、図7－2、7－3からは、彼らが自分のグループだけではなく、他グループのテーマや内容にも配慮し、そのうえで自分のグループのテーマや個人の担当、およびグループ作業内容のスケジュールを決めている様子が見られた。

　図7－4、7－5、7－6から、学部留学生のそれぞれの具体的な作業の進捗内容や個人が課題遂行上の注意事項などを重視し、詳細に記録されていたことがわかる。

　特に、図7－7、7－8では、学部留学生の個人の学習活動への積極的な参加が見られた。

　②「ワークショップ型」学習の教室活動を通して、教室内・外における異文化コミュニケーションを実践したことで、学部留学生の人間関係構築能力の養成につながっていく可能性が見られた。

　異文化コミュニケーションについて、高田利武（2002）は「同一文化の中でも、相互独立性と相互協調性の個人差がさまざまな考え方や行動の差を生むことも最近の研究で明らかにされている」と指摘し、「文化の違いを背景とした違いも大きいが、おのおのの文化内での文化的自己観の内面化の程度による個人差もまた大きい」と強調した。つまり、学部留学生にとっての異文化コミュニケーションは単なる日本人（日本人の友人、大学関係の日本人教員・職員な

───────────────

40）注目すべき個所は波線を引いてある。

第7章 「ワークショップ型」学習による日本語授業　103

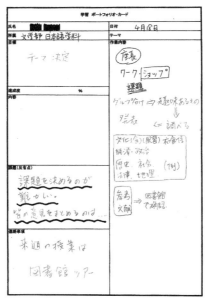

図7-1　ポートフォリオ・カード実例1

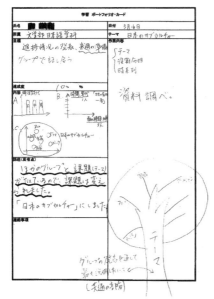

図7-2　ポートフォリオ・カード実例2　図7-3　ポートフォリオ・カード実例3

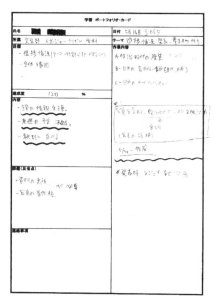

図7-4　ポートフォリオ・カード実例4

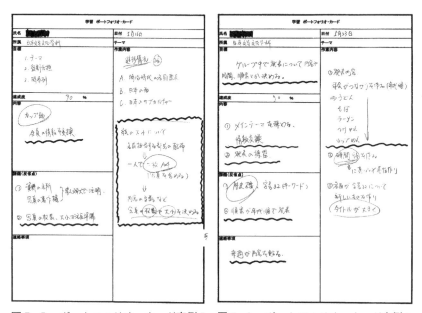

図7-5　ポートフォリオ・カード実例5　図7-6　ポートフォリオ・カード実例6

第7章 「ワークショップ型」学習による日本語授業　105

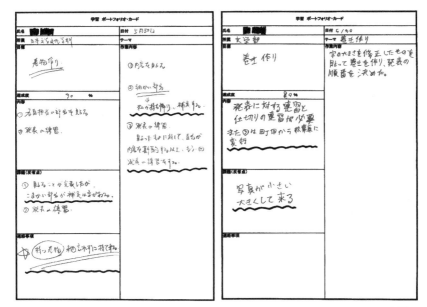

図7-7　ポートフォリオ・カード実例7　図7-8　ポートフォリオ・カード実例8

ど)との相互理解や交流だけではなく、留学生同士間の異文化コミュニケーションも大切である。特に、学部留学生の「自律学習」を促すために協同活動が必要不可欠である。その中で、異文化による価値観の違いは、学部留学生の学習生活において、決して軽視できない問題だと思われる。第2章でも言及したように、この異文化による価値観の違いは、教えられてすぐに理解できるものではなく、生活や学習の各場面において、学部留学生本人の気づきと適応しようとする気持ちなしには解決できない問題である。

　本事例研究を通して、学部留学生が自ら問題（研究テーマ）を提起し、その問題を自ら解決していく（課題を遂行すること）中で、人間関係を構築していくためのさまざまな工夫が見られた。

　図7-9から図7-13を見ると、グループ活動を行うことによって、学部留学生の間に協同的な関係が築かれることが見られた。グループ活動の最初のころ、同じグループの学部留学生に対し、「遅刻しないでほしい」「メンバーが揃っていないと作業しづらい」「やっぱり欠席、遅刻などする人に対しては、理解できません」などの意見が見られた。それに対し、図7-9のように反省する内

学習 ポートフォリオ・カード

氏名 [redacted]
日付 5/12
所属 文学部
テーマ 発表
目標 発表 準備
作業内容 欠席してたので わかりません テーマが食文化から サブカルチャーになったこと だけ伝言があった
達成度 0%
内容 なにもしていない
課題（反省点） 欠席はひかえよう
連絡事項

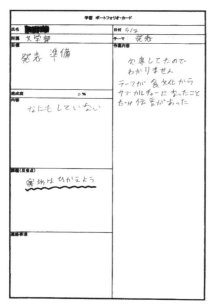

図7－9　ポートフォリオ・カード実例9

学習 ポートフォリオ・カード

氏名 [redacted]
日付 4/25
所属 文学部
テーマ 日本文化
目標 発表内容 決める
作業内容 すし グループを作って自分の担当分野を調べる
達成度 60%
内容 何をテーマにするか決める。[redacted]さんが祭りのことをやりましょうと言ったが、なぜか最終的に食文化になった。
課題（反省点） 2年になったら中国語も勉強しよう。日本語で言ってくださいみんな
連絡事項

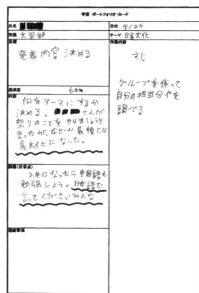

図7－10　ポートフォリオ・カード実例10

学習 ポートフォリオ・カード

氏名 [redacted]
日付 4/18
所属 文学部、人文・ジャーナリズム学科
テーマ
目標 グループ決定 ✓ テーマの決定
作業内容 ワークショップ work 課題 グループ 文化（食、服装） 政経 歴史 地理 法律 社会 食 祭り 参考 4人グループ ✕
達成度 70 %
内容 食文化 グループ 5人、Cグループ
課題（反省点） テーマは決めていない 意見が違い、他人の意見よく聞かなかった 中国語 ✕
連絡事項

図7－11　ポートフォリオ・カード実例11

学習 ポートフォリオ・カード

氏名 [redacted] [redacted]
日付 4/18
所属 文学部 人文・ジャーナリズム学科
テーマ ワークショップについて
目標 テーマを決める
作業内容 〈ワークショップの課題〉 －日本の文化－アニメ、マンガ、小説、スポーツ －日本の政治・経済 －日本の歴史 －日本の地理 －日本の衣・食・住／風習 －日本の法律 －日本の社会 〈参考〉 －文献－図書館で調べる。（本のタイトル） 最後に文献リストを作る。 〈グループ分け〉 5人×3グループ B－キム、セイセイ、ブンケツ、ホウシン、ボク 私の個人テーマ －ラーメン（地域）
達成度 100 %
内容 －食文化について調べる。 日本の料理について。（うどん、ラーメン、そば など） 歴史、由来、地域による種類。
課題（反省点） －グループの人と親しむ必要がある。
連絡事項 4/25（金）図書館集合！ 時間厳守 〈図書館ツアー〉

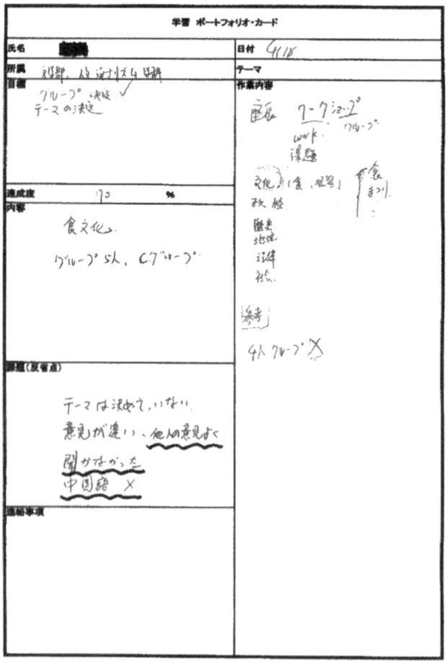

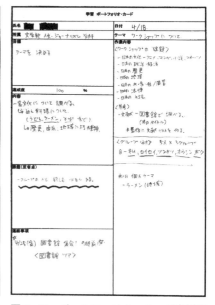

図7－12　ポートフォリオ・カード実例12

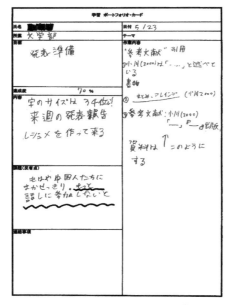

図7-13 ポートフォリオ・カード実例13

容も見られた。また、図7-10のように、グループの話し合いにうまく参加できず、悔しい思いをした様子もうかがえた。それに対し、図7-11、7-12から、同じグループの学部留学生に気を配り、「意見が違う、他人の意見をよく聞かなかった」「中国語を使わないようにする」「グループの人と親しくする必要がある」といった反省の言葉も見られた。さらに、図7-10のポートフォリオ・カードを記録した学部留学生は自分自身のグループの話し合いに上手く参加できない問題について、グループでの活動の回数を重ねるうちに、図7-13のように「もっと、話しに参加しないと」という自ら参加しようとする姿勢が見られた。

③「ワークショップ型」学習による授業活動中で「学習者参加型評価」の一つである学部留学生による自己評価と他者評価をグループ単位で実施した。今回の評価活動を通して、学部留学生が他者を評価することで自分の不足に気づき、今後の学習目標や彼らの「自律的学習能力」の向上につながる可能性が見られた。

以下のコメントは学部留学生による自己評価・他者評価から抜粋した内容である[41]。

自己評価に関するコメント：
・グループ2のポスターがきれいに作って、発表内容も充実していました。発表時間が把握して、発表時はしんとすることがあまりなくて、しらけることはなかった。司会がひとりひとりの発表のつながりがよくできて、分かりやすいと思います。
・まず、発表用のポスターがとてもきれいに作りました。発表する内容がはっきり見えるように工夫しました。そして、メンバーたちの役割が明確で、それぞれが担当したテーマについて詳しく説明しました。それに、グループ全体の発表の雰囲気もいいと思います。
・発表を通して、歴史についていろいろと勉強になったと思います。
・いろいろ足りないところがあると思いますが、今まではこのように日本の歴史や自分の国の歴史を勉強したことないぐらい勉強しました。
・ポスターの色の表現が物足りないと思います。発表の内容を沢山用意してきたが、時間分配の原因で捨てるところが沢山ありました。グループの全体的なテーマはぶれなかったことがよかったです。今回のできなかったことは、次の機会ではよくなると思います。
・時間内に発表を終わらせるように練習。
・もっとスムーズに発表できるよう事前練習しよう。
・緊張して話がうまくまとまらずに、○○さんの時間を削ってしまいました。次回はもっと事前に練習します。
・発表の時に緊張しすぎて、言い間違いが多かった。今度絶対に何回も練習しよう。
・発表内容をもっと要約し、簡潔にする必要ある。
・各メンバーの発表内容の関連性をもっと考える必要がある。

他者評価に関するコメント：

41）コメントの内容は学部留学生の文章をそのままで引用した。わかりにくい個所に（　）で説明を入れた。

- 時間の配分に間違って少し長く発表したが、全体的にわかりやすくポスターもちゃんと整理されていて、何に対する発表か一気にわかる。よくできている。
- 一番生活に近いテーマだから、興味を持ちました。麺の知らない歴史や、面白い雑談（エピソード）もあって、すごく内容が豊富だと思います。
- グループ2の司会の進行は分かりやすかった。ポスターの写真や絵がたくさん貼ってあるので、きれいです。
- 時間の配分がばっちり、ポスターの完成度が高い。発表は全体的に流暢である。
- グループ1の発表者は原稿を読みませんでした。ポスターを指しながら発表しました。テーマについて、全般的によく分担して調べたと思います。
- 発表内容は面白い。明治時代についての内容は教科書に書かれている誰でも知っている内容ではなく、同時代の自分の国のでき事とのつながりについても紹介してくれたことは良かったです。
- 明治時代のいろいろな分野が紹介されて、とても面白い歴史の旅をした気分です。そして、資料の調べや構成などに工夫したことがよく伝えられました（伝わってきた）。
- グループ3のサブカルチャーはとても内容が豊富でした。発表の時間分配についてもっと工夫した方がもっと良かったと思います。最後の宝塚についてもっと聞きたかったが、時間がなくて、でもよく短時間でまとめました。臨機応変できました。
- グループ3のテーマは非常に新鮮で、私たちの日本文化に対する関心度が高いテーマだと思います。特に、メイド喫茶は身近じゃないけど、新しい日本文化の一つで、絶対に教科書に載ってない。発表者は実体験も話してくれたからとてもリアルです。

　以上のように学部留学生がたくさんの自己評価・他者評価のコメントを残した。数々のコメントから、学部留学生は今回の「ワークショップ型」学習の授業活動を経験し、「他人の長所を認め」、「自分の不足を認識」したことが見られた。たとえば、「ポスターの色の表現が物足りないと思います。発表の内容を沢山用意してきたが、時間分配の原因で捨てるところが沢山ありました」や

「緊張して話がうまくまとまらずに、○○さんの時間を削ってしまいました」「発表内容をもっと要約し、簡潔にする必要ある」のように、うまくできなかった悔しい気持ち、また、「今回のできなかったことは、次の機会ではよくなると思います」や「発表の時に緊張しすぎて、言い間違いが多かった。今度絶対に何回も練習しよう」のように、次の課題へチャレンジしようとする気持ち、そして、「各メンバーの発表内容の関連性をもっと考える必要がある」のように、仲間とのグループ活動によって築き上げた協同的な関係を大事にしようとする気持ちが見られた。

7-2-3　事例研究3における分析結果

　まず、今回の「ワークショップ型」学習による授業活動を行うにあたって、授業を担当する日本語教師と受講する17名の学部留学生は時間をかけて丁寧に自己紹介を行った。柏木（2012）は、目の前の人（仲間）に興味を持つことはワークショップを行うときに大事なことであると強調している。つまり、自分のことを知ってもらう、また、ワークショップに参加する仲間のことを知ることは、お互いの緊張感を解きほぐすことができ、お互いの相違点や共通点を把握することで仲間同士の連帯感が生まれ、クラス活動が行いやすくなる環境作りにつながると思われる。

　また、ワーキンググループの結成、および研究テーマの選出に関しては、すべて学部留学生の話し合いによって決定した。茂木（2010）は、ワークショップの目的は、参加者が持っている創造性や可能性を彼ら自身が意欲的に引き出していくこと、また、ファシリテーターや指導者が持っている知識を彼らの頭にコピーしていくことではなく、自分に気づきを持てることに気づいていく学習環境を作ることであると主張している。つまり、学部留学生は協同活動によって、彼ら自身が問題提起・問題解決する能力を有することに気づき、自信になり、今後の彼らの「自律学習」につながっていくのではないかと考えられる。

　さらに、研究の成果物として、各ワーキンググループによってポスターを制作し、グループの構成員である学部留学生がそれぞれの担当内容をクラスで発表し、具体的に説明した。このように、ポスターという成果物を創り、目に見える形で自己表現でき、また、仲間との協同活動によって達成感を味わうことで、学部留学生は自ら学習していく喜びを体験できたと思われる。

第7章 「ワークショップ型」学習による日本語授業　111

　最後に、各ワーキンググループが制作したポスター、および発表内容に対して、学部留学生による自己評価と他者評価という双方向の評価を実施したことは、彼らの「学習の主体性」を強調し、彼らが持つ思考・意思・価値観等を重視し、自分の学習効果への振り返りを促すことにつながったと考えられる。

　以上のように、本事例研究は、「一般日本事情」の「ワークショップ型」学習による授業活動を通して、受講する17名の学部留学生に、「自分自身が学習の主体であること」「自ら問題提起によって学習内容を決めること」、また、「仲間との協同活動によって問題解決し、学習成果を得ること」、さらに、「仲間同士による双方向の評価活動によって、自ら学習過程を振り返り、学習効果について内省すること」を体験させた。彼らが自分自身の学習意欲や学習能力への気づきを得られたことには、非常に意義があると思われる。

7-3　事例研究4：「敬語使用能力」養成のワークショップ型学習

　第2章で調査した結果、97.8％の学部留学生が自分の日本語能力に「満足していない」と答えた。具体的には「聴く・話す・読む・書く」といった4技能に関して、それぞれ満足していない人が多く、「書く」「話す」は、4技能の中の63.3％を占めている。つまり、学部留学生が自分の「聴く」「読む」能力よりは「話す」「書く」能力の不足を感じていると言えよう。

　また、前述したように学部留学生の人的ネットワーク作りのための日本語能力に関する調査では、「敬語使用能力」の平均得点が一番低いという結果を得られた。学部留学生は大学の事務連絡や生活の面で注意・指導を受けるといった場面での自分の「敬語使用能力」が欠けていることを自覚しているように見受けられる。それに対し、「日本人らしい話し方を習いたい」つまり、自然な日本語でコミュニケーションを取ることを日本語学習の目標としている学部留学生が多い。

　さらに、学部留学生は、日常的に使用する決まり文句や友人同士の交流に使用するくだけた日本語ならばその場面で習得できるが、突発的なコミュニケーション場面や不慣れな改まった日本語表現（敬語）が使いこなせない。この「敬語使用能力」の不足はコミュニケーションの支障の原因となり、「相手によっ

て敬語を使い分けることが出来ない」[42]や先生方に「推薦状作成の依頼などが出来ない」ということで、学部留学生の不利益が生じてしまう場合がある。

そして、271人の学部留学生に対し将来の進路について調査した結果、「日本で就職」や「日本で進学」と考えている人は167人で全体の61.7%を占めていた。在学中だけではなく、彼らが将来日本社会の中で仕事や生活をしていくためにも「敬語使用能力」が必要だと考えられる。

そこで、学部留学生の学内・学外の学習生活に必要な日本語コミュニケーション能力、および「敬語使用能力」を養成する実用的な日本語の授業内容が求められていると考えられる。

本事例研究4は2014年度「日本語上級理解」の授業で導入した学部留学生の「敬語使用能力」を養成する「ワークショップ型」学習による授業活動の内容を振り返り、その学習効果について検討し、報告するものである。

7-3-1　研究概要

7-3-1-1　対象者

研究対象は、私立大学に在学する2年生以上の学部留学生のために設置された「日本語上級理解」の授業である。対象者は該当授業を受講する学部留学生で、男性1名、女性6名の全7名である。国籍は中国4名、韓国2名、インドネシア1名であり、全員日本語上級レベルに達している。授業は週1回90分、2014年度前期15回実施した。

7-3-1-2　授業活動の内容

授業活動の内容は表7-3のとおりである。

今回の事例研究の対象者は、全員大学2年生以上の学部留学生であり、特に就職といった明確な進路目標を持ち、また、全員大学1年の日本語授業で「ワークショップ型」学習を体験したため、授業活動は非常に順調に行われていた。

7-3-1-3　課題について

学部留学生の「敬語使用能力」を養成するには、単なる「敬語」の概念知識

---

42) 学部留学生のコメントから抜粋。

第7章 「ワークショップ型」学習による日本語授業　113

表7-3　「ワークショップ型」学習の内容2

1回目	授業説明、および受講する学部留学生の敬語に対する問題意識を調査する
2回目	敬語を中心とした「待遇表現」について説明する
3回目	敬語の分類、敬語の使用条件、敬意と敬語の関係について説明する
4回目	課題を提示し、ワーキンググループ結成し、話し合いによって研究テーマを決める
5回目	各ワーキンググループでスケジュールや構成員の役割分担を決める
6回目	大学図書館を利用し、参考文献や文献を探し、グループで検討する
7回目	ワーキンググループによるスクリプト制作
8回目	ワーキンググループによるスクリプト制作
9回目	ワーキンググループによるスクリプト修正
10回目	ワーキンググループによるスクリプト修正
11回目	ワーキンググループによるスクリプト修正
12回目	ワーキンググループによるスクリプト撮影
13回目	ワーキンググループによるスクリプト撮影
14回目	ワーキンググループによるスクリプト編集
15回目	上映会、振り返り評価

について説明するだけで彼らにその使用法を理解してもらうことは難しい。学部留学生には、「敬語」の問題というより、敬語の使い方を含めた「待遇コミュニケーション」としての問題だと考えられる。蒲谷（2003）では、「敬語」や「敬語表現」あるいは「敬意表現」、または「待遇表現」や「待遇行動」、そして「ポライトネス」に関する事柄、さらに「待遇理解」の概念を含み、それらを「待遇コミュニケーション」という観点から包括的に捉えている。つまり、学部留学生の「敬語使用能力」を高めるためには、このような「待遇コミュニケーション」の教育が必要だと考えられる。

　また、「敬語」に関連する知識範囲が広く、学部留学生の学習ニーズに対応できなければ、彼らの学習意欲を引き出すことができない。「待遇コミュニケーション」の基本的な規定としては、ある「意図」を持った「コミュニケーション主体」が、ある「場面」（「人間関係」と「場」の総称）において、「文話」（文章・談話の総称）単位で行う、「表現」「理解」の「行為」ということになり、

そのある「意図」を持った「コミュニケーションの主体」の中心となるのは「学習者」である（蒲谷、2003）。つまり、学部留学生が「待遇コミュニケーションの主体」として、「自分」と「相手」、そして場面状況を考慮し、自らの「意図」をどのように実現できるのかについて考え、実践を行うことで「待遇コミュニケーション」を行う能力を身につけ、養い、高めていくことにつながると考えられる。

　そこで、今回の「ワークショップ型」学習による日本語の授業活動は、学部留学生の就職といった進路目標に合わせて想定する敬語使用の場面において、彼らによって実際に行う会話を想定し、会話のスクリプトを作り、その場面を表現することを課題とした。

7–3–1–4　「ワークショップ型」学習実施の実際

・導入（1回目）

　まず、受講する学部留学生に対し、「ワークショップ型」学習の課題内容、活動の方法、および評価の仕方、授業活動の目的について説明した。

　また、7名の学部留学生の敬語使用に関する問題意識や考えに対し記述式アンケート調査を行った。

・講義（2回目、3回目）

　学部留学生に対する調査結果から、彼らの日本語の敬語に関する知識や理解は非常に曖昧であることがわかった。また、彼らは敬語使用の必要性を理解しているが、普段の生活では敬語の使用頻度が低いため自然に習得することができない。そのため、2回分の授業時間を利用し、敬語を中心とした「待遇表現」や敬語の分類、敬語の使用条件、敬語と敬意の関係などについて説明した。教科書として玉村文郎（編）（1992）『日本語学を学ぶ人のために』に収録されている、窪田富男「待遇表現—敬語を中心に」（pp. 174–189）を使用し、さらに、学部留学生に参考文献として、文化庁（平成19年2月2日）「敬語おもしろ相談室—新社会人のための敬語の使い方指南」の「敬語の指針」のWeb資料を提示した。

・グループ活動①（4回目）

　「日本語上級理解」を受講する7名の学部留学生が2グループに分かれ、話し合いによって、「依頼」と「誘い」という2つの場面を設定した。さら

に、この2つの場面について、それぞれに「承諾」と「断り」の2通りの下位場面を設定した。

・グループ活動②（5回目）

グループ活動によって設定した場面において、ストーリーや登場人物の間での人間関係を決めた。

・グループ活動③（6回目）

グループ内の各個人の役割分担を決め、大学の図書館を利用し参考文献の資料収集を行った。そして、グループで具体的な場面で行う会話に必要な「待遇表現」を選出し検討した。

・グループ活動④（7回目、8回目）

グループ単位で実際に「依頼」と「誘い」という2つの場面、およびこの2つの場面について、それぞれに「承諾」と「断り」の2通りの下位場面を想定した会話スクリプト制作を行った。

・グループ活動⑤（9回目、10回目、11回目）

それぞれのグループが作成した会話スクリプトを発表し、授業の担当教師と受講する学部留学生全員によって会話スクリプトの内容を検討し、修正した。また、11回目の授業活動では会話スクリプトの撮影準備を行った。

・グループ活動⑥（12回目、13回目）

各グループの学部留学生が作成したおのおのの場面における会話スクリプトの内容を彼らが自ら演じて、撮影を行った。撮影にはビデオカメラソニーデジタル HD ビデオ「ハンディカム」HDR-CX420 T を使用した。

・グループ活動⑦（14回目）

各グループ単位で撮影したデータを確認し、編集して mp4 の形の動画作品を作り上げた。編集にあたって、ソフトは Mac iMovie を使用した。

・まとめと振り返り（15回目）

最終回の授業では、「ワークショップ型」学習による授業活動の中で作り上げた「待遇コミュニケーション」の動画作品の上映会を行った。そして、学部留学生がそれぞれのグループ活動における自分の役割（資料収集、スクリプト制作、および編集）について自己評価を行った。また、他グループの動画作品に対して、その内容（「待遇表現」の正確さ・場面状況に対する理解度など）や動画作品の出来具合についても評価を行った。

7-3-2　報告書記録による授業活動への観察

　今回の「ワークショップ型」学習による授業活動について、その活動内容は学部留学生の活動報告書によって詳細に記録されている。各グループ、および各個人の活動スケジュールや収集した資料、また制作した成果物も彼らのポートフォリオ評価[43]の内容物として保存されている。

　２グループの学部留学生のそれぞれの活動報告書を具体的に見ると、この「ワークショップ型」学習の成果が見えてきた。

　①学習者の主体性を重視したことによって、学部留学生の学習に対する積極的な取り組みが見られた。

　蒲谷（2005）では「日本語教育においては、『敬語』の指導や学習が困難な項目だ」と指摘している。また、前述したように、多くの学部留学生は、日本語の「待遇表現」や「敬語使用」に対して、その必要性について理解しているが、学習に関してはその難しさから毛嫌いする傾向が見られる。

　今回、受講する学部留学生は将来日本社会の中で仕事や生活をしていく状況での各「敬語使用」の場面を想定し、また、その各場面に必要な「待遇表現」を集め、スクリプトを作成して実演するという「ワークショップ型」学習を行った。学習内容はそれぞれのグループの学部留学生によって提起され、作業についての役割分担や具体的な作業のスケジュールの進行、スクリプトの作成手順などに関しても全て彼らの話し合いによって決めることにした。以下の図7-14、7-15は、学部留学生の作業報告で記録された彼らの活動内容の一部である。

　図7-14、7-15から、学部留学生のそれぞれのグループでは、話し合いによって場面設定を行い、各場面に必要な「待遇表現」を集め、ストーリーの展開を考案する作業について役割分担する様子が見られた。また、図7-15からストーリーに出てくる人間の上下関係についても問題意識を持ち「語」レベルの「敬語」だけではなく、その「敬語」が使われる「人間関係」や「場面」との関連、つまり「待遇コミュニケーション」を意識し、検討している様子が見られた。

43）ポートフォリオ評価の説明に関しては、本書の第8章で具体的に記述している。

第7章 「ワークショップ型」学習による日本語授業　117

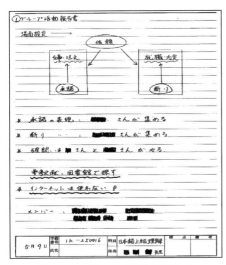

図7-14　グループ1作業報告1

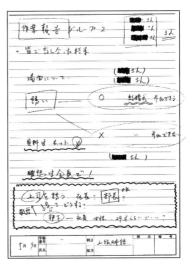

図7-15　グループ2作業報告1

　また、スクリプトの制作時に、ストーリーの整合性や登場人物の特徴、使用する「待遇表現」などについて意見を出し合い、熱心に話し合う様子も見られた。

　さらに、ストーリーに合わせて小道具を用意したり、スクリプトの会話を練習したりして撮影の準備を行った。そして、スムーズに撮影できるように各場面のシーンに合わせて絵コンテ（図7-16、7-17）を描き、カメラの撮影場所や演じる人の立ち位置などの細部まで確認作業を行った。

　②スクリプトの制作を通して、今までうろ覚えで使っていた「待遇表現」の間違いを認識し、その正しい表現や使い方を調べ追及する様子が見られた。

　今回の「ワークショップ型」学習の課題は「依頼」と「誘い」という2つの場面に対し、それぞれ「承諾」と「断り」の2通りの結果を想定し、合わせて「待遇表現」を使用する4つのスクリプトを作成することである。実際に学部留学生によって制作されたスクリプトは参考資料4[44]のようになっている。スクリプトの制作時に、各グループで内容や「待遇表現」について何度も話し合

44）参考資料4は修正後のスクリプトである。

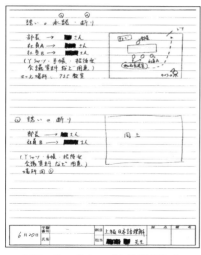

図7-16　グループ1作業報告2　　　図7-17　グループ2作業報告2

い検討し、修正した。1回目のスクリプト原稿とその修正後の原稿との比較を表7-4にまとめた。

　表7-4の誤用説明は文化庁平成19年2月2日に日本語敬語に関して出した文化審議会答申「敬語の指針」を参考に、学部留学生のグループ作業報告書の記録によりまとめたものである。

　このように、学部留学生は、自分によって作成したスクリプトを検討し修正したことで、その「待遇表現」の仕組みや「待遇表現」を用いる際の心遣いなどとともに、場面に即した敬語の使い方、つまり「待遇コミュニケーション」への理解を自律的に行っていた。

　③スクリプトを作成する際に、グループの構成員である学部留学生が話し合いや議論によって日本語の敬語における日本社会の人間関係のあり方（上下関係・親疎関係など）について再確認できたと思われる。

　以下は、学部留学生のスクリプト作成時のグループ活動の一つの記録である。

　スクリプト3番の内容設定は「A社の山田さんとB社の鈴木さんとの会話」である。山田さんは課長職で40代のサラリーマンという設定であり、鈴木さんは小企業の30代の若社長である。山田課長は鈴木社長にB社製品を発注し、

第7章 「ワークショップ型」学習による日本語授業　119

表7-4　スクリプトの修正例

原稿（修正前）	意味	原稿（修正後）	誤用説明
部長、少しお話伺いしても宜しいでしょうか。	部長に話を聞いてほしい。	部長、少しお時間をいただけないでしょうか。	謙譲語の「お（ご）〜する」の誤用と二重敬語の語用
部長に結婚式にぜひご参加していただきたいんですが…	部長に自分の結婚式に参加してほしい。	部長に結婚式にご出席くださいますようお願いできないでしょうか。	謙譲語の「お（ご）〜する」の誤用と「いただく」の誤用
部長、今ちょっと時間をいただけませんか。	部長に話を聞いてほしい。	部長、少しお時間をいただけないでしょうか。	美化語「お（ご）」の脱落
部長に早めに知らせようと思っていたのですが…	部長に知らせたい。	部長に早めにお知らせしようと思っていたのですが、	謙譲語の「お（ご）〜する」の脱落
部長の貴重な時間を取らせてしまって申し訳ない。	陳謝の表現	お時間を取らせてしまい、申し訳ございません。	美化語と謙譲語の脱落
総合商社の鈴木と言います。	自己紹介の表現	総合商社の鈴木と申します。	謙譲語の脱落
悩んでいます。	丁寧語	悩んでおります。	謙譲語の脱落
ご迷惑をかけることになり申し訳ありません。	お詫びの表現	ご迷惑をおかけして、申し訳ございません。	謙譲語の「お（ご）〜する」の誤用と謙譲語の脱落
（「おめでとう」と言われて）すみません。	感謝の表現	ありがとうございます。	お祝いの言葉をもらった時の返事の誤用
部長からスピーチいただけますか。	依頼の表現	部長にスピーチをお願いしたいと思いますが、宜しいでしょうか。	選択主導権を相手に渡す
2次会に顔だけでも見せて頂けますか。	出席のお願い	2次会へのご出席は可能でしょうか。	「顔を見せる」の誤用
そのために、部長に頼みたいことがあります。	依頼の表現	そのために、部長にお願いしたいことがありますが…	依頼に関する敬語表現の誤用

部長に私の結婚式の<u>司会を担当してもらいたいですが…</u>	司会進行のお願い	文ごと削除した	「上司に結婚式の司会進行を頼む」ということは常識的に考えられない
<u>お忙しいところ、ありがとうございます。</u>	陳謝の表現	お忙しいところ、<u>す</u>みませんでした。	感謝と陳謝の誤用
(「おまたせ」と言われて)<u>とんでもありません。</u>	否定の表現	はい。	「とんでもない」→「とんでもないことでございます」の誤用
<u>さようでございますか</u>	相槌	<u>そうですか</u>	慇懃無礼
<u>どうかお許しいただけないでしょうか。</u>	提言	<u>どうか、ご検討くださいますようお願いできないでしょうか。</u>	陳謝と提言の誤用

製品の納期や品質保証について会話を行った。その中で、発注する側である年上の山田課長が仕事の依頼を受ける側である年下の鈴木社長に対して、「敬語」を使う必要あるか、また、どの程度の「待遇表現」を使うべきかについて学部留学生同士の議論が行われた。表7-5はその議論の内容を記録したものである。

　表7-5からグループ2の学部留学生3人は、スクリプトを作成する際に、場面や人間関係について、日本語の「敬語使用」における問題意識を持ち議論する様子が見られた。学部留学生のAさんは母語である韓国語の「敬語使用」への理解をそのまま日本語の敬語に当てはめて代用しようとしたが、他の学部留学生に指摘され、韓国語と日本語の敬語の違いに気づき、日本語の敬語は相対的な敬語という特徴が認識できた。また、学部留学生のCさんは担当教師による説明を受け、日本語の敬語には相手に敬意を表すだけではなく、人と人との「距離」を調整するものであり、自分自身の品格保持のためのものでもあるということを理解した。

第7章 「ワークショップ型」学習による日本語授業　121

表7-5　議論の内容

場面	発話内容	
発話者	発話内容（修正前）	発話内容（修正後）
山田課長	先日見た鈴木さんの会社のこちらの「フローリングヒノキ」を300箱注文したい。	先日拝見した御社のこちらの「無垢フローリングヒノキ」を300箱注文したいと思いますが、可能でしょうか。
会話のターン	グループ2（学部留学生）	議論の内容
1	Aさん（韓国）	山田さんは課長だけど、年上だから鈴木さんに敬語を使わなくてもいいと思う。
2	Bさん（中国）	だけど、鈴木さんは社長ですから、山田さんは敬語を使うでしょう。
3	Cさん（中国）	年齢と職（役職）はどっちが大事ですか。
4	Aさん（韓国）	山田さんは注文する側でしょう。
5	Bさん（中国）	うん〜
6	Cさん（中国）	敬語を使わないと偉そうな感じだよね。
7	Bさん（中国）	私もそう思う。
8	Aさん（韓国）	韓国では、年上の人に必ず敬語を使うよ。
9	Bさん（中国）	それは韓国でしょう。
10	Cさん（中国）	ビジネスだから、丁寧に話すでしょう。
（＊担当教師が日本語と韓国語の聞き手に対する敬語用法の違い、日本語の敬意と敬語との関係について説明を行った。）		
11	Bさん（中国）	うん〜なるほど。
12	Cさん（中国）	自己表現のための敬語もありますね。
13	Aさん（韓国）	日本語の敬語のほうが難しい。

④各グループの学部留学生が作成したスクリプトの内容を本人によって再現するビデオ撮影を行った。この「ワークショップ型」学習を通して、学部留学生がストーリーに登場する人物の間での関係性を理解し、セリフを覚えて演じることによって、実際に敬語が必要となる場面状況を体験することができ、彼らが撮影に応じて何回もセリフを繰り返すことで「敬語使用」を身近に感じ、それに対する苦手意識がなくなり、自信につながった様子が見られた。

　以下は、学部留学生による本事例研究の「ワークショップ型」学習の内容についてのコメント[45]である。

　「日本語の敬語はとても難しくて、ずっと勉強する気にはならなかったです。こんなにいろんな敬語のことを調べたりしたのは初めてだと思います。」

　「宿題なのにやるのが楽しかったです。」

　「自分は女優になったみたい。ビデオの映像が残るから、ちゃんとやらないとあとで恥ずかしいから。」

　「私もこのような授業なら参加したいと思います。日本語を勉強しても、敬語の勉強はなかった。どう勉強すればいいか分からなかった。今回はどうすればいいか分かったような気がします。」

　「自分で内容を考えるのがとても大変だと思います。でも、ビデオの編集は面白かったです。」

　「敬語のセリフがとても言いにくいし、口が回らなかった。すごく練習しました。ビデオで確認したら、やっぱり間違いました。でも、今は言えるよ。」

　「僕は進学したいから、今度大学の中で使える敬語表現の内容をもっと調べてみたいです。覚えたことは実際に使ってみたいですね。」

7-3-3　事例研究4における分析結果

　前述したように、学部留学生は自分自身の日本語コミュニケーション能力の中で「敬語使用能力」が低いことを自覚している。また、「敬語」と言っても、言葉そのものだけではなく、その言葉は相手や話の状況にふさわしいか否かの判断も非常に重要である。それについて、窪田（1992）は「話し手は、対人関係や話の場や話の意図などによって、言葉遣いをさまざまに変える。……そう

45）学部留学生のコメントから抜粋。

した言葉遣いの変化や目的がどのような条件——言語外的条件（社会的・心理的人間関係、場面、話題、態度・身振りなど）や言語内的条件（語彙、文法、音声など）——によって成り立っているかを、理論的・体系的に記述しようとするのが『待遇表現』の研究である」と述べ、「待遇表現は、非常に広い視野の中で観察しなければならないもの」だと指摘している。それゆえ、「敬語」学習の難しさについて理解できる。さらに、その難しさから「敬語」学習への毛嫌いや「待遇表現」の「表現形式」のうろ覚えも学部留学生の「敬語使用能力」が低い原因になるのではないかと考えられる。

　今回の「ワークショップ型」学習による「上級日本語理解」の授業活動において、まず、学部留学生が学習困難だと認識している日本語の「敬語」について自律的に学習に取り込む姿が見られた。学部留学生は授業を担当する日本語教師によって提示された教科書や参考文献・資料をグループごとで検討し、それを基に「依頼の承諾」「依頼の断り」「誘いの承諾」「誘いの断り」という4つの場面を設定し、スクリプトを作成した。全ての作業過程では、学部留学生が学習の主体として意見交換や議論をして、授業時間外でも彼らは積極的に大学の図書館やコンピューターセンターを利用し、調べた「待遇表現」の実用性を実際に周りの日本人に確認し、スクリプトの内容について、細部まで登場人物の関係性や場面の状況を理解し、慎重に修正を重ねた。

　また、学部留学生が作成したスクリプトを本人によって演じることで、彼らが学習した知識をそのままにしておくのではなく、その知識に息を吹き込んだ形で、実際に目に見える成果物として完成させることができた。また、撮影した内容を編集し、学習した内容を再確認することによって、確実にそれを身につけることができたと考えられる。

　さらに、編集されたビデオを教室内で上映会を行い、学部留学生自身によって作り上げた成果物を鑑賞してもらい、課題に真剣に取り組んだため味わえる達成感を体験してもらった。

　今回の「ワークショップ型」学習について、学部留学生の敬語学習に対する学習意欲を引き出したことは非常に意義があると考えられる。また、自ら問題意識を持って参考文献や資料を探し問題解決しようとする学習への積極的な参加姿勢や仲間同士との学び合い、および自律的な学び方を身につけていく様子が観察された。そして、学部留学生によって作り上げた成果物は完璧なものでは

ないため、最終的にその間違いに気づき、悔しい思いをしたり、参考資料を再度確認したり、間違った原因を追究する様子も見られた。

以上のことから、今回の「ワークショップ型」学習を通して、学部留学生が自律的に日本語「敬語」の学習を体験し、「敬語使用」に対する苦手意識を克服したことは、彼らに自信を与え、新たな学習意欲につながることが期待できると考えられる。

7-4　まとめ

本章では、2つの事例研究を通して、「ワークショップ型」学習による大学の日本語授業の実施の可能性、および学習効果について分析した。

OCED（2011）では、大学の教育で提供される授業における学びは「組織化され、構造化された環境において発生し、明らかに（目標設定、時間、リソースの観点から）学習としてデザインされている」公式な学習だと認識している。それに対し、「ワークショップ」の学習はノンフォーマル学習として、「学習（学習目標、学習時間、もしくは学習支援の観点から）としては明瞭にデザインされていないが、計画された活動に埋め込まれた学習」だと認識している。公式な学習に分類される学校教育の中でも、問題解決学習やプロジェクト学習、高等教育においては、アクティブ・ラーニングなど学習者が能動的に参加する形態の授業も広がっている。このような学習を実現するためには、単純に知識を記憶するだけではなく、深い思考を伴う活動をするという部分に関しては、本書の「ワークショップ型」学習も同様である。しかし、本書で提案している「ワークショップ型」学習による大学の日本語授業は、デューイの経験学習に影響されて成立している「問題解決学習」に「学習者の主体性」を強調し、学習者のエンパワーメントを引き出すことを目的にして、教師と学習者、学習者同士のフラットでダイナミックな関係性を重視する学習活動である。このように活動する中で経験する学習を通じて、学部留学生の学習観自体の再考を迫るという再帰性を帯びた学習活動の意義を検討した。

山内ほか（2013）によれば、授業とワークショップの違いについて、参加者、評価、教師、真正性の4つの相違点がある。

まず、山内ほか（2013）は、ワークショップの学習に参加する者は公募によ

るもので、関心は近いが、年齢や属性が異なる場合がある。それに対し、学校に所属する学生は必修科目の場合には参加を強制されるため、学生の知識やスキルの状態に差がありすぎてワークショップの学習が失敗することもあると指摘している。それについて、本書の「ワークショップ型」学習による日本語授業の事例研究を見ると、必修科目の強制参加であっても、学部留学生の学習背景、学習レベル、および学習のニーズを把握し、そのうえで学習プログラムを設計し、学習内容や学習目標を明確に説明したうえでプログラムを行えば学習に参加する学部留学生の主体性を重視することができる。

　また、山内ほか（2013）は、ワークショップの学習にはカリキュラムがないため、学習者評価を行う必要がないし、学習者の動機を損なうこともあるので、むしろノンフォーマル学習において達成評価を行わないことは価値があると指摘している。それについて、本書の「ワークショップ型」学習による日本語授業の事例研究には、教師による一方的な達成評価ではなく、「学習者参加型評価」を導入し、学部留学生の自己評価・他者評価・ポートフォリオ評価の併用を行った。公式の学習である大学教育において、評価はなくてはならないものであるが、評価の仕方について工夫することで、学習動機を損なわないことと学部留学生がより客観的に自分自身の学習を見直すことにつながると考えられる。具体的には本書の第8章で論述している。

　さらに、山内ほか（2013）は、ワークショップの活動を進行する役割は教師ではなく、ファシリテーターが担っていると指摘している。本書の「ワークショップ型」学習には、日本語授業を担当する日本語教師がプログラムを設計し進行役を担っているが、学部留学生の「自律学習」を促進することを目的として、学部留学生との関係性は、縦の子弟関係ではなくフラットで、知・学びを再構成する同伴者のような関係性を重視している。「ワークショップ型」学習における教師の役割については、本書の第9章で論述している。

　最後に、山内ほか（2013）は、プロジェクト学習のような参加体験型授業において、真正性が要求され、実際に社会で課題とされている事柄に直接アプローチする場合が多く、ワークショップの学習にはそのような制約がなく、即時的な有用性よりも人間の可能性の探求に基盤を置いていると指摘している。それに対し、本書の「ワークショップ型」学習による事例研究は、学部留学生の日本語教育において、日本語の語彙や音声などの言語知識だけにとどまらず、学

部留学生の日本語によるコミュニケーション能力、および専門分野における学習スキルを養成するための彼ら自身による「自律学習」を促進することを目的としている。そのため、本書で提示している「ワークショップ型」学習による大学の日本語授業は、山内ほか（2013）で強調する「ワークショップの学習が追及している『人間の可能性への探求』や『創ることで学ぶ活動』、また『一定の構造を持ちながらも自主的に展開される経験学習プログラム』」というワークショップの学習の特徴に共通していると考えられる。

とりわけ、本書の事例研究4に関しては、学部留学生が日本語の「敬語」について語彙知識や使用法を自律的に学習したうえで、スクリプトを撮影制作したことによって創造的活動も行った。山内ほか（2013）は「そもそも学習と創造は同じ過程の違う側面を表していると考えられる」と説明している。アメリカの文化人類学者であるグレゴリー・ベイトソンは『精神の生態学』の中で学習を5段階に分類した。

> ゼロ学習の特徴は、反応がひとつに定まっている点にある。その特定された反応は、正しかろうと間違っていようと、動かすことができないものである。
> 学習Ⅰとは、反応がひとつに定まる定まり方の変化、すなわちはじめの反応に変わる反応が、所定の選択肢群の中から選び取られる変化である。
> 学習Ⅱとは、学習Ⅰの進行過程上の変化である。選択肢群そのものが修正される変化や、経験の連続体が区切られる、その区切り方の変化がこれにあたる。
> 学習Ⅲとは、学習Ⅱの進行過程上の変化である。代替可能な選択肢群がなすシステムそのものが修正されるたぐいの変化である。
> 学習Ⅳとは、学習Ⅲに生じる変化ということになろうが、地球上に生きる（生体の）有機体が、このレベルの変化に行き着くことはないと思われる。ただ、進化の過程は、個体発生のなかでⅢのレベルに到達するような有機体を生み出しているわけであるから、そのような個体発生上の変化を変化させる系統発生上の変化は、事実Ⅳのレベルに踏み込んでいると言える。
> （ベイトソン、2000）

ベイトソンが言っているように、ゼロ学習は反射行動であり、学習Ⅰはその反射行動や知識を記憶する学習である。それに対して、学習Ⅱ・Ⅲは、学習内容や方法への認識、選択肢や区切り方の変化を表し、新しい学習の枠組みの発見や創造の段階にあたる。つまり、学習が高次になるに従って、創造的な側面が現れることは必然であり、創造的活動は必ず人間の学習を伴うであろう。

　また、「ワークショップ型」学習において、学習過程に経験する摩擦や葛藤は原動力となって、同じ問題意識、および違う背景を持つ学部留学生がグループ活動の創造性を高め、問題を解決していくこともベイトソンが言う高次の学習と捉えることができると考えられる。

第8章

「学習者参加型評価」について

　第6章で述べたように、日本語教育では90年代から学習者が社会との関わりの中での「自律学習」を重視する構成主義的学習観が支持されるようになった（佐々木、2006）。大学における日本語教育でも学部留学生の自律的学習能力の養成が注目され、「学習者参加型」日本語教育が提案された（細川、2002）。

　その中で、従来の教師主導的評価に替わるものとして、「学習者参加型評価」に注目が集まった。「ポートフォリオ評価」は、「学習者参加型評価」の一つであり、ヨーロッパの言語教育の中では広く使用されている。日本ではやや遅れて21世紀に入り、学校教育への「総合的な学習」の導入に伴い、学校現場で注目された（横溝、2002）。そして、日本語教育の世界でもさまざまな試みが行われた。しかし、すでに第5章で述べたように「ポートフォリオ評価」について、挙げられた自己評価に対する信頼性問題は学習者の自律学習を促進するためには軽視できない。その解決策として、学習者の自己評価の機会を多く与え、そして正しく自己評価を行うトレーニング以外に、学習者の自己評価と他者評価の併用も考えられる。また、その学習者による評価の信頼性や妥当性を高めることも不可欠である。そのために、従来の教師主導による評価と違って、学習指導の一環とする教師による評価を一種の他者評価として、学習者の自己評価と仲間同士による他者評価と同時に導入する「総合自他評価」の必要性も考えられる。

　本章では、事例研究を通して日本の大学における学部留学生の日本語教育に「ポートフォリオ評価」、および「総合自他評価」という2つの「学習者参加型評価」を導入する有効性について分析し検討したい。

8-1 「ポートフォリオ評価」について

8-1-1 「ポートフォリオ評価」とは

　第5章ですでに述べたように、「ポートフォリオ」は学習者の学習成果を蓄積して振り返りに使うファイルである。社団法人日本語普及協会の報告書によれば、日本語教育に影響を与える「ポートフォリオ」の例として、ヨーロッパ言語ポートフォリオ（European Language Portfolio：以下「ELP」）がある。ELP は行動中心主義を背景とするヨーロッパ言語共通参照枠（CEFR）[46]の理念を現場で役立てるために開発された学習ツールである。その ELP のもつ教育的機能の中心部分となるのは言語学習記録である。言語学習記録は、最初にコース終了時点の到達目標についての学習契約を結ぶことによって学習を意識化させ、そのプロセスで週や月ごとのチェックリストを使用し、できるようになったことを書き込んでいく。そして、このファイルには、学習内容、目標設定、達成の記録、制作物、録音資料、記録写真などが蓄積される。学習者にとっては、自分自身の詳細な振り返りのための資料として教育機能を持ち、同時に第三者にとっては、学習の能力を提示する報告機能を持つ。ヨーロッパ日本語教師会（2005）は、「ELP は言語学習のプロセスを学習者により分かりやすく提示することで内省と自己評価の力を育て、自分自身の学習に、より責任を持てるようにする」と主張している。

8-1-2　ELP の特徴

　国際交流基金の「ヨーロッパにおける日本語教育事情と Common European Framework of Reference for Languages」調査によれば、ELP の構成には、報告的機能（reporting function）と教育的機能（pedagogical function）の2つの機能が存在する。その2つの機能が担う役割は以下のようになっている。

46）欧州統合の動きの中で人の移動を言語教育の面で保証することをめざし、欧州評議によって作られた複言語主義・複文化主義に基づく言語学習・評価のための枠組み。

報告的機能

　・公的試験で与えられる言語に関する資格を補足するものとして、ELP
　　所有者の具体的な言語学習経験、外国語の熟達度、到達度を示す

　・学校教育内、学外両方の言語学習を記録する

教育的機能

　・複言語主義、複文化主義を促進する

　・言語学習過程を ELP 所有者に、よりわかりやすく示し、自律学習
　　（learner autonomy）を育成する

　ELP は言語パスポート、言語学習記録、資料集の３つから構成される。言語パスポートは、ELP 所有者の言語に関する資格、Common European Framework（以下 CEF とする）参照レベルを基盤とした自己評価や教師を含む他者による評価を記入する用紙である。言語パスポートは学習開始時と終了時に記入を行えばよいが、言語学習記録は、ELP 所有者が学習目標を設定し、自己の学習過程を観察し、重要な言語学習、異文化経験を記入する用紙であり、学習期間中に一定のペースで記入していくものである。言語学習記録は、内省学習を重視し、教育的観点から見た場合、ELP の中心的な役割を担っているものである。最後に、資料集は、学習内容のまとめ、プロジェクトワーク、教師からのフィードバックなどを保管していくものである。言語パスポートや言語記録に記入してある言語学習、文化学習において達成したこと、経験したことの記録を保管していくことができる（国際交流基金、2005）。

　そして、ELP の質や妥当性、透明性が判断される認定基準は以下のようになる（Council for Cultural Cooperation 2000a, p. 2 & Language Policy Division 2004, pp. 3–4 より国際交流基金報告書訳）[47]。

　・ELP は、複言語主義および複文化主義を促進するツールである

　・ELP は、その学習者の所有物である

　・ELP は、正規の学校教育かどうかに関わらず、学習者が習得した言語的
　　および文化的能力、経験を評価する

47）ELP の認定基準は国際交流基金の報告書の翻訳文を引用した。

第 8 章　「学習者参加型評価」について　　131

・ELP は、自律学習を促進するツールである
・ELP は、学習者が言語学習過程を観察する助けとなる教育の機能、言語
　熟達度を記録する報告的機能、両方を兼ねそろえたものである
・ELP は、CEF 参照レベルを基盤とする
・ELP は、学習者の自己評価（通常教師の評価と併用）と教育関係当局お
　よび試験期間による評価を奨励する
・ELP は、ヨーロッパで認識および理解されるための最低限の必要な要素
　をそなえる
・ELP は、ある一連の ELP 学習者が生涯を通し所有できる。また、学習者
　の年齢、目的、環境に応じ、そのニーズを満たせるものを提供する

8-1-3　大学の日本語教育における「ポートフォリオ評価」

　日本語教育の分野でも「ポートフォリオ」に対する注目度が増しているが、
現場ではいまだに試行錯誤の部分が多い。聖田（1996）はポートフォリオを通
して、教師と学習者の会話によって学習者の内省を促し、自分の学習について
より深く自覚するための事例研究を行った。また、斎藤ほか（2000）は大学の
自律学習支援システムにおいて「ポートフォリオ」を活用した。この 2 つの研
究について、「ポートフォリオ」は学習者のためではなく、指導者である教師
が指導の手がかりとして使用していたと思われる。2000年代に入り、川村（2005）
は大学の留学生の作文授業で「ポートフォリオ評価」を実施した。その授業内
容やフォローアップインタビューによる調査の結果から、学習スタイルによっ
て、学部留学生の内省活動が積極性・自律性の促進につながる学習者とそうで
ない学習者がいると報告している。また、船橋（2005）は、大学の学部留学生
を対象に会話授業において「ポートフォリオ評価」を実施した。ほかにも「ポー
トフォリオ評価」による事例研究が数多く行われている。その多くは、学習者
の自己評価などに「ポートフォリオ評価」の仕組みを利用し、結果的に「ポー
トフォリオ評価」がその学習者の自律的学習能力を高めるのに有効であると報
告している。
　しかし、ヨーロッパ日本語教師会（2005）は、「ポートフォリオ評価」につ
いて、一般的にあげられる課題の一つには、自己評価に対する信頼性の問題が
ある。ELP についてもこの点が懸念され、学習者、教師双方が自己評価を正

しく行えるためのトレーニングが必要であるという報告がされている」と指摘している。自己評価は「ポートフォリオ評価」の核心である。その自己評価が正しくできるということは自分自身の学びに対する深い内省を通して課題を見出し、その解決のための適切な学習方法を選択できるということであり、つまり、自律的学習能力の向上に直結する非常に大切な要素である（社団法人日本語普及協会、2009）。これに対し、里見（2011）は、海外の大学における語彙学習の授業で「ポートフォリオ評価」を実施し、教師や学習者同士によるフィードバックが学習者の自律的学習能力を高めるのに有効であると報告した。

8-2　事例研究5：日本語授業でのポートフォリオ評価の活用

　本章では、以上の先行研究を踏まえ、日本の大学における学部留学生の日本語授業に「ポートフォリオ評価」を導入する有効性、また、学部留学生の仲間同士による他者評価も同時に行うことによって「ポートフォリオ評価」の核心である学部留学生の自己評価にどのような影響を与えるのかについて、以下の日本語授業の事例研究を通して観察し、分析した。

8-2-1　研究対象

　研究対象は、東京都内某私立大学における2012年度後期の「口頭表現」を受講する9名の学部留学生である。全員経営学部の1年生で、日本語上級レベルに達している。内訳は女性5名、男性3名、国籍は中国3名、韓国5名である。

8-2-2　授業内容

　授業内容は表8-1にまとめた。
　全15回の授業のうち、受講する学部留学生にスピーチやポスター発表、および個人発表という3つの課題を与えた。また、スピーチやポスター発表に関しては、グループで活動を行い、個人発表に関してはペアで作業を行った。

8-2-3　評価基準

　評価基準はCouncil of Europe（2004）のCan-do一覧を参考にシラバスの到達目標、および留学生の日本語レベル[48]に照合し筆者が設定した。評価基準は

第8章 「学習者参加型評価」について　133

表8-1　授業内容とポートフォリオの取り組み

	授業テーマ	ポートフォリオの取り組み
1回目	積極的な聞き方とフィードバック	授業ノート、自己紹介と他者紹介の記録
2回目	情報スピーチ	授業ノート、スピーチ原稿、スピーチ評価表を利用した自己評価と他者評価、教師によるフィードバック
3回目	意見表明スピーチ	授業ノート、スピーチ原稿、スピーチ評価表を利用した自己評価と他者評価、教師によるフィードバック
4回目	方法説明スピーチ	授業ノート、スピーチ原稿、スピーチ評価表を利用した自己評価と他者評価、教師によるフィードバック
5回目	ポスター発表①	振り返りコメント、宿題、調査資料、ポスター発表の評価表
6回目	ポスター発表②	振り返りコメント、宿題、調査資料、ポスター発表の評価表
7回目	ポスター発表③	ポスター発表の自己評価と他者評価、教師によるフィードバック
8回目	個人発表のテーマ決め	振り返りコメント、個人発表のテーマに関する調査資料、協同活動の記録・受講者同士のコメント、発表の評価基準
9回目	原稿作成・修正①	振り返りコメント、協同活動の記録・受講者同士のコメント、作成した原稿
10回目	原稿作成・修正②	振り返りコメント、協同活動の記録・受講者同士のコメント、作成した原稿
11回目	発表作業①	発表に対する自己評価・他者評価、教師によるフィードバック
12回目	発表作業②	発表に対する自己評価・他者評価、教師によるフィードバック
13回目	発表作業③	発表に対する自己評価・他者評価、教師によるフィードバック
14回目	発表作業④	発表に対する自己評価・他者評価、教師によるフィードバック
15回目	後期授業の振り返り	振り返りコメント、教師によるフィードバック

表 8-2　評価基準

評価の観点	到達目標（3 よくできた、2 まずまずできた、1 うまくできなかった）
内容・活動	・自分の専門分野からテーマを選び、専門用語などを参考文献に書かれている説明だけを発表内容として発表するのではなく、自らその意味を理解し、実例やデータを用いて説明すること。また、それに対し自分の考えも発表すること。
談話構成	・明確かつ体系的に展開できる。
	・明瞭に詳しく述べることができる。
	・根拠を示しながら説明できる。
	・利点と不利な点、賛成や反対の理由を挙げられながら説明できる。
流暢さ	・言いたいことを比較的に困難なく表現できる。
	・間があいたり行き詰ったりすることはあるが、人の助けを借りずに話を続けられる。
語彙	・複雑な考えを述べるのは難しいが、自分の専門学習に関する専門用語や専門的な知識について述べられる。
文法	・母語の影響や誤りが見られても、それに自覚し修正しながら正確に文法を使うことができる。
発音	・母語の発音の影響があっても、間違えに気づき、修正しながらはっきりとした発音やアクセントで話すことができる。

表 8-2 のようになっている。

　評価シートは教材として使用した『日本語口頭発表と討論の技術―コミュニケーション・スピーチ・ディベートのために―』に掲載している評価表を参考に筆者によって制作したものを使用した。スピーチ評価シートは参考資料 5、ポスター発表用評価シートは参考資料 6、個人発表の評価シートは参考資料 7 のようになっている。

　授業時に、受講する学部留学生に授業内容・作業報告・仲間同士による協同活動の内容記録や課題を行った後の反省点などをまとめて学習記録の機能を持つ「学習ポートフォリオ・カード」に記入させた。また、各課題を遂行する時の資料や成果物（発表の録音や録画、制作したポスター、口頭発表の原稿）、

48）受講する 9 名の学部留学生は全員日本語能力試験 N 1 を取得し、日本語上級レベルに達している。

および学部留学生の自己評価・他者評価、「学習ポートフォリオ・カード」とともに「ポートフォリオ評価」も対象として保存するよう促した。

8-2-4 事例研究の経過

8-2-4-1 スピーチ課題

　授業計画に従い、授業を担当する教師が3種のスピーチの説明を行った後、受講する9名の学部留学生を1グループ3名、合計3つのワーキンググループに分け、それぞれのスピーチの課題について検討し、話し合いによって個人の発表テーマや内容を決めた。また、グループ内での活動は、自分の発表テーマの説明だけではなく、他人の発表テーマや内容についての質疑やアドバイスも行った。さらに、それぞれの発表に対し、自己評価や他者評価、および教師によるフィードバックを行い、その内容を「学習ポートフォリオ・カード」に記入し、反省点を明確にすることで各自の内省に働きかけ、次回の作業につながるよう心がけた。図8-1はその「学習ポートフォリオ・カード」の一例であ

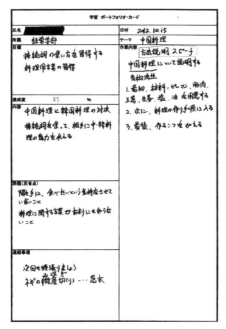

図8-1　ポートフォリオ・カードの実例1

表8-3　スピーチ課題に関する自己評価と他者評価の結果

評価の観点	観点別評価基準に基づく各学習活動場面での評価項目	自己評価			他者評価（9人×8分）		
		3 *	2	1	3	2	1
準備	テーマ決め、レジュメの作成、資料収集	1人	7人	1人	41人	29人	2人
内容	背景や理由を述べたか	3人	5人	1人	45人	26人	1人
	仮説（予想）を立てたか	1人	6人	2人	19人	40人	13人
	インタビューやアンケートなどのデータ収集を実施したか	5人	3人	1人	37人	34人	1人
	テーマに沿って順序良く話を進めたか	1人	7人	1人	37人	34人	1人
	結論をうまくまとめたか	3人	5人	1人	26人	44人	2人
発表技術	（質疑応答）質問にうまく答えられたか	1人	5人	3人	28人	36人	8人
	発表時間は守れたか	2人	5人	2人	18人	49人	5人
	用語の選び方は適当か	1人	7人	1人	24人	47人	1人
	声の大きさ、発話のスピードは適当か	2人	5人	2人	21人	47人	4人
	発音・アクセントは正しいか	1人	6人	2人	21人	43人	8人

＊スピーチ評価表に記載されている評価基準の（3よい、2普通、1要努力）は、表8-2評価基準の（3よくできた、2まずまずできた、1うまくできなかった）に準じて判断してもらった。

る。

　評価の観点からみると、受講する9名の学部留学生の多くは「2まずまずできた」と自己評価し、「インタビューやアンケートなどのデータ収集を実施したか」については「3よくできた」と自己評価した人も多い。しかし、自己評価と他者評価の間に構成比の差を見るために、独立性検定[49]したところ、χ^2（2）=25.170、$p<0.01$となり、学部留学生の自己評価と他者評価との間に人数の構成比の有意差が認められた。具体的には、他者評価の「3よくできた」を選んだ人が自己評価より有意に多かった。それに対し「1よくできなかった」

49）データについて考えられる属性（変数）2つに基づいたクロス集計表（分割表）を作成したとき、この2属性に関連性があるのかを検定する。比率の差の検定で用いた例も分割表の一種である。

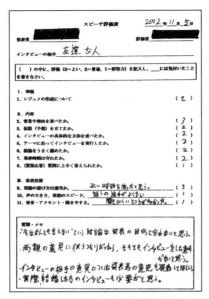

図8-2　スピーチ評価表の実例

を選んだ人は自己評価より有意に少なかった。その理由は、学部留学生の評価基準に対する認識が明確にならず、自己評価の基準を他者評価より厳しく設定していたこと、また、自分の発表には自信を持っていないことが考えられる。さらに、ほとんどの学部留学生は、他者評価が気になり、他者評価用紙を細かく確認する姿が見られた。図8-2は他者評価用紙の一例である。

スピーチ課題の他者評価、および教師によるフィードバックが行われた結果、受講する9名の学部留学生の自己評価と他者評価の間に差が見られた。この差に気づいたことで、学部留学生の内省が行われるようになったと考えられる。

8-2-4-2　ポスター発表

スピーチ課題終了後、5回目の授業からのポスター発表の課題を与えた。ポスター発表はスピーチ課題と違って、個人ではなくグループ構成員の協同活動によって発表を行うという形を採用した。今回の課題は、9名の学部留学生が3グループに分かれ、各グループの構成員がそれぞれ持っている問題意識を話し合いによって共通の問題意識に発展させ、1グループ1テーマを発表する形に統一した。そして、各グループで資料収集の役割分担やポスター制作のスケ

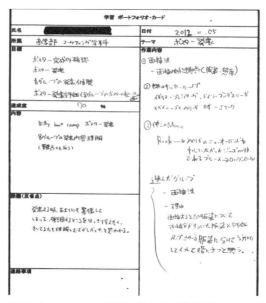

図8-3　ポスター発表に関する「学習ポートフォリオ・カード」の記録の実例2

ジュール作り、発表のリハーサルなどに関して、全て学部留学生の自律的な活動によって行われた。準備作業の段階では、教師が各グループに入りそれぞれの進捗状況を把握し、資料収集やデータの確認、また、参考文献の明記や引用の仕方などについて説明した。学部留学生は各グループでの活動内容を詳細に「学習ポートフォリオ・カード」に記入し、活動の記録として各自で保管した。図8-3は「学習ポートフォリオ・カード」の記録の一例である。

　ポスター発表を行った後、学部留学生の自己評価、および他者評価を行った[50]。今回の他者評価は個人に対する評価ではなく、グループ単位で評価した。ポスター発表の自己評価に関しては、「テーマ決め、資料収集」「内容の信憑性」「背景や理由」について、多くの学部留学生が「3よくできた」と評価した。また、「ポスターの見やすさ」や「質疑応答」「発音・アクセント・聞きやすさ」について、「2まずまずできた」と評価し自信を見せた。それに対し、他者評

---

50) ポスター発表の評価基準は、表8-2評価基準の（3よくできた、2まずまずできた、1うまくできなかった）に準じて判断してもらった。

第8章 「学習者参加型評価」について　139

表8-4　ポスター発表の評価結果

評価の観点	観点別評価基準に基づく各学習活動場面での評価項目	自己評価結果（9人分）			他者評価結果（3グループ×8人分）		
		3	2	1	3	2	1
準備	テーマ決め、資料収集について	5人	3人	1人	12人	9人	3人
内容	ポスターのレイアウトや画面全体が見やすいか	1人	6人	2人	18人	3人	3人
	内容の順序は分かりやすく構成されていたか	3人	5人	1人	6人	9人	9人
	内容には信憑性があるか	7人	2人	0人	6人	12人	6人
	内容には斬新性とアピール度があるか	4人	4人	1人	6人	15人	3人
	結論や内容をうまくまとめられたか	2人	4人	3人	9人	6人	9人
発表技術	背景や理由を述べたか	7人	1人	1人	9人	12人	3人
	（質疑応答）質問にうまく答えられたか	0人	7人	2人	6人	9人	9人
	用語の選び方は適当か	0人	3人	6人	6人	6人	12人
	声の大きさ・発話のスピードは適当か	2人	3人	4人	3人	15人	6人
	発音・アクセントについて聴き取りやすいか	0人	6人	3人	3人	12人	9人

価は、「テーマ決め、資料収集」「ポスターの見やすさ」について、「3よくできた」と高く評価した。また、「内容の信憑性」や「斬新性とアピール度」「背景や理由」「声の大きさ・発話のスピード」「発音・アクセントの聴き取りやすさ」について、「2まずまずできた」と評価した。そして、自己評価と他者評価の独立性検定を行った結果、$\chi^2（2）=0.471$、$p>0.05$となり、有意な人数の構成比の差が認められなかった。つまり、今回のポスター発表について、受講する9名の学部留学生の自己評価と3グループに対する他者評価は近づいてきたと考えられる（表8-4）。

　ポスター発表を評価するコメントからも変化が見られた。具体例を以下に提

示する。

- 「○○さんの敬語と単語の発音にはもう少し注意する必要がある。」[51]
- 「グループ３の発表には『です』・『ます』と『だ』が混ざっている。」
- 「○○さんの良い点は、①声の大きさ、②内容が充実。悪い点は、①ポスターの文字数が多い、②書いた通りに読んでいるように見える。」
- 「グループ２は３グループの中で、一番良いと思ったのは、話し方です。他のグループとは違う、発表の時最初から最後まで話し方が一貫として聞きやすかったです。」
- 「○○さんは声も大きくて、相手を理解させてもらおうとする努力を感じた。」
- 「○○さんの話し方は、丁寧体と普通体が混在していたが、スピーチ発表の時より、聞きやすくなったと思います。」
- 「箇条書きはできたが、絵が大きすぎてバランスが悪い。絵に気を取られるから、内容に集中できない。もう少し絵を小さくして、説明に具体性を持たせた方がいいと思う。」
- 「○○さんは言葉が間違ったときに、自己修正してとても聞き取れやすかった。だけど、『あの』『その』『ええと』が多すぎる。声が小さい。もっと自信をもって大きい声を出した方がいい。」

　以上のような他者評価のコメントには、スピーチ課題のときに見られなかった発表者の話し方や声の大きさなど発表技術に関する評価や指摘、また、スピーチ課題との比較など細部までコメントするような変化が見られた。さらに、発表者に対する評価や指摘だけにとどまらず自らのアドバイスも見られた。このように、他者からの視点で評価やアドバイスをすることで、仲間の学部留学生の発表に見られた問題点を自分の発表に置き換えて自覚し、内省するきっかけになったと考えられる。学部留学生の他者評価表と評価コメントをコピーして、教師からのフィードバックとともに評価者と評価される側の両方に配りポートフォリオの評価物として保管させた。

───────────────

51) コメントの内容は、学部留学生の文章をそのまま載せている。個人名を○○に置き換えている。

表8-5　個人発表のテーマ

発表者	発表テーマ
1	モチベーション理論　―セブンイレブンの退職率について―
2	ソーシャルネットワークの利用について
3	内定率と就職率の違い　―就職難について―
4	フリービジネス　―アメリカの実例を通して―
5	CSR（企業の責任）について
6	ヨーロッパの財政問題　―スペイン・ギリシャ―
7	銀行の役割について
8	ベンチャー企業の経営理念について

8-2-4-3　個人発表

　8回目の授業から受講する学部留学生の個人発表を実施した。9名の受講者のうち1名は体調不良のため欠席となり、8名の受講者で個人発表の課題に取りかかった。個人発表のテーマは、「各自の専門分野から1つのキーワードを選び、それに関する背景や意味などを発表すること」である。その課題の目的は、専門内容におけるインフォメーション・ギャップを利用し、他人が理解していないことを学部留学生の説明によって理解してもらうことである。今回の受講者は全員経営学部の留学生という学習背景があるため、テーマの専門性に理解が阻まれる懸念も少ないと考えられる。

　課題の実施にあたって、まず、教師による個人発表の技術や注意事項などを説明し、受講する8名の学部留学生にペアを組ませ、それぞれのペア同士で協同活動を行うように指示した。次に、3回分の授業時間を利用し、学部留学生の各自の発表テーマの説明から参考資料や評価基準の確認、および原稿作りと原稿の修正、発表のリハーサルに至るまでのすべての作業をペア活動によって行った。この学部留学生のペア活動が行われている間に、教師がそれぞれのペアに入り、活動の進捗状況や、内容の確認、およびペア活動の観察を行った。そして、11回目の授業から4回分の授業時間を利用し個人発表を実施した。8名の学部留学生の発表テーマは表8-5のようになっている。

　毎回2名の発表を行い、1人の持ち時間は20分（発表時間15分＋質疑応答5分）とした。個人発表の内容は録音し、音声データとして後ほど発表者に配布

表8-6　個人発表の結果

評価の観点	観点別評価基準に基づく各学習活動場面での評価項目	自己評価結果（8人）			他者評価結果（8×7人）分）		
		3	2	1	3	2	1
準備	テーマは課題にあっているか	8人	0人	0人	6人	50人	0人
内容	全体の構成（順序立てて話す）できているか	4人	4人	0人	10人	38人	8人
	論点・要点（強調するところ）の提示をしたか	3人	4人	1人	8人	42人	6人
	説明（事実と感想を別々に話すこと）はわかりやすいか	1人	5人	2人	14人	32人	10人
	発表の始め方と終わり方は適切であるか	3人	3人	2人	21人	26人	9人
発表技術	発表時間は守っているか	1人	3人	4人	7人	28人	21人
	関連資料や図表・データなどの工夫があるか	2人	5人	1人	18人	27人	11人
	レジュメは明確で、分かりやすいか	2人	3人	3人	9人	40人	7人
	参考文献は明確に提示したか	1人	6人	1人	9人	38人	9人
	声の大きさ・発話の速度は適切で、はっきりと発音したか	0人	4人	4人	15人	33人	8人
	正しい日本語で流暢に話したか	0人	5人	3人	5人	30人	21人
	謙虚かつ誠実な態度で話したか	6人	2人	0人	19人	31人	6人
	間違った言い方に気づき自ら修正したか	0人	7人	1人	0人	44人	12人
	質疑応答はうまくできたか	3人	1人	4人	3人	43人	10人

した。発表後、それぞれの発表に対し発表者の自己評価と仲間同士による他者評価を行った[52]。全ての個人発表が終了した後、教師によるフィードバックを行った。その結果は表8-6のようになっている。

52）個人発表の評価基準は、表8-2評価基準の（3よくできた、2まずまずできた、1うまくできなかった）に準じて判断してもらった。

第8章 「学習者参加型評価」について   143

　個人発表の自己評価の結果を見ると「テーマは課題にあっているか」につい
て学部留学生の全員が「3よくできた」と自己評価した。「全体の構成」や「謙
虚かつ誠実な態度」についても高い評価をした。また、「発表時間」「レジュメ」
「声の大きさ・発話速度・発音」「質疑応答」といった項目について「1うまく
できなかった」と評価したが、そのほかの項目については、ほとんどの人が「2
まずまずできた」と自己評価した。それに対し、他者評価の結果を見ると「発
表時間」「正しい日本語・流暢さ」「間違った言い方の自己修正」「質疑応答」
といった項目については「1うまくできなかった」と評価したが、その他の評
価項目について「2まずまずできた」および「3うまくできた」と評価した。
そして、学部留学生の自己評価と他者評価の違いを見るために、独立性検定を
行った結果（χ^2（2）＝13.689、$p<.01$）は、学部留学生の自己評価と他者評
価との間に有意な人数の構成比の差が認められた。具体的には、自己評価より
他者評価の「3よくできた」を選んだ人は有意に少なかった。また、他者評価
より自己評価の「2まずまずできた」を選んだ人は有意に少なかった。自己評
価と他者評価の「1うまくできなかった」を選んだ人数には有意な差が見られ
なかった。つまり、学部留学生の自己評価と他者評価は、今回の個人発表の課
題に関して「できた」と「できなかった」との評価基準への認識が近づいてき
たと考えられる。しかし、「まずまずできた」と「うまくできた」という評価
についての判断はばらつきがあるため、学部留学生の自己評価と他者評価の評
価者内安定性[53]と評価者間一致度を高める訓練が必要だと思われる。

　なお、個人発表の課題をやり遂げるために行ったペアによる協同活動のすべ
ての記録や個人発表内容の音声データ、学部留学生の自己評価、他者評価、お
よび教師によるフィードバックを評価物として、それぞれの学部留学生のポー
トフォリオに入れ、保管するよう促した。

8-2-5　事例研究5のまとめ

　事例研究5「口頭表現」の15回の授業活動において、スピーチ課題・ポスター
発表・個人発表という3つの学部留学生による協同活動を行った。また、従来

---

53) 評価者間の採点結果が高い一致度を示すことと同一評価者が同一解答を採点した場合に採
　点結果のぶれが小さいことが望まれる。そのため、評価者内安定性と評価者間一致度指標
　が用いられる。

の教師による一方的な評価づけではなく、授業活動に関わるすべての記録や評価物を受講する学部留学生のポートフォリオに入れ保管させ、それを毎週の授業時に確認させ、自分自身の学習内容・学習過程・および他者からの評価（学部留学生同士の他者評価と教師によるフィードバック）を参考に自己評価を見直すという「ポートフォリオ評価」を行った。

　まず、スピーチ課題に関する協同活動を観察した。初めて授業で自己評価と他者評価を行った学部留学生の多くは、スピーチ課題の段階ではまだ不慣れな点が多く見られた。評価を書く欄に何度も書き直した痕跡が残った評価表も見られ、前述したように、自己評価に関する信用性問題が見られた。また、スピーチ課題に対する学部留学生の自己評価と他者評価との間に評価基準への認識に差が見られた。特に、「1うまくできなかった」と「3よくできた」を評価する人数の構成比には有意な差[54]が見られ、つまり、学部留学生が一定の評価基準を持って自己評価と他者評価を行うことができなかったことになる。しかし、仲間の学部留学生による他者評価を気にする様子や評価されたコメントを細かく確認する様子が観察された。学部留学生が各自のポートフォリオを確認し、ポートフォリオ・カードにそれぞれの課題を行う過程や結果に関する内省を記入したことは、彼らが学習内容を見直し、評価基準を再認識し、問題点を明確にすることにつながり、学習に対する不安な気持ちをリセットして、次の学習につながるきっかけになったと考えられる。

　　次に、ポスター発表に関する協同活動を観察した。ポスター発表は個人単位の発表ではなく、グループ単位の発表であるため、他者評価もグループ単位で評価を行った。学部留学生はグループでの仲間同士の助け合いによって、発表前の準備作業や発表時の連携プレーにより「自分は1人である」という心理的な不安が払拭され、自信を持って発表に臨む様子が観察された。評価結果にも見られたように、ポスター発表の自己評価には「3よくできた」を選んだ学部留学生の人数が増えている。また、今回の自己評価とグループに対する他者評価との間の人数の構成比には、有意な差は見られなかった。これは、テーマ決め、資料収集、ポスター作りといった一連のグループ作業を通して、グループの構成員同士が評価基準を確認しあうことで、評価基準への共通的な認識がで

54）評価者人数構成比の差に関して、評価者の人数が少ないが、統計的には有意である。

きたからだと考えられる。さらに、評価コメントに関しては、より具体的な指摘や評価が見られた。他者の評価コメントが気になるだけではなく、自ら他人の発表に対し問題意識を持ち、さらに解決方法をアドバイスするという形でコメントするようになった。このような変化には、他人の学習に貢献することは自分自身の自律的学習能力の養成にもつながるという大きな意味があると考えられる。

　最後に、個人発表に関する協同活動を観察した。個人発表の協同活動は今までと違って、ペアによって行われた。テーマは専門内容に限り、原稿作りや発表のリハーサルまですべてペアで確認しあった。教師は各ペアの協同活動に参加し、活動をサポートした。その結果、スピーチ課題やポスター発表時の他者評価のコメントを再度確認する学部留学生の様子が観察された。また、発表のリハーサルのときに、何度も単語の発音やアクセントを教師に質問したり、電子辞書で確認したりするペアの様子も観察された。個人発表の評価結果に関しては、学部留学生の自己評価と他者評価の間に有意な差が認められたが、その傾向を見ると、スピーチ課題の評価結果との違いが見られた。スピーチ課題の場合は、学部留学生が評価基準への認識が不明確で、評価作業にも不慣れなことから安定した自己評価と他者評価ができなかった。それに対し、個人発表の場合は、スピーチ課題とポスター発表を経験し、グループ活動の仲間同士で確認しあった評価基準への認識がある程度明確になったと考えられる。個人発表で確認された学部留学生の自己評価と他者評価との差は、発表が「できた」と「できなかった」との評価の差ではなく、「どの程度できたか」という判断に見られた差である。今回の「ポートフォリオ評価」の中には、受講する学部留学生の自己評価と他者評価を重視するため、教師による評価を取り入れなかった。彼らには教師のコメントと他者評価のフィードバックのみを与えるにとどまり、評価基準に対する明確な提示は口頭での説明によるもので、実際に教師による評価の見本を提示しなかった。そのため、教師が提示した評価基準への理解や認識は、学部留学生の個人によって、それぞれの「主観的な」評価基準となり、グループ活動によってお互いにその評価基準への認識が近づくようになった。結果的にそれぞれの評価基準への認識はずれていることが確認できた。そこで、教師が助言や評価に参加すること、つまり、従来の教師による評価と違い、指導の一環として、その指導と評価を一体化することが必要と考えられる。

8-3　事例研究6：実践授業の教室活動における学習者参加型評価の活用

「学習者参加型評価」について、細川（2002）は、「自己責任型の自己評価」の重要性を述べたうえで、他者評価のコメントを取り入れた「相互自己評価」とでもいうべき方法が有効であると主張した。また、村田（2004）は学部留学生の自己評価および他者による評価を組み合わせることは「学習者同士の観察・評価の視点を広げ」「メタ認知力を高め、自律的な評価力を高めていくために役立つ」と述べ、他者評価の重要性も示唆した。事例研究5からも学習者の自己評価と学習者同士による相互評価の重要性が検証された。

しかし、村田（2004）は「学習者による他者評価は効果的と言われながらも、自己評価と組み合わせて効果的に利用し発表の改善につなげていけるような具体的な方法はまだ確立されていない」とも指摘した。また、高木（1992）は他者評価に関し、評定基準や判断基準を持たないために主観的になりやすく、相手への気遣いから実際よりも良い評価をするなどの問題点を指摘した。さらに、酒井（2003）は「学習者に対して、教える側が無意識的、意識的に学習者に期待する基準が伝わらないことがある」「学習者からどこまで正確さを要求されているのか理解できないと訴えられたのだが、教える側が行っている判断基準が学習者には理解できず、ずれを生じる原因となったようである」と教える側と学習者側との間で、評価基準についてずれが生じることを指摘した。

事例研究5の「学部留学生の自己評価と他者評価との相互評価だけでは、評価基準への理解や認識が不十分であり、指導の一環とする教師による評価の導入の必要性も考えられる」という結論を踏まえて、事例研究6の教室活動では、学部留学生同士による評価（学部留学生の自己評価、同じクラスの仲間による他者評価）とともに授業の担当教師による評価（以下教師評価とする）も同時に実施した。教師評価も他者評価の一種であるが、本研究では同じクラスの学部留学生の仲間による他者評価と区別し、教師評価を学習到達点（評価基準）への理解の尺度として導入し、指導と評価の一体化を試みた。本書では、このような教師評価も導入する「学習者参加型」評価を「総合自他評価」と呼ぶ。また、本事例研究は、自己評価と他者評価との相互関係によって学部留学生の

第 8 章 「学習者参加型評価」について　147

自律的評価力がいかに向上したか、また、その相互関係によって学部留学生の
学習到達点（評価基準）への理解の変化、さらにその変化は学部留学生の学習
効果にどのように影響を与えたのかについて数量的に分析し検討した。

8-3-1　研究対象

　研究対象は、私立大学に在学する留学生 1 年生のために設置された「日本語
口頭表現」クラスである。授業は週 1 回90分、前期と後期各15回、通年30回実
施された。対象者は該当クラスの受講者男性 7 名、女性 5 名の全12名で、国籍
は中国 8 名、韓国 4 名であり、全員すでに上級レベルに十分達している学部留
学生である。

8-3-2　教室活動内容

8-3-2-1　前期の教室活動
　前期はインタビューと他者紹介、スピーチの実施方法、質疑応答に応用でき
る討論の仕方および自己評価と他者評価の仕方について説明し、練習を繰り返
した。さらに、その都度フィードバックを行った。そして、前期の学習効果を
確認するため、スピーチテストを実施した。
　①課題
　　テーマは「日本の生活の中で自分自身の関心事」について自分の周りにい
る日本人にインタビューし、それを報告すること。
　②発表内容
　　前期テストの発表内容は表 8-7 のようになっている。12人の発表者を A
～L で標記しし、前期と後期は同じ人を指している。

8-3-2-2　後期の教室活動
　後期は社会科学系専門分野における口頭発表に必要なスキルを説明し、また、
論理的な考え方や資料・データの収集法、および発表時に使用する Microsoft
PowerPoint の制作方法についても具体的に説明した。その後、学部留学生同
士の協同活動によって、発表テーマについて検討し、原稿を書き、発表のリハー
サルと同時に自己評価と他者評価の練習、および教師評価からのフィードバッ
クを行った。そして、最後に個人発表テストを行った。

表8-7　前期テストの発表内容

発表者	発表順番	インタビュー相手	インタビューのテーマ
A	1	アルバイト先の社長	子供の教育について
B	2	日本の高校生	高校生の制服について
C	3	日本人の友人	お勧めできる観光地
D	4	日本人大学生	将来の夢について
E	5	日本人の友人	日本の結婚式について
F	6	日本人の友人の父親	日本のIT関係の仕事について
G	7	日本人の友人	Lineの使用について
H	8	日本人大学生	就職活動について
I	9	アルバイト先の日本人	女性の一人暮らし
J	10	大家さん	外国人入居者について
K	11	日本人大学生	中国に短期留学した時の感想
L	12	同じゼミ日本人学生	外国人の日本語について

①課題

　テーマを自分の専門分野から選び、それについて専門用語の意味を理解し、実例やデータを用いて説明すること。また、それに対し自分の考えを発表すること。

②発表内容

　後期テストの発表内容を表8-8に示す。

8-3-3　評価の仕方

　前期・後期におけるテストはそれぞれ12回実施した。前期はスピーチを録音し、後期は発表の様子を録画した。音声、映像データは評価のフィードバックに使用した。

　テスト（前期・後期）時間は1人につき20分程度である。評価の仕方については、まず、発表者による発表を15分間行い、さらに発表内容に対し5分間の質疑応答を行った。次に、評価シートを全員に配布し、聞き手となる11名の学部留学生による他者評価をその場で行ってもらった。記録した音声と映像を本

第8章 「学習者参加型評価」について   149

表8-8 後期テストの発表内容

発表者	発表順番	専門分野	発表テーマ
A	1	経営	起業について
B	2	経営	企業の不祥事
C	3	商	コカ・コーラ社の公益広告について
D	4	経営	中小企業について
E	5	経営	ブラック企業について
F	6	経営	企業のM&Aについて
G	7	経済	所得格差とジニー係数との関係
H	8	商	マーケティング・ブランドについて
I	9	商	ソーシャルメディアについて
J	10	経営	ベンチャー企業について
K	11	商	共感覚マーケティング
L	12	経済	定価と利益の関係

人に渡し自己評価を授業後に提出してもらった。そして、担当教師による評価
については、その評価の妥当性や適切性を確認するため、テストの評価基準、
および本研究の対象者の日本語レベルを熟知している同大学の日本語教師1名
と共同で行い、今回の教師評価として学部留学生同士による他者評価とともに
発表者にフィードバックした。

8-3-4 評価基準

　評価基準は事例研究5と同じくCouncil of Europe（2004）のCan-do一覧を
参考にし、シラバスの到達目標、および留学生の日本語レベルに照合して設定
した。その評価基準は表8-9のようになっている。

　評価シートは教材として使用した『日本語口頭発表と討論の技術—コミュニ
ケーション・スピーチ・ディベートのために—』に掲載している評価表を参考
に筆者によって制作したものを使用した。スピーチ評価シートは参考資料8、
個人発表の評価シートは参考資料9のようになっている。

表 8-9　テストの評価基準

評価の観点	到達目標（3よくできた、2まずまずできた、1うまくできなかった）
内容・活動	・自分の専門分野からテーマを選び、専門用語などを参考文献に書かれている説明だけを発表内容として発表するのではなく、自らその意味を理解し、実例やデータを用いて説明すること。また、それに対し自分の考えも発表すること。
談話構成	・明確かつ体系的に展開できる。
	・明瞭に詳しく述べることができる。
	・根拠を示しながら説明できる。
	・利点と不利な点、賛成や反対の理由を挙げられながら説明できる。
流暢さ	・言いたいことを比較的に困難なく表現できる。
	・間があいたり行き詰ったりすることはあるが、人の助けを借りずに話を続けられる。
語彙	・複雑な考えを述べるのは難しいが、自分の専門学習に関する専門用語や専門的な知識について述べられる。
文法	・母語の影響や誤りが見られても、それに自覚し修正しながら正確に文法を使うことができる。
発音	・母語の発音の影響があっても、間違えに気づき、修正しながらはっきりとした発音やアクセントで話すことができる。

8-3-5　教室活動の結果分析

　前期テストおよび後期テストにおいて、それぞれの評価シートを用い5件法で自己評価・他者評価、教師評価を行った。そして、それぞれの評価値を100点満点に換算し得点化した。その結果は表8-10のとおりである。

　算出された得点を用いて、「総合自他評価」の全30回のクラス活動を通して、以下の2つの仮説を数量的に検証した。分析にあたって、統計ソフトのPASW Statistics Base 18を使用した。

仮説①自己評価・他者評価・教師評価間のずれを認識することによって、学部留学生は学習の到達点（評価基準）への理解が深まる。

仮説②「総合自他評価」の実施は留学生の学習効果の向上につながる。

第 8 章 「学習者参加型評価」について　151

表 8-10　3 評価の得点の記述統計

前期テスト	度数	最小値	最大値	平均値	標準偏差
自己評価前	12	42.00	88.00	67.83	13.91
他者評価前（11×12）	132	58.00	88.00	74.67	7.32
教師評価前	12	42.00	88.00	57.33	15.43
後期テスト	度数	最小値	最大値	平均値	標準偏差
自己評価後	12	53.00	84.00	67.50	11.26
他者評価後（11×12）	132	60.00	77.00	71.00	5.94
教師評価後	12	56.00	80.00	68.67	7.09

8-3-5-1　「自律的な評価力」について

　国際交流基金（2011）によれば、学習者が自分自身を評価する視点をもつことは自分自身に合った学習方法を探し自分の力で学習を進めていくことにつながる、と学習者の自己評価を推奨している。しかし、適切な評価のためには明確な学習到達目標の設定、およびそれについて判断する「自律的な評価力」が必要とされる。自己評価だけではなく、他者評価にも同様なことが言える。評価する主体として、個人的な性格・環境・文化などの相違、また評価基準に対する認識のずれによって評価者内安定性と評価者間一致度が低い可能性も看過できない。しかし、継続的な訓練を通して、学部留学生の主観的な評価が内省と他者からのフィードバックとの相互関係によって、評価者内安定性と評価者間一致度が増し自律的な評価力が高くならないものなのであろうか。先述のように、村田（2004）は、主観的な評価活動を通して、内省とフィードバックとの相互作用の組み合わせは、学部留学生同士の観察・評価の視点を広げ、メタ認知力を高め、自律的な評価力を高めていくために役に立つと主張した。そこで、本事例研究は 1 年間を通して実施したクラス活動を通じて、学部留学生の前期と後期のテストの自己評価・他者評価の得点を用いて、その評価の差の有無、およびその変化について分析した。まず、評価活動を実施した前期の時点では学部留学生による評価者内安定性と評価者間一致度について帰無仮説を立て検証し、また評価者の級内相関係数[55]を計った。

---

55)　『研究社日本語教育辞典』により評価者内安定性と評価者間一致度を計るには級内相関係数を用いる。

帰無仮説 1：前期テストにおける学部留学生12名の自己評価と他者評価間に差がない。

　帰無仮説 1 を証明するには、前期テストにおける学部留学生12名の自己評価の得点と他者評価の得点の平均値を用いて、対応のある t 検定を行った。その結果、帰無仮説 1 は棄却された（$t(11) = -2.39$、$p < 0.05$）。

　つまり、前期テストの時点では、学部留学生12名の自己評価と他者評価間に有意差が認められた。学部留学生の自己評価は他者評価より平均的に6.84点低い。さらに、前期テストの評価者一致度を見るのに級内相関係数を計ったところ、信頼係数は $r = 0.663$ であり、やや低めである。自己評価と他者評価の間の差は学部留学生が自分自身を評価することへの不慣れ、また他者への評価に対する不安、および評価基準への理解の不足から生じたと考えられる。前期テストの時点では、学部留学生の自己評価と他者評価における評価者内安定性と評価者間一致度が低いと言えよう。そして、学部留学生の後期テストの得点を用いて、継続的な評価活動を終えた時点での自己評価と他者評価の変化についても分析した。

帰無仮説 2：後期テストにおける学部留学生12名の自己評価と他者評価間に差がない。

　帰無仮説 2 を証明するには、後期テストにおける学部留学生12名の自己評価の得点と他者評価の得点の平均値を用いて、対応のある t 検定を行った。その結果、2 つの評価に有意差が認められなかった（$t(11) = -1.14$、$p > 0.05$）。そして、後期テストの評価者の級内相関係数を計ったところ、信頼係数は $r = 0.913$ となり、かなり高くなった。

　つまり、後期の個人発表テストが終わった時点では、学部留学生12名の自己評価と他者評価間に生じていた差が縮まった。継続的な自己評価と他者評価の訓練によって、学部留学生の主観的な評価が内省と他者からのフィードバックとの相互関係によって、評価者内安定性と評価者間一致度が高くなったと考えられる。

8-3-5-2　評価基準への認識

　学部留学生による評価についてトムソン木下（2008）は「従来教師の特権で
あった評価を学習者コミュニティーの中で学習者たちと共有し、学習者オート
ノミーを育てていく力を持っている」と述べていた。しかし、トムソンは「一
般的な問題として、自己評価に対する教師や学習者の不信感が挙げられる」ま
た、「（学習者）が自己評価に馴染みがなく、うまく対応できない場合などは、
無理に自己評価を課しても成果が上がらないことがある」、さらに、「自己評価
は本質的に絶対評価なので、大学など教育機関の評価規定と相いれない」と学
部留学生の自己評価が直面する問題点についても指摘した。これらの問題点を
俯瞰すると、自己評価だけに期待を寄せても学部留学生の「自律的評価力」の
向上につながらないことがわかる。そこで、教師評価を指導の一環、つまり学
習到達点（評価基準）への理解の尺度として導入し、「総合自他評価」を行う
ことで、学部留学生の評価基準への理解がいかに変化したのかを検討したい。

帰無仮説3：前期テストにおける学部留学生12名の自己評価と他者評価は教師
評価との間に差がない。

　前期のスピーチテストにおける学部留学生12名の自己評価と他者評価の間に
有意差があるため、それぞれの得点と教師評価の得点を用いて、対応のある t
検定を行った。その結果、自己評価と教師評価との間は $t(11) = 2.72$、$p < 0.05$
となり、また他者評価と教師評価との間は $t(11) = 5.43$、$p < 0.05$ となり、
両方とも有意差が認められた。

帰無仮説4：後期テストにおける学部留学生12名の自己評価と他者評価、およ
び教師評価との間に差がない。

　後期テストにおける学部留学生12名の自己評価と他者評価の間に有意差が認
められなかったため、それぞれの評価の得点と教師評価の得点を用いて、1要
因で繰り返しのある分散分析を行った。その結果、3評価の差の主効果が認め
られなかった（$F(2, 22) = 1.11$、$p > 0.05$）。
　つまり、前期テストの時点では3評価間にずれが生じ、学部留学生の自己評

価と他者評価の間に評価者内安定性と評価者間一致度が低く、また、評価基準に対する理解がまだ不十分であることがわかった。そして、後期テストの時点では3評価間に有意差が認められず、学部留学生による評価の評価者内安定性と評価者間一致度が高まり、教師評価に近づいたことは評価基準に対する理解が深まったと考えられる。

8-3-5-3　3評価による得点の変化

　学部留学生12名の評価基準に対する理解の全体的な変化を確認するために、自己評価・他者評価、および教師評価を用いて、評価活動の回数が重なることで、それぞれの評価がどのように変化していたのかを分析した。前期テスト、および後期テストの3評価の評価回数ごとの得点の推移は以下のとおりである。（図8-4と図8-5に提示している評価回数は表8-7と表8-8に提示している発表順番に一致する。）

　図8-4を見ると、前期テストの時点では3評価の得点において、自己評価と他者評価は教師評価より高いことがわかる。その中で、他者評価が最も教師評価から離れている。しかし、7回目付近から3評価の得点が接近しつつある。また、教師評価から依然として離れているが、自己評価と他者評価の間では距離が縮められている。図8-5を見ると、後期テストでは3評価の得点において、自己評価は教師評価とは別に上下に変動しているが、それに対し他者評価は教師評価に寄り添って変動していることが見られる。

　以上、前期と後期2つのテストにおける3評価の回数ごとの得点の推移から、クラス活動の回数を重ねていくうちに留学生12名の評価は教師評価に漸近する様子が見られる。つまり、学部留学生は自己評価と学部留学生同士による他者評価を通して、内省の機会と他者からのフィードバックを得られた。その結果、

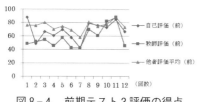
図8-4　前期テスト3評価の得点

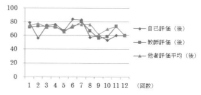
図8-5　後期テスト3評価の得点

第8章 「学習者参加型評価」について　155

学部留学生がより多角的に自分自身の日本語能力を観察するようになり、評価
の評価者内安定性と評価者間一致度も高くなった。さらに、教師評価を学習到
達点（評価基準）への認識の尺度として学部留学生に提示したことは、トムソ
ンが指摘した自己評価に対する学部留学生の不安と不信感を軽減することにつ
ながり、教師評価との相互作用によって学部留学生の評価基準への理解が深
まったと考えられる。

8-3-5-4　学習効果と評価基準への理解との関係

　学部留学生12名の「日本語口頭表現」前期と後期の教師評価を用いて、学習
効果を検証した。具体的には、前期テストと後期テストにおける教師評価の間
に差があるかについて t 検定を行った。

帰無仮説5：前期テストと後期テストにおける教師評価の間には差がない。

　分析した結果、有意差が認められ帰無仮説5が棄却された（$t(11) = -3.89$、
$p < 0.05$）。また、後期テストの平均得点が前期より11.34点有意に高かった。
　前期テストと後期テストにおける学部留学生12名のそれぞれ12回分の評価
（自己評価と他者評価を含む）と教師評価の間に差があるかについても t 検定
を行った。

帰無仮説6：前期スピーチテストにおける留学生12名のそれぞれの評価と教師
評価の間には差がない。
帰無仮説7：後期個人発表テストにおける留学生12名のそれぞれの評価と教師
評価の間には差がない。

　分析した結果、前期テストでは、学部留学生のそれぞれの評価と教師評価と
の間には全てにおいて有意差が見られ、帰無仮説6は棄却された。また、後期
テストでは、学部留学生12名中6名の評価と教師による評価との間に有意差が
見られ、帰無仮説7も棄却された（表8-11、8-12を参照[56]）。
　しかし、先述したように、学部留学生のそれぞれの評価は、教師評価との差
が縮まれば学習の到達点（評価基準）への理解が深まったと考えられる。その

表 8-11　前期テスト学部留学生のそれぞれの評価と教師評価との t 検定の結果

| 分析対象者 | 対応サンプルの差 | | t 値 | N | p（両側） |
	平均値	標準偏差			
ペア A	−15.17	15.58	−3.37	12.00	0.01
ペア B	−22.42	12.22	−6.35	12.00	0.00
ペア C	−20.92	13.06	−5.55	12.00	0.00
ペア D	−16.08	14.90	−3.74	12.00	0.00
ペア E	−10.00	9.14	−3.79	12.00	0.00
ペア F	−17.42	12.25	−4.93	12.00	0.00
ペア G	−15.67	14.74	−3.68	12.00	0.00
ペア H	−23.67	18.71	−4.38	12.00	0.00
ペア I	−13.08	12.22	−3.71	12.00	0.00
ペア J	−20.67	13.78	−5.20	12.00	0.00
ペア K	−21.67	12.03	−6.24	12.00	0.00
ペア L	−14.92	11.63	−4.44	12.00	0.00

表 8-12　後期テスト学部留学生のそれぞれの評価と教師評価との t 検定の結果

| 分析対象者 | 対応サンプルの差 | | t 値 | N | p（両側） |
	平均値	標準偏差			
ペア A	3.00	9.34	1.07	12.00	0.312
ペア B	−4.55	8.61	−1.75	12.00	0.110
ペア C	−6.91	7.03	−3.26	12.00	0.009
ペア D	−5.27	8.39	−2.08	12.00	0.064
ペア E	−10.91	6.77	−5.34	12.00	0.000
ペア F	−5.64	5.39	−3.47	12.00	0.006
ペア G	−7.64	4.48	−5.66	12.00	0.000
ペア H	13.00	5.59	7.72	12.00	0.000
ペア I	−3.45	5.16	−2.22	12.00	0.051
ペア J	6.27	3.90	5.33	12.00	0.000
ペア K	−3.18	11.45	−0.92	12.00	0.379
ペア L	−4.55	8.61	−1.75	12.00	0.110

第8章　「学習者参加型評価」について　　157

ため、帰無仮説7の t 検定によって教師評価と有意差が見られなかった6名の学部留学生は、「総合自他評価」の教室活動を通して、最終的に学習の到達点（評価基準）への理解が有意に深まったと考えられる。そこで、学習の到達点（評価基準）への理解と学習効果とは一体どのように関係しているのかを分析した。

　教師評価と有意差ありの学部留学生6名を教師評価との一致度が低いグループ（以下一致度低グループ）、教師評価と有意差なしの学部留学生6名を教師評価との一致度が高いグループ（以下一致度高グループ）とし、2つのグループの学習効果について以下の3つの帰無仮説を立て検討した。

帰無仮説8：前期テストと後期テストにおける学部留学生の一致度低グループと一致度高グループの評価の間には差がない。
帰無仮説9：前期テストと後期テストにおける学部留学生の一致度低グループに対する教師評価の間には差がない。
帰無仮説10：前期テストと後期テストにおける学部留学生の一致度高グループに対する教師評価の間には差がない。

　学習効果の向上を促進する要因を検証するため、帰無仮説8を立て、学部留学生の一致度低グループと一致度高グループの前期テストと後期テストにおける評価（学部留学生の自己評価と自分以外の11人に対する他者評価）を用いて、グループ要因（一致度低グループと一致度高グループの違い）を被験者間要因とし、テスト要因（前後のテストの違い）を被験者内要因として分散分析を行った。その結果、グループ要因に5％水準で有意な主効果が見られた（$F(1, 10)$ $= 11.189$, $MSe = 23.082$, $p < 0.05$）。なお、テスト要因の主効果、およびグループとテストの交互作用は見られなかった（表8-13を参照）。

　つまり、帰無仮説8の学部留学生の一致度低グループと一致度高グループとの間には有意差が見られたが、テストの違いによって学部留学生の評価には有意差が見られなかった。

---

56) 分析対象者は留学生12名のそれぞれの評価と教師評価をペアで標記している。（例：留学生Aによる12人分の評価と先生評価はペアAとする。）A～Lは表8-7と表8-8の発表者と一致する。

表 8-13　2 グループの学習効果における分散分析*

変動因	平方和	自由度	平均平方	F		偏イータ2乗	観測検定力
被験者間							
グループ (一致度高・低)	258.267	1	258.267	11.189*	$p<0.05$	0.528	0.853
誤差（グループ）	230.822	10	23.082				
被験者内							
テスト (前期・後期)	64.256	1	64.256	0.489	n.s.	0.047	0.097
グループ×テスト	22.562	1	22.562	0.172	n.s.	0.017	0.066
誤差（テスト）	1314.429	10	131.443				
全体	1890.336	23					

* 「偏イータ2乗」は0から1の間の値をとり、0に近いほどこの分散分析は誤差の少ない
　分析ということになる。「観測検定力」は0から1の間の値をとり、1に近いほどこの分
　散分析は充分なデータ量で分析をされているということになる。

　また、学部留学生の一致度低グループと一致度高グループにおいて、学習の
到達点（評価基準）への理解と学習効果とは一体どのように関係しているのか
を帰無仮説9・10で検討した。その結果、帰無仮説9は（$t(5)=1.65$, n.s.）
棄却されず、帰無仮説10は（$t(5)=-2.81$, $p<0.05$）棄却された。

8-3-6　事例研究6のまとめ

　今回の事例研究は大学の日本語教育における「日本語口頭表現」の一年間の
クラス活動の結果を数量的に分析したものである。教室活動に「総合自他評価」
を導入したことで、学部留学生の学習の到達点（評価基準）への理解が深まっ
たこと（仮説①自己評価・他者評価・教師評価間のずれを認識することによっ
て、学部留学生は学習の到達点（評価基準）への理解が深まる）を検証した。

　まず、「総合自他評価」を実施するのにあたって、学部留学生による評価の
評価者内安定性と評価者間一致度について検討した。帰無仮説1・2を検証し
た結果、前期テストの時点では、学部留学生による評価の評価者内安定性と評
価者間一致が欠けていたが、継続的な訓練によって後期テストでは、評価者
内安定性と評価者間一致度が高まったことが確認できた。

　次に、「総合自他評価」を継続的に実施することで、学習の到達点（評価基
準）への理解が深まることを検討した。帰無仮説3・4を検証した結果、前期

テストの時点では、学部留学生の評価基準への理解がまだ不十分であったが、後期テストでは、評価基準に対する理解が深まったと考えられる。

さらに、前期テストおよび後期テストにおける12回分の3評価の得点推移図を用いて分析した。その結果、前期テストの得点は評価の7回目付近から3評価の得点が接近し始め、後期テストでは、3評価の得点推移が非常に漸近する形となった。つまり、教室活動の回数を重ねるうちに学部留学生の評価基準への理解が深まり、結果的に、継続的な「総合自他評価」の実施は学習の到達点（評価基準）への理解につながる傾向が見られた。

そして、「総合自他評価」を取り入れたクラス活動はいかに学習効果に影響を及ぼしたのか（仮説②「総合自他評価」の実施は学部留学生の学習効果の向上につながる）について検証した。帰無仮説5を検証した結果、全体からみると、前期テストより後期テストの平均得点が11.34点も有意に高いことが確認できた。また、学習効果について個別に検討した。帰無仮説6・7を検証した結果、前期テストと後期テストにおける学部留学生による評価（自己評価と他者評価を合わせ）と教師評価のずれを検討し、評価基準に対する理解の変化が明確に見られなかった学部留学生6名を一致度低グループ、また理解の変化が明確に見られた学部留学生6名を一致度高グループに分別した。そして、帰無仮説8を検証した結果、テスト間の主効果が見られず、グループ間の主効果が見られた。つまり2つのグループの教師評価との一致度の違いによる影響があると考えられる。教師評価との一致度が高ければ、評価基準に対する理解が深まり、自分自身や他者を評価する際により客観性の高い評価ができると考えられる。また、評価基準に対する認識が深まることは留学生が自律的に学習内容を設定することにも役に立つと考えられる。帰無仮説9を検証した結果、一致度低グループの6名の教師評価は前期テストより後期テストの平均得点に有意差が見られなかった（$t(5)=1.65$, n.s.）。それに対して、帰無仮説10を検証した結果、一致度高グループの6名の教師評価は前期テストより後期テストの平均得点が13.67点も有意に高く（$t(5)=-2.81$, $p<0.05$）、全体的な後期テストの平均得点の向上に大いに貢献した。よって、学部留学生の評価と教師評価との一致度が高く、学習の到達点（評価基準）への理解を深めることは、学習効果を高めることにつながる可能性があると考えられる。

8-4　まとめ

　事例研究5では、大学の日本語授業における「ポートフォリオ評価」を導入
し、段階的に3つの課題研究を行い、その「ポートフォリオ評価」の有効性に
ついて分析した。その結果、「ポートフォリオ評価」は学部留学生の学習にお
ける自律性や積極性、自律的評価能力の養成には有効であると考えられる。し
かし、学部留学生の自律的評価能力に関しては、自己評価と他者評価という相
互評価だけでは、評価基準への理解や認識を深めることができず、指導の一環
とする教師による評価を導入する必要性も見られた。

　事例研究6では、学部留学生の主観に基づく認識とその主体的・創造的参加
を前提として、彼らが持つ思考・意思・価値観等を重視した教室活動を実施し
た。学部留学生が自分自身の学習に対し自己評価と他者評価を行い、内省と他
者からのフィードバックによって学習者同士の観察・評価の視点を広げ、メタ
認知力や評価者内安定性と評価者間一致度を高めた。また、学部留学生の自己
評価と他者評価に、指導の一環とする教師による評価の導入という「総合自他
評価」を実施したことで、学部留学生の評価基準への理解が深まった。そして、
今回、彼らが授業への積極的な参加を経験して、「自律的評価力」を高めたこ
とが学習効果を高めたことにつながったと考えられる。

第9章

大学の日本語教育における教師の役割について

　第5章で述べたように、本書で扱うエンパワーメントは、メインストリームの価値観に囚われていることで自分がありのままの自分を受け入れることができなくなっていたことに気づき、見失っていた自分自身の潜在力を発見することであり、また、人間が内なる関係性・外なる関係性を含み、人間全体的にそれらの関係を意識し、それぞれの関係により受容的協同的創造的に関わっていく中で、漲ってくる真の力(パワー)へ働きかけをすることである。本章では、この学習者のエンパワーメントを引き出すための教育において、教師の担うべき役割について論じたい。

9-1　学部留学生の成人学習の特徴について

　第2章で行った学部留学生のフェイスシートの調査結果から、被調査者の学部留学生の年齢は20代前半に集中し、成人学習者である。

　成人の学習のプロセスは子供の学習過程とは異なる。大人に対して小中学生に教えるように教えるのは効果的な学習につながらないだけではなく、失礼な教授態度となり学習者の反感を買うことにもつながりかねない。成人に対する情報提供の際に、相手の学習背景や学習のプロセスを考慮する成人学習の理論を認識する必要がある。

　津田(2011)によれば、1970年代にアメリカ人成人教育理論家のマルコム・ノールズが、「成人学習論」を提起した。ノールズは、子供の学習と比較して、成人学習の特徴を次の4点にまとめている(Knowles、1980)。

　①成人は、自立した学習者である。

　　成人は、概して自分は自らを頼ることのできる自立した存在であると自

分自身でも認めたいし、他人からもそのように認められたいという深い心理的欲求を有している。成人の学習者に対して教育を行うものは、このような成人のもつ独立性と自身の学びをコントロールできる能力を心から尊敬、尊重しなければならない。成人は、自身が学習すべき事柄について責任を有しており、学習過程において自身が積極的な役割を果たす。成人の学びは学習者と学ぶ対象となる物事の間に生じるのであって、教育者は単にその両者の間のやり取りをコーディネートするだけのためにそこに存在するのである。

②成人の過去の経験は、学習のための資源である。

　子供と異なり、成人は、学習のための資源となり得る過去の経験の蓄えを有している。学びを強化するために、成人の持つ過去の沢山の経験を可能な限り引き出して活用すべきである。さらに、成人の自己イメージはしばしば、少なくとも部分的には、過去の経験によって確立されており、人々は自身の価値観構築のためにこれまでに多大なる時間と精力を費やしてきている。学習の際に、こうした人々の過去の経験を無視することは、その成人学習者をかなりの割合で本質的に拒絶していることになると解釈可能である。

③成人の学習の準備性は、人生における発達段階に応じて生じてくる。

　成人の学習者が学ぶための準備性（心理的な受け入れ状態）は、人生上の課題や問題から生じてくる。人々が大人としての年月を過ごしていく中で、仕事や社会や家族における役割、個人のもつ責任の範囲などが大きく変化する時期がある。人生において生じてくるこうした変化は、人々が「もっとよく理解しよう」「状況に適応しよう」と励むような学習の機会を生み出す。こうしたタイミングは「teachable moment」と呼ばれてきた。その時人々は学ぶ意欲により満ちており、こうした状況において提示された情報はより容易に理解される。

④成人の学びは、課題や問題に基づいて導かれる。

　成人は、疑問に対する答えを見出そうとしたり、問題を処理しようとしたりするための助けとして、その事柄に関する知識や技術を学習するためのさまざまな資源を探し求めようとする。人々は、答えを見つけたり問題を解決したりするための学びに対して意欲的である。成人の学習者

が感じている必要性にこたえる形で教育がなされたとき、学習経験は
もっとも効果的なものとなる。

（Knowles, M. S. *The modern practice of adult education : from pedagogy
to andragogy*. 2ndEd. New York, NY : Cambridge, The Adult Education
Company, 1980 : Chapter4. より）

　ノールズはこうした特徴をもつ学習を「自己決定学習：self-directed learn-
ing」と呼んでいる。ノールズの成人学習論は、大学生、大学院生や社会人の
教育において用いられている。しかし、主に２つの点から批判されている。ま
ず、子供の学習を考えるときも理念として有効なのではないかと考えられるた
め、子供の学習と成人の学習を分ける根拠はないことである。また、成人の学
習は成人の経験によって確立される点に注目するが、成人のもつ頑固さをどう
やって打ち破ることができるかという視点がないということである。第１の批
判については、子供と成人との相対的な差異をどう考えるか、ということが問
われている。これについて、本論で検討する大学の学部留学生という研究対象
者は、全員母国で義務教育を終えた成人学習者だと認識できる。第２の批判に
ついては、成人には経験や社会的役割などに裏打ちされた頑固さがあり、ノー
ルズがそれを成人学習に必要な資源だと捉えているが、学習者が社会的常識の
中で学習を組み立てていってしまうのではないかということが問われている。
これについては、本書の対象である学部留学生の成人学習にも置き換えて考え
られる問題である。こうした成人学習理論の見地に立った場合、大学における
学部留学生の日本語教育において、彼らの「自律学習」を促すために、日本語
教師はどのような役割を担うのかについて検討したい。

9-2　成人教育からみる日本語教師の役割

　学部留学生のエンパワーメントを引き出す日本語教育というのは、学部留学
生の学習の「自律性」を高める日本語教育である。梅田（2005）は、成人学習
理論の観点から、日本語教育における「自律学習」への支援を考え、その教育
の特徴を以下のようにまとめている。

第一に、「自己決定型学習」を目標としている。成人なら誰でも自己決定的である。つまり自律性が高いというわけではなく、特に、過去に「他者決定型学習」を多く経験している場合、それは、学習スタイルや価値観に反映されているはずである。成人教育にあっても自律性を前提に始めるのではなく、それを目標とすることである。

第二に、学習者のニーズに沿ったコースデザインに終始するのではなく、学習者自身にニーズの前提を問い直す「意識変容の学習」を重視している。成人教育が参加者のエンパワーメントとして機能することを目指している。

第三に、教育者の多様な役割である。学習者の背景や特性、学習が起る社会的文化的文脈など、学習の個別性に応じて、「教授者」「ファシリテーター」「共同学習者」などその役割を選ぶことである。(梅田、2005：69)

　梅田(2005)では、教師は実践の中で多様な役割を担っていることに違いないとしても、自律性を重視した日本語教育における教師の役割は、まだ明らかになったとは言いがたいと指摘している。

　その成人教育に関して、北アメリカの成人教育研究者のパトリシア・クラントン(2003)は、「他者決定型学習」「自己決定型学習」「相互決定型学習」という３つの学習の取り組み方があると指摘している。その中で、クラントンはそれぞれのタイプの学習の取り組み方について、教師の役割を整理している。

　まず、「他者決定型学習」において、教師は「専門家」として講義をして、「計画者」としてコースデザインを行ったり、教材を開発したりする「教授者」として直接教示・指導する役割を担う。また、「自己決定型学習」において、教師は「ファシリテーター」として学習者を励まし、支え、「情報提供者」としてリソースの所在などの情報を提供したり、「学習管理者」として学習の記録を管理したりする。さらに、「相互決定型学習」に近づくと、教師は「メンター(mentor)」という個人的に助言する「共同学習者」として学習者集団の一員となって活動し、学習者のエンパワーメントを引き出す役割を担う。

　そして、教師の役割は、学習者の「自己決定型学習」が進むことによって、その影響力が弱くなり、「相互決定型学習」に近づくと、またその影響力が段々と現れてくる。しかし、クラントン(2003)は、以上の３つの学習タイプに現

れるそれぞれの典型的な教師の役割が学習者の学習活動の場面・内容によって、学習のカテゴリーに限定されず、1人の教師がさまざまな役割をこなしていると指摘している。つまり、教室活動の中でよくあるディスカッションの場面であれば、学習者の意見を引き出すために教師は「ファシリテーター」の役割を担い、ディスカッション後「専門家」として問題の解説やコメントを述べる役割を担う。このように教師には、どのタイプの学習だからではなく、それぞれの役割を交互に担える能力が必要ということである。

9-3　学部留学生のエンパワーメントを引き出す日本語教師の役割

　成人教育の特徴を持つ大学の日本語教育には、学部留学生の「自律学習」を促進することで、彼らの日本語運用能力や日本語によるコミュニケーション能力、および専門分野における学習スキルの育成だけではなく、彼らのエンパワーメントを引き出すことも教育の目標として考えられる。

　そこで、この教育目標を実現するために、必要不可欠な日本語教師の役割を具体的に考察したい。

9-3-1　具体的な日本語教師の役割

　クラントンの「他者決定型学習」「自己決定学習」「相互決定型学習」のそれぞれに対応する教師の役割を大学の日本語教育に照らし合わせ、本研究に示唆を与える教師の役割をまとめ、さらに「過剰な学習支援をしない」を提言した。表9-1は、クラントン（2003）および梅田（2005：71）を参考に、本書が提言する「ワークショップ型」学習による授業活動の中で日本語教師が担う役割の詳細である。

9-3-2　「ワークショップ型」学習における日本語教師の役割

9-3-2-1　「他者決定型学習」における日本語教師の役割
①「専門家」の役割
　梅田（2005）では「学習期間が短く学習内容が価値観や技能より知識中心である場合、『専門家』としての役割は有効に機能するが、言語教育の場合、比

表9-1　具体的な日本語教師の役割

学習タイプ	教師の役割	役割の特徴	学習の場面・内容
他者決定型	専門家	・専門知識を伝授する、自己洞察を促す ・教材開発や参考資料を提示する	「ワークショップ型」学習による授業活動において、専門知識を説明し、学部留学生の問題意識を引き出す
	教授者	・学習内容・方法を指示・指導する	学習経験がない学習者に「ワークショップ型」学習の方法を指示し、指導する
	計画者	・プログラムの計画	学習者の学習経験を把握し、学習目標・学習内容、「ワークショップ型」学習のプログラムを設計する
自己決定型	ファシリテーター	・学習ニーズに答え、奨励、援助する	「ワークショップ型」学習の進行を進め、学部留学生の学習活動に寄り添って、援助する
	情報提供者	・学習のリソースを提供する	学習する際に必要な情報（参考資料などのリソース）を提供する
相互決定型	学習管理者	・学習の記録や観察・評価をする	「ワークショップ型」学習による授業活動の観察記録、（他者評価の一種である）教師による評価、プログラムを振り返り評価し、改善を行う
	メンター	・学習者に寄り添って、助言する	学習内容への意見やアドバイスをする
	共同学習者	・学ぶ、学習計画を立てる	「ワークショップ型」学習によるグループ活動に入り、参加する学部留学生とともに学習内容を考え、学習計画を立て、意見交換する
	改革者	・問題意識を引き出し、意識を変容させる	学部留学生の日本語学習における悩みや問題意識を受け止め、その改善策を一緒に考えることによって、彼らがメインストリームの価値観にとらわれていることに気づいてもらい、彼らのエンパワーメントを引き出す
その他	研究者	・実践、観察、振り返り、教育改善をする	実践教育によって、教授方法や学習内容の改善を図る
	カウンセラー	・受容的・非審判的な態度で接する	適切なアドバイスを与え、励ますことで精神的な支えとなる
	静観者	・学習をコントロールする権限を学習者に譲渡する	学習者の学習タイプが移行するタイミングを観察し、それに合わせて教師の役割を設定する

較的学習期間が長く技能の習得に焦点があるのが特徴である。そのため、「教授者」、「計画者」という役割が中心になろう」と指摘している。しかし、学部留学生の日本語教育では、専門分野における学習スキルを養成する学習内容の指導に関して、日本語教師には彼らの専門に関わる最低限の知識理解が必要だと考えられる。むろん、学部留学生の専門分野が多種多様で、日本語教師がすべての分野の教養を備えることが不可能であるが、彼らの問題意識を引き出すことや、問題解決の過程においては、より深い思考力や高度な産出内容、つまり、彼らの自律的学習能力を養成するために日本語教師の「専門家」としての役割は外すことができない。

　本書の「ワークショップ型」学習による事例研究からもこの教師の「専門家」としての役割の大切さがうかがえる。今回の事例研究の多くは、その研究テーマが学部留学生の専門分野の学習範囲から問題提起され検討されていたため、授業の担当教師がその学習の技能の養成に焦点を合わせるだけではなく、研究テーマおよびその内容を理解し、その適正性を確認する役割も担わなければならない。この教師の「専門家」としての役割は、専門性を有する大学の日本語教育に必要不可欠な役割だと考えられる。

②「教授者」の役割

　梅田（2005）でいう「教授者」の役割は、学習者の言語運用能力や社会文化的能力の育成という側面では必要だと強調されている。本書の「ワークショップ型」学習による授業活動においても、学部留学生に大学の日本語教育の目標や「自律学習」の必要性、また、「ワークショップ型」学習の特徴や注意点、および、「ワークショップ型」学習の実際の進め方などを説明する教師の「教授者」としての役割が外せない。

③「計画者」の役割

　「ワークショップ型」学習において、大学初年次の学部留学生は日本語学習に関して初心者ではないが、専門分野での学習経験がなく、「自律学習」への理解がない場合、彼らの「自律学習」を促す最初段階では、「他者決定型学習」も必要だと考えられる。その場合「計画者」としての役割は大変重要な存在である（梅田、2005）。しかし、「ワークショップ型」学習が進むにつれ、学部留

学生が自らの学習ニーズを把握し、学習の計画の改善を求めることがあるため、教師は「計画者」としてその学部留学生の要望に応える必要がある。また、学部留学生の自律的学習能力を養成するために、プログラムの内容に合わせて、教師の「計画者」の役割は徐々に彼ら自身が行うように移行させることが大切である。

9-3-2-2 「自己決定型学習」における日本語教師の役割

①「ファシリテーター」の役割

　国語辞典『大辞林』第3版によれば、「ファシリテーター」とは、「後援者・補助役・まとめ役の意」である。つまり、ここでは、「ファシリテーター」は学部留学生の「ワークショップ型」学習による授業活動がより円滑に行われるよう、支援や促進、励ましを与える人という意味である。支持と励ましを与えることは、学習のすべての場面において、学習者の情意的側面に作用することは言うまでもない。特に、「他者決定型学習」から「自己決定型学習」に移行する際に、「教授者」から「ファシリテーター」への役割の移行も生じ、その「ファシリテーター」の役割はさらに重要になるであろう。

　しかし、「ファシリテーター」の役割について、言語教育において基礎的な技能の獲得を重要視する教師だけではなく、ときには「自律学習」への理解ができず、「自己決定型学習」につながるような学習経験を取り入れることに消極的になる学習者から「どうして先生は教えてくれないのか」という不満につながることもある。本書の事例研究3にも見られたように、学部留学生の「ワークショップ型」学習によるグループ活動の中で、「なかなかテーマが決まらない」、また、「皆の意見はバラバラなのに、先生がテーマを出してくれれば、課題をはやく終わらせるのに」というコメントもあった。それでも、事例研究3では、教師は「ファシリテーター」として、学部留学生の活動を支援し、励まし続け、見守った。その結果、学部留学生が本当に自分に必要なことは何であるか、そして、自分自身は本当に何について勉強したいのか、その真の学習ニーズに気づくことができた。教師にとってそれは時間や忍耐力が必要なことであるが、脱「教授者」、そして「ファシリテーター」の役割が学部留学生の「自律学習」を促すために、非常に大切な役割だと考えられる。

②「情報提供者」の役割

梅田（2005）は「『ファシリテーター』は学習者と多くのやり取りを介し、積極的学習プロセスに参加しているが、それに対して『情報提供者』は、学習者が表明するニーズに応え、必要な情報を提供して学習を援助する役割である」と述べている。また、「しかし、学習者の自律性を養うためには、『情報提供者』であり続けることはない」とも指摘している。本書の事例研究3では、「ワークショップ型」学習によるグループ活動において、教師は、まず「情報提供者」として情報の入手方法や情報の取捨選択の基準、および参考・引用の仕方についての情報を提供した。次に、学部留学生の「ワークショップ型」学習のプロセスに寄り添って、彼らが自らニーズを問い直し、その答えを求める様子を見守り、学習者が「情報提供者」になれるように援助する役割を担った。その結果、教師の「情報提供者」という役割は、学部留学生の「自律学習」を促すための助けになり、自らのニーズに対応し情報を入手する「情報提供者」の手本にもなった。学部留学生の自律的学習能力を養成する過程の中で、教師の「情報提供者」という役割は、途中で終了することなく、需要に応じて役割の中身が変化させていくことが大切であった。

9-3-2-3 「相互決定型学習」における日本語教師の役割
①「学習管理者」の役割

「学習管理者」は、学習の進行や内容が計画どおりに行っているかどうか、また、その学習のプロセスにどのような問題や特徴があったのかを記録し、管理する人のことである。今までのフォーマルな学習においては、教師のほとんどが学習の管理を行っていたが、本書の「ワークショップ型」学習に関して、その「学習管理者」としての役割は学部留学生のアシスタント的な役割となっている。本書の事例研究3では、学部留学生の「ワークショップ型」学習による授業活動の中で、教師は「学習管理者」として各グループに入り、それぞれのグループ活動の内容・進行状況を把握し、学部留学生と一緒にポートフォリオ・カードを使って活動内容を記録した。また、事例研究5では、学部留学生に活動内容の記録だけではなく、具体的な自己評価や他者評価を導入したことで、学部留学生自身による学習活動の振り返り観察や学習効果の改善を求めることも行った。さらに、事例研究6では、教師は「学習管理者」として、授業

活動の記録や管理とともに、他者評価の一種である「教師による評価」という評価基準の尺度を学部留学生に提供する新たな役割も担っていた。この新たな役割は学部留学生の自律的評価力の養成につながったと考えられる。そして、本書の事例研究4に見られたように、「ワークショップ型」学習の経験をある程度有する学部留学生は、「学習管理者」である教師に頼ることが減り、自己決定的な学習にシフトしていた。本書の事例研究を見ると、最終的に教師は「学習管理者」として、それ以上に学習に踏み込むことはなく、学部留学生の学習のアシスタントに徹していたこととなった。

②「メンター」の役割

クラントン（2003）では、「メンター」とは個人に助言し、指導する役割を担う人であるという。本書の事例研究4の中で、教師が「メンター」として学部留学生を個人的に学習内容への理解や学習に関連する日本への社会的文化的理解を促す助言や指導を行った。特に、大学の学部留学生のような上級日本語学習者には、日本語学習において言語知識そのものだけではなく、日本語によるコミュニケーションの場面に沿った言語知識の使用法やその使用の社会的文化的背景も含めた学習ニーズが見られる。また、上級学習者と言っても、学部留学生の学習経験や日本語のレベルも違うため、「ワークショップ型」学習による授業活動の中で、教師の「メンター」としての役割は外せない。

③「共同学習者」の役割

「ワークショップ型」学習には、教師による「共同学習者」としての役割が軽視できない。第5章で論じたように、学部留学生の「自律学習」を促し、エンパワーメントを引き出すためには、日本語教師と学部留学生の関係は「たて」ではなく、「よこ」に近い対等な関係が望まれる。そこで、「学習者参加型」日本語教育の学習内容を考案するために、「学習者の主体的意識化の養成」「日本語運用能力の習得」「生活情報・基礎知識の習得」「教師の学習」の4つを基本目標として提示し、教師と生徒がともに認識活動を行い、課題提起・解決するフレイレの「課題提起型教育」の理論を援用した。日本語教師が「共同学習者」として学部留学生と学習の到達目標を共有することは、彼らの学習に対する問題提起や彼ら自身の真のニーズを掘り起し探求することの一助となると考えら

れる。

④「改革者」の役割

梅田（2005）は「（改革者は）近年の成人教育でもっとも強調される役割である」と強調し、「社会的な規範や学習者の経験の文化的状況を明らかにし、問い直し、意識を高め、変革することを目指している。言語教育でもこのような観点からブレーンストーミング、ディスカッション、新聞への投書、管理部門への抗議などを行うことがあるが、日本語教育では稀である」と述べている。また、「日本語らしいコミュニケーションとは何のために学ばれるのか、教師自身も再考しなければならない」と指摘している。

また、青木（1998）は、学習者が自分自身に自律的に学習する力があることを知り、それを信じ、かつ、そうすることが自分たちの権利であると考えることが、学習者が自律的になるために重要であると指摘している。

第6章では、学部留学生の事例研究1・2を通して、彼らが自己決定的な学習を経験し、それができるという自律学習者としての自信を持ち自分らしく学習できたことから、自律性の育成が基礎的なエンパワーメントを引き出すことにつながると考えられる。学習者のエンパワーメントを引き出すことを目標とする日本語教師は、言語学習が学習者に如何なる影響を与えるのかを常に意識する必要があり、日本語教師も「改革者」としての役割を常に意識する必要があると考えられる。

9-3-2-4　日本語教師のさらなる役割

①「研究者」の役割

以上、「自律学習」における日本語教師の役割を述べてきたが、従来の「教授者」としての役割の変化に対して、教師と学習者双方が簡単に対応できない可能性もある。特に、今まで自国の教育機関で「他者決定型学習」を進められてきた学部留学生は完全な「自己決定型学習」へ移行することに戸惑いや心理的な抵抗がある。また、成人学習の特徴である学習者が持つ頑固さも「自己決定型学習」がうまくいかない理由の一つとなる。先述した成人教育理論家のノールズはこの成人学習者の頑固さを重要な学習資源だと捉えているのだが、逆にこの頑固さゆえ、大きな飛躍はできないという反論もあった。それに対し、同

じくアメリカの成人教育理論家であるメジローは、成人の持つ頑固さを打ち破って認識変容するプロセスこそが学習の中心なのだと強調する。メジロー（2012）は、「成人は頑固である。頑固だから、物事や経験を意味づけたり解釈したりすることができる。けれども、その頑固さが成人の生活を縛っているともいえる。成人が、ある頑固さのためにうまく生活できなくなったり、幸せに感じられなくなるとき、その頑固さを打ち破る必要が生じる。その結果、何らかのきっかけで、これまで当たり前だと思ってきた世界が違って見えるようになる」と述べている。そして、メジローはそういった過程を成人の学習の中心に据えたらどうかと提起した。メジローが言った成人の頑固さを打ち破るきっかけをつくり出すことやその頑固さを打ち破る方法を考え出すことは、日本語教師の「研究者」としての役割だと考えられる。

②「カウンセラー」の役割

　学部留学生が「自律学習」を始める際に、自分のこと（学習力など）をより認識できるために、身近にいる日本語教師に相談やアドバイスを求めることがある。

　日本語教師は「カウンセラー」の役割を担うこと、つまり、日本語教師が学部留学生の話に耳を傾け、受容的・先入観を持たない非審判的な態度で接することと、適切なアドバイスをして、ときに励ます言葉をかけることは、彼らにとっては大切な精神的支えになると考えられる。

③「静観者」の役割

　大学の学部留学生の日本語教育において、日本語教師の「専門家」としての役割から「カウンセラー」の役割まで具体的に分析してきたが、学部留学生の「自律学習」を促すために、もう一つ自覚しなければならない「静観者」の役割、すなわち「過剰な学習支援をしない」という大切な役割がある。本書で提起している「ワークショップ型」学習における学部留学生の「他者決定型学習」から「自己決定型学習」への移行が見られたときに、教師による「教授者」「計画者」の役割は学部留学生にしっかりと譲渡し見守っていくことが大切である。また、学部留学生の「自己決定型学習」が進み、「相互決定型学習」が必要となったときに、教師による「情報提供者」「学習管理者」の役割を徐々に学部

第 9 章　大学の日本語教育における教師の役割について　　173

留学生に譲渡していくことも大切である。日本語教師がそのタイミングを見抜く力を養うためには、学部留学生の個人的な特徴や「ワークショップ型」学習の目的や内容を把握すること、また、授業活動の過程をしっかりと観察し、改善する教師の「研究者」としての役割を担うことが必要不可欠である。

9-4　授業活動をプロデュースする必要性

　教師は、「計画者」「専門家」「教授者」、そして「研究者」としての役割を担い、より効率的、かつ、効果的に「ワークショップ型」学習の授業活動を行うために、授業の内容や教授方法をプロデュースする必要がある。学部留学生の「他者決定型学習」から「自己決定型学習」への移行のためにも、まず、有効な学習方法の提示が大切である。人によって必要とされる学習内容が違っても、納得のできる学習方法を習得できれば、学部留学生の「自己決定型学習」につながると考えられる。以下の事例研究 7 と事例研究 8 を通して、大学の日本語音声指導の授業において、日本語教師が学習内容、および教授方法をプロデュースしたことが学部留学生の日本語の音声学習、また学部留学生の「他者決定型学習」から「自己決定型学習」への移行に与える影響を考察したい。

9-4-1　事例研究 7：学習者のレベルに合わせて考案した聴解指導の授業活動

9-4-1-1　はじめに

　第二言語教育における日本語教育では、「読む」「書く」「話す」「聴く」という 4 技能の学習が重視されている。Krashen（1985）の「インプット仮説」によれば、「理解可能なインプット」が十分に得られれば、言語に関する規則を学習しなくても言語を習得することが可能だと考えられる。そのため、日本で生活する留学生が実際の日本語運用場面で日常的に「理解可能なインプット」を得られることで、国外の日本語学習者より聴解力（「聴く」）が高いと認識され[57]、4 技能の中で教室学習における聴解指導は軽視される傾向がある。しか

---

57) 横山（2008）では、「海外で日本語を学んだ学習者を国内で日本語を学んだ学習者と比べると、一般的な傾向として、聴解力および会話力が相対的に低いことが指摘される」と述べている。

し、小川（2011）の調査では、日本の大学で勉学する留学生には「講義を聞いて理解する」などの「専門分野（理解力）」は、大学の専門分野での学習に対応できる日本語4技能の中で最も重要な技能だと指摘している。また、専門分野での学習には、教室外の自然なインプットだけでは不十分で、教室学習における留学生の聴解指導にさらなる工夫が必要だと考えられる。

　本書では、大学の日本語教育における「音声理解」教室活動の事例研究を通して、留学生の専門分野における学習に対応できる聴解力を養成する指導方法の改善や、その効果について量的分析を行った。具体的には、上級日本語学習者である留学生を対象に2年間の「音声理解」教室活動の内容について記録し、ディクテーション、およびシャドーイング指導を段階的に導入した効果を検討する。また、具体的な指導過程や教材内容の分析、留学生の個人的な変化など内容面での質的分析については事例研究8で述べる。

9-4-1-2　大学の日本語教育における聴解指導の目的

　今までの聴解力を養成する研究では、トップダウン・ボトムアップ処理を行う読解研究の応用や対面聴解の相互交流仮説などの理論が適用されてきた。しかし、大学の専門分野の学習に対応できる聴解力は、聴解内容について何が聞き取れたかを問う力だけではなく、その内容の全体像を把握し、知識として自分の中で再構築して理解を深める力も求められる。平尾（1999）では、留学生が大学の講義形式の授業で求められる講義聴解能力について調査し、分析した。その結果、大学における講義聴解は一般会話聴解とは性質を異にし、講義内容について解説・考察・議論できるような生産的聞き方が求められると指摘した。したがって、聴解の結果だけではなく、聴解の過程（どのように聞き取れば、結果につながるのか）を重視し、その聴解力を養成するための有効的な指導方法が必要だと思われる。

　また、聴解は主に2種類に分類されている。まず、聞き手がさまざまなコミュニケーション・ストラテジーを駆使し、自らが会話の参加者となる場合は「対面聴解」と分類される。この場合、留学生の実際の言語生活において、前述した「理解可能なインプット」によって言語の習得につながる可能性が高い。次に、聞き手が直接に会話に参加せず、一方的に発話を聞かされる場合は「非対面聴解」と分類される。ラジオや音声テープによる聴解、または大学の講義形

態の授業（演習や講読などアクティブ・ラーニングの形態を取る授業以外）も含まれる。本書は「非対面聴解」に重点を置き、指導法およびその効果について考察する。

9-4-1-3　大学の講義聴解の指導法

・ディクテーション（dictation）

　ディクテーションとは、音声口頭言語を文字表記言語に変える作業である。（日本語教育学会、1992：332）ディクテーションは第二言語教育において、長い歴史と実績がある指導法の一つである。日本語教育において、聴解練習の際、正確に聞き取っているかどうかを確認することに重点を置くもので、穴埋め式から全文を書かせるものなどさまざまな方法があり、学習者のレベルに合わせて簡単なものから徐々にレベルアップしていく。自然な速度でリスニングさせることを前提としている。

　ディクテーションの有効性について、科学的、実証的な研究が行われるようになったのは1960年代末からで、現在ではディクテーションの持つ総合性が高く評価されている。一方では、ディクテーションが「思考のない、機械的な学び」と批判されている。

・シャドーイング（shadowing）

　シャドーイングは、元来、会議通訳者を目指す人の基礎訓練の一つとして用いられてきた。教師やCDプレイヤー等の機器から発されるモデル音声のあとについて、一つのセンテンスが終わるまで待たずに、そのまま声に出して復唱する練習方法をいう。Lambert（1988）では、以下のように定義されている。

> A paced auditory tracking task which involves the immediate vocalization of auditorily presented stimuli, i.e. word for word repetition in the same language, parrot-style, of a message presented through headphones.

　また、玉井（2005）では、「聞こえてくるスピーチに対してほぼ同時に、あるいは一定の間をおいてそのスピーチと同じ発話を口頭で再生する行為、またはリスニング訓練法」と定義し、さらに、「ぶつぶつ言ったり、心の中で相手

の言うことを繰り返してみたりする」ような「内語発声」[58]こそが、現在通訳やその他の語学トレーニングで用いられているシャドーイングの原型だと指摘している。

9-4-1-4　本節の内容

　大学の講義聴解の指導法は、以上の2つ以外に「リピーティング」(repeating)や「ノートテイキング」(note-taking) の練習なども挙げられる。それぞれの指導方法にはそれぞれのメリットとデメリットが指摘されている。英語教育の分野では、玉井 (1992) は、シャドーイングとディクテーションの指導効果を比較し、ディクテーション群よりシャドーイング群のリスニング力伸長効果が有意に高かったと示している。また、茅野 (2006) では、ディクテーションもシャドーイングも効果のある指導法であると検証した。さらに、ディクテーションとシャドーイングを組み合わせた指導も試みた。その結果、学習者の習熟度の下位群と中位群において有意な伸長が見られたが、上位群の学習者には有意な伸長効果が見られなかったと結論を出した。本節では、日本語教育の分野でもディクテーション、およびシャドーイングの指導効果を検証し、また、それぞれの指導方法を組み合わせて導入し、上級学習者（大学の専門分野で学習する留学生）を対象にその効果を検討する。

・検証対象

　本節の検証内容は、大学学部に在籍している1年次の留学生を対象とする「日本語音声理解」の2年間の授業内容、および学習者の聴解力の変化を測定したものである。

　検証の対象は、大学の経営学部、商学部、文学部、経済学部、人間科学部に在籍する1年目の留学生である。具体的な内訳を表9-2に示す。

・検証課題

　検証課題1は、「日本語上級学習者に対する聴解指導法としてのディクテーション、およびシャドーイングを行った際に、聴解力の伸長効果が見られるかどうか」である。

58）心の中の声ともいうべきものは「内語（inner voice）」と呼ばれ、短期記憶において音声イメージの保持のために「内語発声（subvocalization）」が繰り返し行われる。(Baddeley、1986)

表9-2　留学生基本情報

	2015年度				2016年度			
	経済学	経営学	商学	文学	経営学	商学	文学	人間科学
男性	4人	／	／	／	2人	3人	1人	1人
女性	3人	／	2人	1人	／	／	4人	／
合計	10人（中国・韓国・ベトナム）				11人（中国・韓国・マレーシア）			

　検証課題2は、「1年間にわたって、ディクテーションとシャドーイングを組み合わせた指導を行ったことによって、日本語上級学習者の聴解力の伸長に影響を与えるのか、またどのような影響を与えるのか」である。

・検証方法

　上記の検証対象者である留学生1年生（2015年・2016年別）の前期・後期の最終聴解テストの成績、それぞれのディクテーション小テストの成績の平均点、およびシャドーイングテストの平均点を用いて、それぞれを標準得点に変換し有意差分析や相関分析を行った。

　前期・後期それぞれの最終聴解テストに関しては、2015年、2016年の「日本語音声理解」の受講者であり、測定対象者である留学生は年度によって異なるが、テスト内容は同様である。また、テストは大学の学習シラバス14回の授業を受講したうえで15回目の授業内で行ったものである。前期の最終聴解テストは、5分程度のニュースの音声テープによる聴解問題とNHKの視聴覚教材による聴解問題の2つのパートを、それぞれ25問100点配点で作成したものである。後期の最終聴解テストは、15分程度のNHKニュースの音声テープによる聴解問題とNHKの視聴覚教材による聴解問題の2つのパートを、それぞれ25問100点配点で作成したものである。

　ディクテーション小テストに関しては、2015年の前期は短いニュースの音声テープを利用し5回行い、後期では行わなかった。それぞれのスクリプト原稿中の20個のチェックポイントに対して100点配点で採点し、5回分の平均点数を算出した。2016年の前期でも同様に5回のディクテーションを行い採点したが、後期では、さらに同レベル8回のディクテーションを行った。

　シャドーイングには、「思考なし、機械的」練習だという指摘もあるため、

シャドーイングの技術指導をする前に、学習者が発する日本語音声の研究という視点から、留学生が最も問題視している「日本語の正しいアクセントやイントネイションが分からない」「語彙レベルのアクセントと同じ語彙が文レベルになるとそのアクセントが変化してしまう」[59]という日本語の分節的特徴と韻律的特徴についても説明し、それに関連する知覚テストを行った。また、日本語の音声的特徴の知識を獲得するうえでシャドーイングの指導や練習も行った。テスト採点に関しては、玉井（1997）のテスト方法を参考に、留学生に音声教材を聞かせながらシャドーイングさせ、原稿中の25個のチェックポイントについて言えているかどうか、また、知覚テストの点数も併せて判定した。

9-4-1-4-1　検証課題およびデータ分析
・検証課題1

　上級日本語学習者である留学生に対する聴解指導法としてのディクテーション、およびシャドーイングを行った際に、聴解力の伸長効果が見られるかどうかについて、以下の仮説を立てた。

仮説①　2015年前期と後期のテストの結果には差がない。
仮説②　2016年前期と後期のテストの結果には差がない。

　そして、2つの仮説を検証するために、表9-2で示した上級日本語学習者である留学生の2015年、2016年の前期・後期テストの成績を用いてt検定を行った。その結果、2015年後期テストの平均点は前期テストの平均点より有意に6.8点高く、また、表9-3と表9-4の結果から、2016年後期テストの平均点は前期テストの平均点より有意に7.45点高いことが見られた。すなわち、2年間のデータを通して、上級日本語学習者である留学生に対する聴解指導法としてのディクテーション、およびシャドーイングを行ったことによって、聴解力の伸長効果が見られた。

---

59) 小川（2011）では、留学生に対して日本語能力の実態調査を行った。その中で、「日本人と同じか日本人らしい日本語を話したい」という学習目標や、「外国人訛りでうまく日本語聞き取れない」のような問題意識を持っていることがわかった。

第9章　大学の日本語教育における教師の役割について　179

表9-3　2015前期・後期テスト結果の比較

	度数	平均値	標準偏差	t	df	有意確率（両側）
前期テスト	10	72.60	6.80			
後期テスト	10	79.40	1.00	-3.17^{**}	9	0.01

表9-4　2016前期・後期テスト結果の比較

	度数	平均値	標準偏差	t	df	有意確率（両側）
前期テスト	11	71.64	7.95			
後期テスト	11	79.09	7.88	-2.65^{**}	10	0.02

・検証課題2

　検証課題1で得られた結果を踏まえ、さらに、ディクテーションとシャドーイングを組み合わせた指導を行ったことによって、上級日本語学習者である留学生の聴解力の伸長に影響を与えるのか、またどの様な影響を与えるのかについて以下のように仮説を立てた。

仮説③　2015年前期に実施したディクテーションは前期テストに影響を与えていない。

仮説④　2015年後期に実施したシャドーイングは後期テストに影響を与えていない。

仮説⑤　2016年前期に実施したディクテーションは前期テストに影響を与えていない。

仮説⑥　2016年後期に実施したディクテーションは後期テストに影響を与えていない。

仮説⑦　2016年後期に実施したシャドーイングは後期テストに影響を与えていない。

　仮説③を検証するために、2015年前期に実施したディクテーション（5回）の平均点を独立変数とし、前期テストの点数を従属変数として回帰分析を行った。また、仮説④を検証するために、2015年後期に実施したシャドーイング（7回）の平均点を独立変数とし、後期テストの点数を従属変数として回帰分析を行った。

仮説③を検証した結果、（$R^2 = 0.022$，有意確率が $p = 0.685 > 0.05$）モデル
は「予測に有効な回帰式ではない」といえる。つまり、2015年前期に実施した
ディクテーション（5回）は前期テストに影響を与えていたと言えない。

　仮説④を検証した結果、（$R^2 = 0.473$，有意確率が $p = 0.028 < 0.05$）モデル
は「予測に有効な回帰式である」と言える。テスト得点の分散のうち、実施し
たシャドーイングの効果によって47％を予測ないし説明できるということにな
る。つまり、2015年後期に実施したシャドーイング（7回）は後期テストに影
響を与えたと考えられる。

　仮説⑤を検証するために、2016年前期に実施したディクテーション（5回）
の平均点を独立変数とし、前期テストの点数を従属変数として回帰分析を行っ
た。また、仮説⑥を検証するために、2016年前期に実施したディクテーション
（8回）の平均点を独立変数とし、後期テストの点数を従属変数として回帰分
析を行った。さらに、仮説⑦を検証するために、2016年後期に実施したシャドー
イング（4回）の平均点を独立変数とし、後期テストの点数を従属変数として
回帰分析を行った。

　仮説⑤を検証した結果、（$R^2 = 0.162$，有意確率が $p = 0.220 > 0.05$）、モデル
は「予測に有効な回帰式ではない」と言える。つまり、2016年前期に実施した
ディクテーション（5回）は前期テストに影響を与えていたと言えない。

　仮説⑥を検証した結果、（$R^2 = 0.669$，有意確率が $p = 0.002 < 0.05$）、モデル
は「予測に有効な回帰式である」と言える。テスト得点の分散のうち、実施し
たディクテーションの効果によって66.9％を予測ないし説明できるということ
になる。つまり、2016年後期に実施したディクテーション（8回）は後期テス
トに影響を与えたと言える。

　仮説⑦を検証した結果、（$R^2 = 0.386$，有意確率が $p = 0.041 < 0.05$）、モデル
は「予測に有効な回帰式である」と言える。テスト得点の分散のうち、実施し
たシャドーイングの効果によって38.6％を予測ないし説明できるということに
なる。つまり、2015年後期に実施したシャドーイング（4回）は後期テストに
影響を与えたと言える。

　さらに、仮説⑥と仮説⑦の結果を踏まえ、2016年後期の授業の中で、ディク
テーションとシャドーイングの両方を実施したため、テスト得点への総合作用
があると考えられる。それを検証するために、仮説⑧を立て、2016年後期のディ

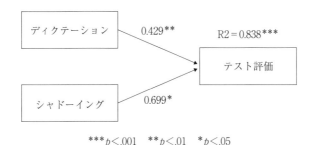

$***p<.001$　$**p<.01$　$*p<.05$

図9-1　ディクテーション・シャドーイングがテスト評価に与える影響を表すパスモデル

クテーション（8回）、およびシャドーイング（4回）のそれぞれの平均点と後期テストの得点を用いて、重回帰分析を行った。

仮説⑧　2016年後期に実施したディクテーション、およびシャドーイングは後期テストに影響を与えていない。

　仮説⑧を検証した結果、（$R^2=0.838$, 有意確率が $p=0.001<0.05$）、モデルは「予測に有効な回帰式である」と言える。テスト得点の分散のうち、実施したディクテーション、およびシャドーイングの総合効果によって83.8％を予測ないし説明できるということになる。

　つまり、2016年後期に実施したディクテーション（8回）、およびシャドーイング（4回）は後期テストに影響を与えたと言える。その総合作用は以下のようなモデル図で説明される。

9-4-1-4-2　考察

　検証課題1の結果から、2015年・2016年の2年間（前期・後期各15回）の授業を通して、ディクテーション、およびシャドーイングの指導を行ったことで、留学生の聴解力の伸長が見られた。また、検証課題2について、仮説④と仮説⑦の結果から、2015年・2016年ともに後期にシャドーイング指導を実施したことで、テストに良い影響を与えたと言える。特に、2016年後期ではシャドーイング指導を4回しか行わなかったが、短期間の指導であっても上級日本語学習者である留学生の聴解力の伸長に効果があると考えられる。同様の指摘は玉井

（2005）にもある。

　しかし、仮説③と仮説⑤への検証から、2015年・2016年ともに前期は、ディクテーション指導（5回）を実施しただけで、テストに影響を与えたと言えない結果となった。ディクテーション指導は実際に効果がなかったのかについてさらなる検証が必要である。そこで、2016年後期にさらにディクテーション指導（8回）を実施し、仮説⑥を検証してみた。その結果、ディクテーション指導の実施はテストに良い影響を与えたと示唆された。すなわち、ディクテーション指導は効果があるが、シャドーイング指導のように短期間で聴解力の伸長に効果を持ちうることができないと考えられる。

　また、ディクテーション・シャドーイングを組み合わせた指導を実施すれば、聴解力の伸長にどのように影響を与えるのかについて、2016年後期のディクテーション・シャドーイングのそれぞれのデータを用いて、仮説⑧を検証した。その結果、図9−1で示されたように、テスト得点の分散の83.8％が、ディクテーション・シャドーイングを組み合わせた指導を実施し、産出した総合効果によって予測ないし説明できると示唆されている。そのうち、ディクテーション指導は42.9％、シャドーイング指導は69.9％、それぞれテスト評価に寄与している。つまり、2016年後期に実施したディクテーション（8回）、およびシャドーイング（4回）は、後期テストに良い影響を与えたと考えられる。

9−4−1−5　まとめ

　本事例研究では、上級日本語学習者である大学1年生の留学生を対象に、2年間にわたる「日本語音声理解」の授業において、ディクテーション指導、およびシャドーイング指導を行った。また、本事例研究は、それぞれの指導が留学生の聴解力の伸長に有効であること、さらに、ディクテーション・シャドーイングを組み合わせた指導を実施することが聴解力の伸長に有効であることを検証した。

　今回の研究対象者はそれぞれ10人程度で少ないために行き届いた指導ができた。これに対し、大人数のクラスでも同様な効果が見られるかどうかについてさらなる検証が必要である。また、ディクテーション・シャドーイング以外の留学生個人差などの潜在要因やディクテーションの長期指導の必要性についても、今後の重要課題としてさらなる研究を行いたいと考える。

9-4-2　事例研究8：Movie Teleco を活用した音声指導の教室活動

9-4-2-1　はじめに

　日本語の音声理解力の養成について、理論的・実践的研究が数多く行われている。音声理解力は、まず、正確に音声を聞き取る能力、次に、聞き取った音声から正しい語彙や表現を連想し、意味内容を理解する能力、さらに、明白に音声で表現されていない不足情報などを文脈から推測する能力等の養成が必要とされる。玉井（1992）や茅野（2006）では、ディクテーションやシャドーイングが有効な指導法であることを検証した。また、本書の事例研究7では、ディクテーションやシャドーイングのそれぞれの指導が留学生の聴解力の伸長に有効であること、さらに、ディクテーションとシャドーイングを組み合わせた指導が聴解力の伸長に有効であることを検証した。しかし、同時にシャドーイングに関して、学習者の心理的な負担について、問題提起の必要もあると考えた。

　さまざまな先行研究を踏まえて、本書では大学の日本語教育における「音声理解」教室活動の実践研究を行い、ディクテーションやシャドーイングに加えて、オーバーラッピングを導入し、留学生の日本語の音声理解力の養成と自然な日本語の発音の習得につながる指導方法の改善を図り、その効果について分析した。

9-4-2-2　具体的な音声理解の指導方法

・ディクテーション（dictation）

　ディクテーションとは、音声口頭言語を文字表記言語に変える作業である（日本語教育ハンドブック、p. 332）。本書では、聴解練習の際、正確に音声を聞き取れているかを確認することに重点を置き、授業内容を留学生のレベルに合わせて、最初は簡単なものから徐々にレベルアップしていくように設定した（p. 174も参照）。

・オーバーラッピング（Overlapping）

　小野寺（2015）は、オーバーラッピングについて「音声に合わせて同時に声を出して読む方法で、アクセントや息継ぎに注意しながら読む。また同時にネ

イティブの話すスピードに慣れる必要もある」と解釈している。また、オーバーラッピングはパラレルリーディングとも呼ばれるトレーニング法の一つである。本書では、聴解練習の際、最初からネイティブスピードで音声を再生するが、聞く回数を多めに設定し、練習の回数を重ねた後で、徐々に音声を聞く回数を減らすように授業内容を設定した。

・シャドーイング（shadowing）

玉井（2005）は、シャドーイングについて「聞こえてくるスピーチに対してほぼ同時に、あるいは一定の間をおいてそのスピーチと同じ発話を口頭で再生する行為、またはリスニング訓練法」と定義し、さらに、「ぶつぶつ言ったり、心の中で相手の言うことを繰り返してみたりする」ような「内語発声」こそが、現在通訳やその他の語学トレーニングで用いられているシャドーイングの原型だと解釈している。本書では、事例研究7で述べたLambert（1988）の定義を踏まえて、留学生が日本語のアクセントやイントネーション、およびリズムについての日本語の音声的知覚を持つように「内語発声」に重点を置きながら練習を促した（p. 174も参照）。

9-4-2-3　授業の内容

本節は、日本の大学に在学する留学生を対象に、15回の「音声理解」教室活動の内容について記録した質的実践研究である。

・研究対象者

研究対象者は、日本の大学に在籍する1年生の留学生10名である。全員は上級日本語学習者である（表9-5）。

表9-5　JLPTのN1を取得した上級日本語学習者である

	中国	韓国	ベトナム	（単位：人）
男性	3	1	0	4
女性	4	1	1	6
合計	7	2	1	10

第 9 章　大学の日本語教育における教師の役割について　185

表 9-6　15回の授業内容

学習段階	授業回数	学習内容	使用教材
	①	ディクテーション・オーバーラッピング・シャドーイングについての説明	
A	②〜⑤	日本語の音声的知識（アクセント・イントネーション・リズム）について説明し、実践を行う	【音声教材 a】
B	⑥〜⑩	文法や語彙に注目し、実践を行う	【音声教材 b】
C	⑪〜⑮	日本語自然会話の語彙や表現、アクセント・イントネーション等に注目し、実践を行う	【音声教材 c】

・使用機材

　使用機材は、チエル社の音声学習ツール「大学の CALL 教室に導入されている『CaLabo EX』に実装された動画学習ツール」「ムービーテレコ」（以下「Movie Teleco」とする）を使用した。

・使用教材

【音声教材 a】『日本語話し方トレーニング』（中川千恵子・木原郁子・赤木浩
　　　　　　　文・篠原亜紀）
【音声教材 b】『ニュースの日本語聴解50』（瀬川由美・紙谷幸子・北村貞幸）
【音声教材 c】『シャドーイング日本語を話そう中〜上級編』（斎藤仁志・深澤
　　　　　　　道子・酒井理恵子・中村雅子・吉本惠子）

・授業の構成

　本書は、留学生 1 年生の「音声理解」の15回の授業を、A・B・C の 3 つの学習段階に分けて、日本語聴解力を養成するトレーニングを行った（表 9-6）。

・具体的なクラス活動の流れ

　学習段階 A は、日本語の音声的知識への知覚を養成する学習段階である。

　まず、教師が日本語の名詞・複合名詞・動詞・形容詞・外来語・オノマトペ等のアクセント・イントネーション・リズムについて説明する。次に、「Movie Teleco」を利用し、音声教材に従ってオーバーラッピングを行う。最後に、

「Movie Teleco」の機能により、モデル音声のピッチ曲線を描き出し、視覚的に確認したうえで、音声教材に従ってシャドーイングを行い、録音したデータを提出する。

学習段階 B は、ニュース教材を使用し日本語の文法や語彙への正確な理解を深める学習段階である。

まず、教師によってニュースの音声教材の内容に関するキーワードを留学生に提示する。留学生はキーワードを理解したうえで、「Movie Teleco」を利用し、ディクテーションを行う。練習の回数を重ねた後に、提示するキーワードの数を減らしていく。次に、留学生が作成したディクテーション原稿を用いて、ニュース教材の音声に従ってオーバーラッピングを行いながら、作成したディクテーション原稿の確認、修正を行う。さらに、修正したディクテーション原稿を用いて、ニュース教材に付属する正解の原稿と比較して自己点検を行う。自己点検で見つかった間違いに印を付け最終修正を行う。最後に、「Movie Teleco」の機能により、モデル音声の波形やピッチ曲線を描き出し視覚的に確認したうえで、ニュース教材に従ってシャドーイングを行い、録音したデータを提出する。

学習段階 C は、日本語自然会話の語彙・表現・音声的特徴への理解を深める学習段階である。

まず、留学生が「Movie Teleco」を利用し、自然会話教材の音声を各自で聞き、ディクテーションを行う。次に、作成したディクテーション原稿を用いて、自然会話教材の音声に従ってオーバーラッピングを行いながら、ディクテーション原稿の確認・修正を行う。さらに、修正したディクテーション原稿を用いて、自然会話教材に付属する正解の原稿と比較して自己点検を行う。自己点検で見つかった間違いに印を付け再度修正し、その間違いの原因について自己分析したうえで、口頭で報告する。最後に、「Movie Teleco」の機能により、モデル音声の波形やピッチ曲線を描き出し、視覚的に確認したうえで、自然会話教材に従ってシャドーイングを行い、録音したデータを提出する。

9-4-2-4　自律的な学習活動の内容

本節では、留学生の自律的な学習活動を促すために、聴解内容の可視化や日本語のアクセント・イントネーション・リズム等の音声的特徴の可視化を図った。

・聴解内容の可視化

　①聴解内容は、文脈から推測した語彙や表現をディクテーションすることにより文字化され、その内容が視覚的に確認できるようになった。そのため、聴解内容への理解度を高めることができた。また、うろ覚えになっていた語彙や表現について、その発音や表記、意味、用法などを再確認することができた。

　　例１：新聞の勧誘を断る時、**何で言たら**いいですか？[60]
　　　　　新聞の勧誘を断る時、なんて言ったらいいですか。（正解）

　研究対象者10名の中、例１のような間違いをした留学生は８名おり、正解率が非常に低い結果となった。また、「**何っで言たら**いいですか」、「**なんって**言ったらいいですか」のような間違いのパターンも多い。

　留学生による間違いに対する自己分析の口頭報告において、普段の言語生活の中で「不確かだけど適当に使っている言葉がたくさんある」[61]という言及があった。さらに、会話内容の視覚化が聴解理解の正確性を高めることに不可欠であり、それを可能にするディクテーションは重要なトレーニングであると認識した。

　②各自でディクテーションした原稿を用いて、音声教材に従ってオーバーラッピングすることにより、聞き取った語彙や表現の間違いに気づくことができた。

　　例２：A　関係修復は難しい？
　　　　　B　うん、実は、もう別れようって、メールが来ました。
　　　　　A　じゃ、ちょっとね。
　　　　　B　やっぱり**そう思いますが…**　⇒　B　やっぱりそう思いますか…
　　　　　[↓][62]（正解）

---

60)　留学生がディクテーションした文からの抜粋である。
61)　留学生のコメント。

研究対象者10名の中、例２のような間違いをした留学生は４名おり、正解率が低い。留学生の自己分析の口頭報告によると、この間違いは、「そう思いますか…」のイントネーションは下降気味で、（確認するという意味での）質問文として認識できなかったことが原因となっていた。また、聴解内容の可視化だけではなく、オーバーラッピングすることによって、イントネーションの特徴や変化への気づきは、聴解内容の文脈を正確に理解するための重要な手がかりの一つであると認識した。

③ディクテーションおよびオーバーラッピングを行い、聴解内容を十分に理解したうえで、シャドーイングを行ったため、シャドーイングに対する不安や抵抗を軽減することができた。また、聴解教材の内容理解以外に、日本語自然会話のアクセントやイントネーション、およびリズムにも気を配ることができた。

留学生のコメント：「シャドーイングが難しいから嫌いだったが、内容が分かったからやれる（シャドーイングを行える）。」[63]

④オーバーラッピングを実施する段階で、ディクテーションした原稿を自己点検し、間違いの原因を自己分析したうえで、クラスで口頭による報告を行った。自己分析や報告等の作業は自分自身のフィードバックになり、また、他者の報告を聞くことによって、他者の経験を自分の注意項目として知覚することができた[64]。

例３：「単語の量をもっと増やした方がいいと思います。」

例４：「長音の所が聞こえなかったため、（渡航先をとこさき）に間違いました。」

例５：「（そう）と（しょ）の音が判断しにくいため、（書面）を（そうめん）に間違いました。」

62）宇佐美まゆみ（2015）基本的な文字化の原則（Basic Transcription System for Japanese：BTSJ）に従って表記した。

63）授業後のフォローアップインタビューより留学生のコメントからの抜粋である。

64）例３、例４、例５は留学生の自己分析の内容からの抜粋である。

 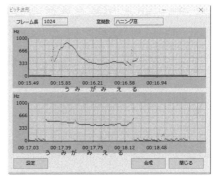

図9-2　「海が見える」の波形　　図9-3　「海が見える」のピッチ曲線

・音声特徴の可視化

⑤授業中に「Movie Teleco」に備えられている描画機能を利用し、教材のモデル音声、および留学生自身が音読し録音した音声の波形やピッチ曲線を視覚的に比較し、その違いを確認した。以下は「海が見える」というフレーズの発音の可視化の例である。

図9-2は、上段が教材のモデル音声、下段が留学生のシャドーイングした音声から描画された波形である。また、影になっている部分はそれぞれの「海が見える」という内容の波形を提示している。（上段はモデル音声、下段は留学生の音声。図9-2、図9-3共通）

波形から、留学生の発音の子音と母音の区別がはっきりしていないことがわかる。また、「うみ」と「が」の間に少々間が見られる。本来、「海が」のように（名詞＋助詞）で発音する場合、名詞と助詞の間に間は置かず、連続して発音すべきである。

図9-3は、上段が教材のモデル音声から、下段が留学生のシャドーイングした音声から描画されたピッチ曲線である。

ピッチ曲線から、留学生の「海が見える」の発音のアクセントが間違っていることがわかる。本来、「うみがみえる」のアクセントは「う」と「え」にあるが、留学生の発音から見ると平板に発音しているように見える。

今回の実践授業では、従来であれば、目に見えなかった音声の視覚化を図ったことで、留学生の日本語の音声の特徴に対する知覚的な認識がより具体化さ

せ、また、ことばで説明し難い日本語ネイティブの音声感覚も波形やピッチ曲線を利用し、視覚で確認することを可能にしたことで、留学生により明確に説明することができた。その結果、留学生が自分の発音を一つ一つ確認し、正しいアクセントやイントネーションおよびリズムを意識しながら練習していく姿勢が観察された。

この結果から、音声の波形やピッチ曲線を視覚的に確認させ、留学生自身に自分の発音を修正させる方法は、留学生の自律学習につながる有効な指導方法であると考えられる。

⑥授業で行った活動以外に、自宅でも自律学習を促した。留学生が興味を持つ実際のニュースを利用し、ディクテーション原稿作りからシャドーイング練習まで一連の学習活動を促した。授業中に使用した「Movie Teleco」は自宅への持ち帰りは可能だが、Windows にしか対応していない。Windows 以外のOS を使用している留学生には、自宅でもアクセスできるような無料のソフトウェアを紹介した。

9-4-2-5　おわりに

本章では「Movie Teleco」を利用し、アクセント・イントネーション・リズム等の日本語の音声の特徴を波形やピッチ曲線で可視化したことやオーバーラッピング、シャドーイングを組み合わせて導入したことは、日本語の音声理解力を養成する指導法の研究分野において、新たな試みである。

一連の指導過程における、留学生の授業に対する取り組みの姿勢を観察した結果、その課題解決に対する意識や意欲の変化が見られた。本書において、留学生の自律学習につながる音声理解力を養成するための指導方法の有効性を確認できたことで、ノンネイティブ教師による海外にいる日本語学習者の指導にも適用できると思われる。

しかし、教材内容の選別や、自宅での自律学習に使用する生教材の適切な利用法について、さらに検討すべきである。また、自然会話の音声の特徴だけではなく、会話の内容をより理解するために、語用的ポライトネスの視点からのアプローチも検討し、国立国語研究所宇佐美研究室が開発中の「自然会話リソースバンク（Natural Conversation Resource Bank：NCRB）」との併用も今後の

研究課題としたい。今回の事例研究から得られた知見を、日本国内にいる留学生だけではなく、海外にいる日本語学習者の自律学習やノンネイティブ教師による音声指導法の一つとして提案できれば幸いである。

9-5 まとめ

以上、学部留学生の「自律学習」を促す「ワークショップ型」学習における日本語教師の役割を成人教育の観点から検討した。

梅田（2005）は、「教師の役割の急激な変化は、教師・学習者双方に混乱をきたす可能性がある。無論、教師が『教授者』の役割を一切持たない言語学習もあり得るが、まずは『教授者』の役割は多少なりとも継続していく方がよいだろう」と提案し、完全な「自己決定型学習」へ移行するというより、「他者決定型学習」の割合を減らしていく形のモデルを提案した（図9-4）。

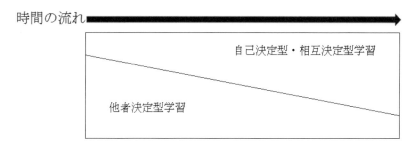

図9-4　自律性を高める日本語教育コース（梅田、2005：74）

本章では、学部留学生の自律性を高めるために、日本語教師の「専門家」「教授者」「計画者」「ファシリテーター」「情報提供者」「学習管理者」「メンター」「共同学習者」「改革者」、そして、「研究者」「カウンセラー」としての役割の重要性を強調した。本書で記述した事例研究を通して、日本語教師の果たす役割は学部留学生の学習効果に影響を及ぼすことがわかった。しかし、さまざまな学習場面で、さまざまな学部留学生に、全ての役割を同様に果たしても、学習効果が見られるとは限らない。そこで、本書の事例研究を通して、学部留学生の日本語学習の内容や学習レベルによる授業活動における日本語教師の役割

を検討したい。

　まず、本書の事例研究2・3・5・6・7・8の研究対象は、1年生の学部留学生である。大学初年次の学部留学生には、問題意識を持ち自分で自分の学習を管理し、内容を進めていく「自律学習」を促す教師の働きかけへの戸惑いや抵抗が見られた。これについて、ピアソン（1996）は香港の大学生に関して調査を行い、「これらの戸惑いや抵抗は文化のせいではなく、知識伝達型の教育制度のせいではないか」と結論づけた。「自律学習」への認識が欠けている1年生の学部留学生には、彼らの自律性を高める授業活動を考案する際に「他者決定型学習」における日本語教師の役割を多く取り入れなければならないと考えられる。

　また、同じく大学初年次の学部留学生を対象としても、学習内容が異なると重点を置く教師の役割も変わってくる。以下は事例研究2・3（表9-7）と事例研究5・6（表9-8）における日本語教師の役割をまとめた内容である。

　表9-7が示している事例研究2・3の学習内容は、日本語教育の一環である「一般日本事情」の授業内容である。その学習目標は、学部留学生が日本の地理・歴史・社会現象などの内容を知識として学習するだけではなく、日本で生活している彼らが日本の文化と自国の文化との違いに気づき、日本の文化背景や日本人の考え方を深く理解することと問題意識に対する探求心を養うことである。それゆえ、日本語教師は、特に「計画者」「教授者」「ファシリテーター」「改革者」としての役割に重点を置き授業活動を計画して行った。それに対し、表9-8が示している事例研究5・6の学習内容は、学習スキルの養成を重視する「口頭表現」の授業内容であるため、日本語教師は「計画者」「教授者」「ファシリテーター」「改革者」以外に「専門家」「共同学習者」と「学習管理者」としての役割にも重点を置かなければならない。

　つまり、大学初年次の学部留学生の日本語教育において、彼らの「自律学習」を促すために、「他者決定型学習」に対する日本語教師の「計画者」「教授者」「専門家」としての役割は非常に重要であり、外すことができない。また、学部留学生の学習スキルを養成するための日本語授業に関して、日本語教師の「教授者」「専門家」以外に、「共同学習者」としての役割も非常に大切である。ここで言う「共同学習者」の役割は、単なる学部留学生の学習に参加することだけではなく、教師が彼らとともに学習を計画し、到達目標を共有し、学習過程

第9章 大学の日本語教育における教師の役割について　193

表9-7　「一般日本事情」の授業活動における日本語教師の役割

	他者決定型学習			自己決定型学習		相互決定型学習		
	計画者	教授者	専門家	ファシリテーター	情報提供者	共同学習者	学習管理者	改革者
教師の活動内容	「座長制」「ポスター発表」	学習目標学習内容学習方法	個人の学習テーマを事前に把握	授業環境を整え授業進行をコントロール	参考資料や資料の検索方法を提供	学習者の一員としてグループ討論に入り、ディスカッションに参加	学習の過程を記録し、学習効果を確認	問題意識を引き出し、「自律学習」を促す
役割	(学習計画を考案)	(教授・説明)	(専門家としての指導や助言を行う)	(学習ニーズに応え、奨励、援助する)	(学習に関連するリソースを提供する)	(学習計画を一緒に立てる、意見交換する)	(授業活動を観察し、改善を求める)	(学部留学生の学習への意識を変え、「エンパワーメント」を引き出す

表9-8　「口頭表現」の授業活動における日本語教師の役割

	他者決定型学習			自己決定型学習		相互決定型学習		
	計画者	教授者	専門家	ファシリテーター	情報提供者	共同学習者	学習管理者	改革者
教師の活動内容	学習者参加型評価・評価基準のバロメータとする教師による評価の仕方	学習目標学習内容学習方法	口頭表現に関する専門知識の指導	授業環境を整え授業進行をコントロール	参考資料や資料の検索方法を提供	学習者の一員としてグループ討論に入り、ディスカッションに参加し、評価を行う	学習の過程を記録し、学習効果を確認	問題意識を引き出し、自律的学習能力（評価力）を高める
役割	(学習計画を考案)	(教授・説明)	(専門家としての指導や助言を行う)	(学習ニーズに応え、奨励、援助する)	(学習に関連するリソースを提供する)	(学習内容について意見交換し、より客観的な評価を提示する)	(授業活動を観察し、改善を求める)	(学部留学生の学習への意識を変え、「エンパワーメント」を引き出す)

を振り返り再確認することも求められている。

　さらに、本書の事例研究1・4では、大学2年次以上の学部留学生の日本語教育において、日本語教師の役割に変化が見られた。その詳細は表9-9のとおりである。

　表9-7に見られるように、2年次以上の学部留学生の日本語学習には、「他者決定型学習」が依然として必要であるが、「自己決定型学習」と「相互決定

表9-9　2年次以上の学部留学生の日本語教育における日本語教師の役割

	他者決定型学習			自己決定型学習・相互決定型学習					
	計画者	教授者	専門家	ファシリテーター	情報提供者	共同学習者	メンター	学習管理者	改革者
教師の活動内容	「グループ・モニタリング」活動「待遇表現」の場面スクリプト作成・撮影	学習目標学習内容学習方法	学習内容の専門知識の指導	授業環境を整え授業進行をコントロール	参考資料や資料の検索方法を提供	学習者の一員として意見交換する	個人的に学習内容への意見やアドバイスをする	学習の過程を記録し、学習効果を確認	問題意識を引き出し、「自律的学習」を促す
役割	(学習計画を考案)	(教授・説明)	(専門家としての指導者助言を行う)	(学習ニーズに応え、奨励、援助する)	(学習に関連するリソースを提供する)	(活動を見守る)	学部留学生に寄り添って、個別に助言する	(授業活動を観察し、改善を求める)	(学部留学生の学習への意識を変え、「エンパワーメント」を引き出す)

学習」に関しては、日本語教師の役割には明確な境界線がなくなった。事例研究1・4では、「自己決定型学習」によく見られる日本語教師の「ファシリテーター」や「情報提供者」としての役割が徐々に学部留学生に移行し、彼らが自分自身の学習ニーズを把握し、日本語教師とともに授業活動の進行や必要な学習に関連するリソースを決めながら学習していく様子が見られた。また、日本語教師の「メンター」としての役割も見られた。そして、学部留学生は「メンター」に支えられ、自分自身の学習のニーズに対して、「計画者」としての自律性を高め、自分自身の学習の過程を「学習管理者」として記録・評価し、学習の効果を確認する自律的な学習能力が身につけることができたと考えられる。つまり、日本語教師が学部留学生の自律性を高める授業活動をしっかりと設計し根気よく進めれば、彼らの「自律学習」につながり、彼らのエンパワーメントにつながると考えられる。

　最後に、事例研究7・8を通して、日本語教師が授業内容を選定し、授業方法を考案するなど、学部留学生の問題点をよく理解し、それを改善するために、的確に合理的で有効的な授業設計（授業をプロデュースすること）を行う必要性が見られた。そこで、教師の「研究者」「計画者」「教授者」「専門家」とした役割が求められる。

　以上の事例研究から、大学の日本語教育における教師の役割をまとめると以下のイメージ図になる。

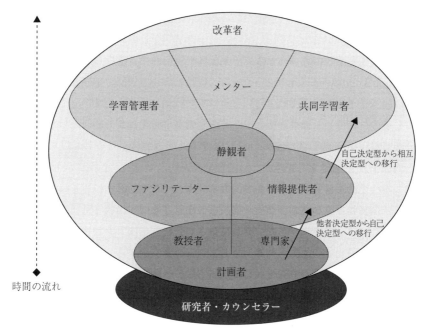

図9-5　大学の日本語教育における教師の役割

　まず、日本語教師は学部留学生のエンパワーメントを引き出すことを教育目標として理解し、彼らの「自律学習」への意識的改革を促進する「改革者」としての役割を担う必要がある。

　また、具体的に学部留学生の自律性を重視する授業活動に関して、日本語教師の「計画者」「教授者」「専門家」としての「他者決定型学習」に対応する役割は、学部留学生の大学での学習経験を問わず必要とされている。学習が進んでいくうちに、教師の「教授者」や「専門家」としての役割は徐々に「ファシリテーター」や「情報提供者」に変化しながら、学部留学生に対する「管理」や「指導」から「支持」や「励まし」へと彼らの「自己決定型学習」への移行を促していく。そして、最終的に日本語教師が「学習管理者」「共同学習者」として、学部留学生の学習に参加していく形で、彼らとともに「相互決定型学習」へと移行することこそ、学部留学生の自律性を高める日本語教育の目指すものだと考えられる。その中で、教師の「メンター」としての役割や「静観者」の役割は、学部留学生の「自律学習」を促し、彼らの自律学習者としての自信

につながる大切な役割だと考えられる。

　さらに、学部留学生のエンパワーメントを目指す日本語教師は、大学における日本語教育が社会的存在としての学部留学生にどのような影響を与えるのかを常に認識しなければならないであろう。それゆえ、学部留学生の「自律学習」の過程や日本語教師のそれに対応する役割を観察し、改善していく「研究者」としての役割も外せない。そして、その研究成果を生かして、「カウンセラー」としての役割を通して学部留学生にフィードバックすることが望ましい。

あとがき

　本書は、筆者の30年間に渡る日本語学習者としての学習経験、および14年間大学の日本語教師としての教授経験を踏まえ、学部留学生の「自律学習」を促す「学習者参加型」日本語教育について論じたものである。また、2016年1月に首都大学東京大学院（現都立大学大学院）の学位（博士：日本語教育学）が授与された博士論文に加筆修正し、その後の研究成果を加え一冊の本としてまとめたものである。

　本書は、まず、学部留学生の大学における日本語教育に対する考えや要望、および彼らの自分自身の日本語能力に対する認識について、アンケート調査を行い、その結果を数量的に検討した。271人の学部留学生に対しアンケート調査を行った結果、彼らは大学の日本語教育を必要とし、大学の専門分野での学習に対応できる実用的な日本語教育への期待も高かった。しかし、このように期待感が高まる一方、その教育内容に満足できないと感じる学部留学生も見られた。そして、アンケート調査を通して、大学の日本語教育における２つの問題点が見えてきた。まず、大学の日本語教育の目的、およびその到達点（つまり評価基準）が明確に学部留学生に伝わっていない点である。次に、日本語学習において、学部留学生がメインストリームの価値観から脱却できない点である。この２つの問題点に対応し、大学の日本語教育において、学部留学生の「自律学習」への認識を深める教育内容や指導方法についてさらなる研究や努力を重ねていく必要がある。

　また、大学の日本語教育において、学部留学生の「自律的学習能力」を高めるために、彼らが学習に参加しやすい「ワークショップ型」学習による授業活動、および「総合自他評価」を提案し、８つの事例研究を通して大学の日本語教育の現状を論じ改善案を模索した。

　さらに、学部留学生の日本語という言語としての学習に限らず、彼らの情意的な面で、公平な自己実現、つまり彼らのエンパワーメントを引き出すために、日本語教師の役割について検討し、イメージ図を提示した。

ドイツの心理学者レビンは、事例研究を社会活動で生じる諸問題について小集団での基礎的研究でそのメカニズムを解明し、得られた知見を社会生活に還元して現状を改善することとして提唱している。本書は、数多くの事例研究を挙げて、学部留学生の日本語教育という範疇における基礎的研究として位置づけている。本書で得られた知見は大学における学部留学生の日本語教育に関する研究の一助となれば幸いである。

　なお、各事例研究において、引用した学部留学生のコメントや提示した「ポートフォリオ・カード」、記録ノート、およびスクリプト原稿などのデータは全て研究対象者本人の協力承諾を得たうえで使用した。また、本書の研究対象は大学学部に在籍している1年から4年までの留学生であり、社会科学や人文科学分野の学問を専門とする留学生に限定していた。そのため、本書で得られた知見が理工系の学部留学生や大学院留学生の日本語教育の活動にも有効かについて、今後の課題としてさらなる調査や研究を行いたい。

謝辞

　本書をまとめるにあたり、指導教員である東京都立大学（首都大学東京）西郡仁朗先生をはじめ、博士論文の副審査である奥野由紀子先生、小柳志津先生、日本語教育教室の各先生方や先輩方の助言をいただきました。また、アンケート調査には専修大学の王伸子先生、杉浦由紀子先生や一橋大学の五味政信先生、およびたくさんの学部留学生の方々から多大なご協力をいただきました。データの統計には東京都立大学（首都大学東京）基礎教育センターの永井正洋先生から有益な助言をいただきました。記して深く感謝いたします。本書の刊行に何かとご尽力いただいた専修大学出版局の真下恵美子氏にも感謝の意を表します。最後に、この研究を最後まで応援してくれた最愛の家族に捧げます。

参考資料と参考文献

参考資料　201

| 資料1 |

学部留学生の日本語能力に関する調査

・以下の質問に答えてください

1　名前

ふりがな

漢字　＿＿＿＿＿＿＿＿＿＿＿＿

2　性別

(1)　男　　　(2)　女

3　年齢

　　(満)＿＿＿＿歳　(2007年9月現在)

4　出生地

　　＿＿＿＿＿＿＿国＿＿＿＿＿＿＿地域

5　母語(バイリンガルの方は主に使う言葉)・日本語以外に話せる言語はありますか。

(1)　ある(＿＿＿＿＿＿語)　(2)　ない

6　現在、所属している大学(日本語学校)はどこですか。

(1)　＿＿＿＿＿＿大学　＿＿＿＿＿＿＿学部＿＿＿＿年次

交換留学生・研究生・修士課程・博士課程　(　　　　　　)専攻

7　いつ日本に来ましたか。

　　＿＿＿＿＿年＿＿月＿＿日

8　日本語能力試験を受けたことがありますか。

(1)　ある　(　1級　　2級　　3級　　4級　)

(2)　ない

9　今まで日本語をどの位勉強しましたか。

(1)　＿＿年＿＿月　〜＿＿年＿＿月：週＿＿回　⇒ 1回の時間(＿＿時間)

(2)　＿＿年＿＿月　〜＿＿年＿＿月：週＿＿回　⇒ 1回の時間(＿＿時間)

(3)　どこで勉強しましたか。(重複選択可能)

①日本での専門機関(日本語学校・大学の別科等)　②大学での日本語授業　③母国での私立施設機関(私設学院)　④独学　⑤その他(＿＿＿＿＿)

10　自分の日本語能力に満足していますか。

　(1)している　　(2)していない

　　「していない」と答えた方だけ答えてください。

　　　(1−1)自分の日本語のどの部分に問題を感じますか。

　　　　　①聴く②話す③読む④書く⑤その他(＿＿＿＿＿＿＿＿)

11　今,日本語で専門分野での学習・研究活動に困難を感じていることはありますか。

　(1)ある　　(2)ない

「ある」と答えたかただけ答えてください。

(1−1)どんなところで不便を感じていますか。

　①授業の内容（教授の講義）が理解できない

　②自分の意見をうまく発表できない

　③教科書や資料を読んでも理解できない

　④レポートや論文をうまく書けない

　⑤その他(＿＿＿＿＿＿＿＿＿＿＿＿＿＿＿＿)

12　その原因は何だと思いますか。

_____

_____

13　自分の日本語学習の最終目標は何ですか。(例えば：生活上で困らない程度 or 同時通訳
　　など)

_____

14　現在、アルバイトをしていますか。

　(1)している　　　(2)していない

　＊「している」と答えた方だけ答えてください。

　　(1−1)どんなアルバイトをしていますか。

　　　①販売業　　②飲食店　　③語学の教師　　④先生のアシスタント(TA)

　　　⑤その他(＿＿＿＿＿＿＿＿)

15　大学の教官や教員、日本人学生、また窓口の事務職員などとのコミュニケーションを
　　うまく取れますか。

　(1)うまく取れる。　　(2)うまく取れない

16　その原因は何だと思いますか。

_____

_____

_____

_____

＊ご協力ありがとうございます。

参考資料　　203

資料２

<u>アンケート調査への回答のお願い</u>

　私は首都大学東京大学院人文科学研究科（日本語教育学教室）西郡仁朗研究室で研究をしている王威と申します。私は日本の大学に在学し各分野で学んでいる各国の留学生の方を対象に日本語教育に関係する調査を行っています。この調査はあくまで研究目的のもので、今回答えていただく内容は、貴重な研究用資料とさせていただきたいと思います。

　個人名の記入は不要ですし、回答者個人が特定できるような形でのデータの公開などは致しません。ご迷惑をおかけすることのないよう十分に注意致しますので、ご協力をお願い致します。

2008 年 4 月

調査者：首都大学東京　大学院　人文科学研究科　日本語教育学教室

博士前期課程　小川　都（王　威）

同　指導教員　教授　西郡　仁朗

フェイスシート

・以下の質問に答えてください

1　性別

　　(1)　男　　　(2)　女

2　年齢

　　(満)＿＿＿＿＿歳　（2008 年 4 月現在）

3　出生地

　　＿＿＿＿＿＿＿＿国＿＿＿＿＿＿＿＿地域

4　母語（バイリンガルの方は主に使う言葉）はなんですか。

　　（＿＿＿＿＿＿＿＿＿＿）語

5　母語と日本語以外に話せる言語はありますか。

　　(1)　ある＿＿＿＿＿＿＿語）　(2)　ない

6　現在所属している教育機関と課程段階を記してください。

　　大学名（＿＿＿＿＿＿＿＿＿＿＿＿＿＿＿＿＿＿＿＿＿＿＿＿）

　　（下記は一つ選んで○で囲んでください。）

　　(1) 大学学部生　　(2) 研究生　　(3) 修士課程（博士前期課程）　　(4) 博士後期課程

7　現在何年生ですか。（一つ選んで○で囲んでください。）

　　(1)1年　　(2) 2 年　　(3) 3 年　　(4) 4 年　　(5) 4 年以上

8　専攻は何ですか。

　（＿＿＿＿＿＿＿＿＿＿＿＿＿＿＿＿＿＿＿＿＿＿＿＿＿＿）

9 留学生の種別をお教えください。（一つ選んで○で囲んでください。）

(1) 国費留学生　(2) 私費留学生（短期・中期・長期）　(3) 各国政府派遣留学生

(4) その他（＿＿＿＿＿＿＿＿）

10 在日期間はどのぐらいですか。

(1) 1年未満　(2) 1年　(3) 2年　(4) 3年　(5) 4年　(6) 5年

(7) 5年以上（＿＿＿＿＿＿年）

11 日本語能力試験を受けたことがありますか。

(1) ある（　1級　　2級　　3級　　4級　）

(2) ない

12 日本留学試験を受けたことがありますか。

(1) ある（　　　　　　　　　　　　　）

(2) ない

13 今回の滞日以前に、日本に来たことがありますか。

(1) ある　　(2) ない

＊「ある」と答えた方だけ答えてください。

(1−1)滞在目的：　①旅行　②仕事　③日本語の勉強　④その他

（＿＿＿＿＿＿＿）

(1−2)滞在地域：＿＿＿＿＿＿＿＿＿＿＿＿＿＿＿＿＿＿＿＿＿

滞在期間：＿＿＿年＿＿月　〜＿＿＿年＿＿月

14 今まで日本語をどのぐらい勉強しましたか。（一つ選んで○で囲んでください。）

(1) 0〜4ヶ月　(2) 5〜8ヶ月　(3) 9ヶ月〜1年　(4) 1年以上〜2年　(5) 2年以上〜3年　(6) 4年以上

15 どこで勉強しましたか。（○で囲んでください。複数選択可）

(1) 日本での専門機関（日本語学校・大学の別科）　(2) 日本の大学での日本語授業　(3) 母国の大学での日本語授業　(4) 母国での私立施設機関（私設学院）　(5) 独学　(6) その他（＿＿＿＿＿＿）

16 自分の日本語能力に満足していますか。（どちらかを選んで○で囲んでください。）

(1)満足している　　(2)満足していない

＊「満足していない」と答えた方だけ答えてください。

(1−1)自分の日本語のどの部分に問題を感じますか。（○で囲んでください。複数選択可）

①聴く　　②話す　　③読む　　④書く　　⑤その他（＿＿＿＿＿＿＿）

17 今日本語で不便を感じていることはありますか。（どちらかを選んで○で囲んでください。）

(1)ある　　(2)ない

＊「ある」と答えたかただけ答えてください。（○で囲んでください。複数選択可）

(1-1)どんなところで不便を感じていますか。

① 授業の内容（教授の講義）が理解できない

② 自分の意見をうまく発表できない

③ 教科書や資料を読んでも理解できない

④ レポートや論文をうまく書けない

⑤ その他(＿＿＿＿＿＿＿＿＿＿＿＿＿＿＿＿＿＿＿)

18 自分の日本語学習の最終目標は何ですか。(例：「生活上で困らない程度」・「同時通訳」など)

＿＿＿＿＿＿＿＿＿＿＿＿＿＿＿＿＿＿＿＿＿＿＿＿＿＿＿＿＿＿＿＿

19 卒業してからどうするつもりですか。(一つ選んで○で囲んでください。)

(1)帰国　　(2)日本で進学　　(3)日本で就職　　(4)まだ分からない

＊「帰国」と答えた方だけ答えてください。

(1-1)帰国してからどうするつもりですか。

① 日本語が使える所に就職　②日本語とは関係ない所に就職　③進学

④　　　　　　　そ　　　　　の　　　　　他

(＿＿＿＿＿＿＿＿＿＿＿＿＿＿＿＿＿＿＿＿＿)

20 現在、アルバイトをしていますか。(どちらかを選んで○で囲んでください。)

(1)している　　(2)していない

＊「している」と答えた方だけ答えてください。(○で囲んでください。複数選択可)

(1-1)どんなアルバイトをしていますか。

①販売業　②飲食店　③語学の教師　④先生のアシスタント(TA)　⑤その他

(＿＿＿＿＿＿＿＿＿＿)

21 配偶者はいますか。(どちらかを選んで○で囲んでください。)

(1)いる　(配偶者の国籍：＿＿＿＿＿＿)　　　　　(2)いない

＊「いる」と答えた方だけ答えてください。(一つ選んで○で囲んでください。)

(1-1)子供はいますか。　①1人いる　　②2人以上いる　　③いない

22 同居者はいますか。(どちらかを選んで○で囲んでください。)

(1)いる｛親族・友人(国籍：＿＿＿＿＿＿)｝　　　(2)いない

23 あなたはすぐに人と仲良くなれると思いますか。(一つ選んで○で囲んでください。)

(1) とてもそう思う　(2) ややそう思う　(3) どちらでもない　(4) あまりそう思わない　(5) そう思わない

大学学部留学生に対する日本語教育現状調査内容

〈回答方法〉

1. それぞれの項目について、〈回答のための５段階尺度〉に照らして、適当と思われる数字を○で囲んでください。

2. 各項目について、「もっと日本語の授業で指導して欲しい」と考えるものには、各行の左端の（　）に○印を記入してください。

3. 「コメント」欄には、自由に意見を書いてください。

〈回答のための５段階尺度〉

5＝十分にできる

4＝大体できる

3＝ややできる

2＝あまりできない

1＝できない

パート１．日本語での人的ネットワーク作りのための日本語能力

質問

〈学内〉

友達・クラスメート、クラブ・サークルでの仲間とのコミュニケーション

F-1　初めて会う人と自己紹介をして友達になる　　　　　5　4　3　2　1
　（　　）

F-2　事務連絡や活動で必要なコミュニケーションを行う　5　4　3　2　1
　（　　）

F-3　流行のファッションや音楽、遊びなどについて話す　5　4　3　2　1
　（　　）

F-4　授業ノートを見せてもらい分からないところを尋ねる　5　4　3　2　1
　（　　）

F-5　個人的な悩みや将来についての考えなどについて話す　5　4　3　2　1
　（　　）

F-6　個人的な話題で電子メールや手紙のやり取りをする　5　4　3　2　1
　（　　）

コメント（自由な意見）

_____

_____

参考資料　207

教官/教員、留学生アドバイザー、身元保証人とのコミュニケーション

P-1　授業で分からないところについて質問する　　　　　5　4　3　2　1
　　　（　　）

P-2　推薦状作成の依頼などをする　　　　　　　　　　　5　4　3　2　1
　　　（　　）

P-3　世間話（天気、ニュースの話題、近況報告等）をする　5　4　3　2　1
　　　（　　）

P-4　個人的な悩みや将来についての考えなどについて話す　5　4　3　2　1
　　　（　　）

P-5　相手によって敬語を使い分ける　　　　　　　　　　5　4　3　2　1
　　　（　　）

コメント（何かあれば自由にお書きください）

_____

_____

事務室/局、図書館、売店などでの担当職員とのやりとり

X-1　用件を伝える（欲しい書類をもらう、質問するなど）　5　4　3　2　1
　　　（　　）

X-2　必要な書類を読んで記入する　　　　　　　　　　　5　4　3　2　1
　　　（　　）

コメント（何かあれば自由にお書きください）

_____

_____

〈学外〉

寮・下宿アパートの管理人、大家さん

D-1　世間話をする　　　　　　　　　　　　　　　　　　5　4　3　2　1
　　　（　　）

D-2　困っていることを説明、相談する　　　　　　　　　5　4　3　2　1
　　　（　　）

D-3　生活上の問題について注意を理解する　　　　　　　5　4　3　2　1
　　　（　　）
　　　（例：ごみの出し方など）

コメント（特に言葉で不便を感じること）

_____

_____

アルバイト先での上司、同僚との交流（アルバイトしていない人は記入しなくても結構です）

J-1	仕事の指示を受ける	5	4	3	2	1
	（　　）					
J-2	必要な書類を読んで記入する	5	4	3	2	1
	（　　）					
J-3	世間話をする	5	4	3	2	1
	（　　）					

J-4　アルバイトで職場用語を使用する

コメント（自由な意見）

_____

_____

区役所、銀行、入管、病院

W-1	困っていることを説明、相談する	5	4	3	2	1
	（　　）					
W-2	必要な書類を読んで記入する	5	4	3	2	1
	（　　）					
W-3	指示されたことについて理解する	5	4	3	2	1
	（　　）					

コメント（自由な意見）

_____

_____

参考資料　209

パート2．大学での学習・研究活動のための日本語能力

質問

講義・ゼミナール

L-1　講義を聞いて理解する　　　　　　　　　　　　5　4　3　2　1
　　　（　　）

L-2　板書を読んで理解する　　　　　　　　　　　　5　4　3　2　1
　　　（　　）

L-3　ノートをとる　　　　　　　　　　　　　　　　5　4　3　2　1
　　　（　　）

L-4　教官・教員に質問する　　　　　　　　　　　　5　4　3　2　1
　　　（　　）

L-5　ゼミ資料の内容の要点をまとめて口頭で説明する　5　4　3　2　1
　　　（　　）

L-6　レジュメを作成する　　　　　　　　　　　　　5　4　3　2　1
　　　（　　）

L-7　自分の考えを述べる　　　　　　　　　　　　　5　4　3　2　1
　　　（　　）

L-8　議論する　　　　　　　　　　　　　　　　　　5　4　3　2　1
　　　（　　）

コメント（特に日本語で不便を感じること）

_____

_____

実験・実技・実習　（自分に関係ある項目について記入してください）

E-1　口頭指示を聞いて理解する　　　　　　　　　　5　4　3　2　1
　　　（　　）

E-2　（実験）手引き書や機器のマニュアルを読んで理解する　5　4　3　2　1
　　　（　　）

E-3　予測できる正常な状況を口頭で説明する　　　　5　4　3　2　1
　　　（　　）

E-4　予測できない異常な事態（事故・トラブル）を口頭で
　　　説明する　　　　　　　　　　　　　　　　　　5　4　3　2　1
　　　（　　）

E-5　（実験）ノートにデータなどを記入する　　　　5　4　3　2　1

（　　）

E-6　（実験)結果をまとめて短いレポートを作成する　　　5　4　3　2　1
（　　）

コメント（自由な意見）

_____

_____

予習・復習・自習

S-1　教科書や参考書を読んで理解する　　　　　　　　5　4　3　2　1
（　　）

S-2　専門文献を読んで理解する　　　　　　　　　　　5　4　3　2　1
（　　）

S-3　視聴覚教材を理解する　　　　　　　　　　　　　5　4　3　2　1
（　　）

コメント（特に日本語で不便を感じること）

_____

_____

課題

A-1　レポートを書く　　　　　　　　　　　　　　　　5　4　3　2　1
（　　）

A-2　論文を書く　　　　　　　　　　　　　　　　　　5　4　3　2　1
（　　）

A-3　参考論文を要約する　　　　　　　　　　　　　　5　4　3　2　1
（　　）

A-4　クラスやゼミで口頭発表する　　　　　　　　　　5　4　3　2　1
（　　）

A-5　学会や研究会で口頭発表する　　　　　　　　　　5　4　3　2　1
（　　）

コメント（自由な意見）

_____

_____

参考資料　211

日本語を媒介とした技能

T-1　図書館などで資料を検索する　　　　　　　　　5　4　3　2　1
　　　（　　）

T-2　日本語環境のコンピューターを操作（設定、印刷など）
　　　する　　　　　　　　　　　　　　　　　　　　5　4　3　2　1
　　　（　　）

T-3　日本語のワープロ文書を作成する　　　　　　　5　4　3　2　1
　　　（　　）

T-4　インターネットで日本語での情報を得る　　　　5　4　3　2　1
　　　（　　）

T-5　日本語で電子メールをやりとりする　　　　　　5　4　3　2　1
　　　（　　）

コメント（自由な意見）

_____

_____

大学学部の日本語授業の内容について

＊　以下の質問について5段階尺度で判断するのではなく、該当するものに○をつけてくだ
　　さい。（複数回答可）

C-1　大学学部の日本語授業では具体的にどういう授業が行われていますか。
　　　(1)聴解　(2)読解　(3)会話　(4)作文（レポート作成を含む）(5)日本事情
　　　(6)その他（_____）

C-2　大学学部の日本語授業は必修科目ですか。
　　　(1) 必修　(2)選修　(3)選択必修　(4) その他（_____）

C-3　大学学部で何人の日本語教師に習っていますか。（知っている範囲で答えってく
　　　ださい。）
　　　　(1)1人　　(2)2人　　(3)3人　　(4)4人　　(5)5人以上　　(6)その他
　　　　（_____）

C-4　大学学部の日本語教師は日本人だけですか。外国人の日本語教師もいますか。
　　　　(1) 全員日本人　　(2) 外国人もいる（_____人）

C-5　大学学部の日本語授業を週に何回受けていますか。
　　　(1) 1回　　(2) 2回　　(3) 3回　　(4) 4回　　(5) 5回
　　　(6) その他（_____）

C-6 大学学部の日本語授業は1回（1コマ）何分ですか。
   (1) 60分　　(2) 90分　　(3) 120分　　(4) その他 (＿＿＿＿＿＿＿＿＿)
C-7 大学学部の日本語授業に対する満足度はどれくらいですか。（括弧にその理由を述べてください。）
   (1) 非常に満足しない　(2) やや満足しない　(3) どちらでもない
   (4) やや満足する　(5) 非常に満足する　　(＿＿＿＿＿＿＿＿＿＿＿＿＿)
C-8 大学の日本語授業でレポートや論文の書き方、要約の仕方、発表の仕方などを教えてもらいましたか。
   (1) 教えてもらいました　　(2) 教えてもらっていない　(3) その他 (＿＿＿＿＿)
C-9 専門用語の意味が分からない時にどうしますか。
   (1) 辞書で調べる　(2) クラスメートに尋ねる　(3) 担当教員に尋ねる
   (4) その他 (＿＿＿＿＿＿＿＿＿＿)
C-10 大学学部の日本語授業は必要だと思いますか。（括弧にその理由を述べてください。）
   (1) 必要　　　(2) 必要ない　　(＿＿＿＿＿＿＿＿＿＿＿＿＿＿＿)
C-11 あなたは大学学部の日本語授業について改善して欲しいところやもっと力を入れて欲しいところ、感想及び意見があれば記入してください。

　　　＿＿＿＿＿＿＿＿＿＿＿＿＿＿＿＿＿＿＿＿＿＿＿＿＿＿＿＿＿＿＿＿
　　　＿＿＿＿＿＿＿＿＿＿＿＿＿＿＿＿＿＿＿＿＿＿＿＿＿＿＿＿＿＿＿＿
　　　＿＿＿＿＿＿＿＿＿＿＿＿＿＿＿＿＿＿＿＿＿＿＿＿＿＿＿＿＿＿＿＿
　　　＿＿＿＿＿＿＿＿＿＿＿＿＿＿＿＿＿＿＿＿＿＿＿＿＿＿＿＿＿＿＿＿

◆　ご協力ありがとうございました。

参考資料　213

資料3

授業後のアンケート調査

・　以下の質問事項にご回答ください。

1.名前

ふりがな

漢字　＿＿＿＿＿＿＿＿＿＿＿

●　発表者であるあなたに対する質問です。

2.発表したテーマ

_____

3.ディスカッションする前にあなたが話した内容はどれぐらい理解されたと思いますか。

(1)　とても理解された。

(2)　それなりに理解された。

(3)　大体理解された。

(4)　あんまり理解されなかった。

(5)　全く理解されなかった。

4.ディスカッションした後、あなたが話した内容はどれぐらい理解されたと思いますか。

(1)　とても理解された。

(2)　それなりに理解された。

(3)　大体理解された。

(4)　あんまり理解されなかった。

(5)　全く理解されなかった。

●　聞き手であるあなたに対する質問です。

5.ディスカッションする前に発表者の話した内容をどれぐらい理解できましたか。

(1)　すべて理解できた。

(2)　ほとんど理解できた。

(3)　大体理解できた。

(4)　あまり理解できなかった。

(5)　全く理解できなかった。

6.ディスカッションしたあと発表者の話した内容をどれぐらい理解できましたか。

(1)　すべて理解できた。

(2)　ほとんど理解できた。

(3)　大体理解できた。

(4)　あまり理解できなかった。

(5)　全く理解できなかった。

● 学習者全員に対する質問です。

7.発表内容をよりよく理解するにはディスカッションする必要があると思いますか。

   （1）必要である。   （2）必要がない。

    ＊　「必要である」と答えた理由は何ですか。

    ＊　「必要がない」と答えた理由は何ですか。

8.今後の日本語学習の授業でどのような内容を取り入れて欲しいと思いますか。

9.今回のグループ学習についての感想や意見及びアドバイスなどを書いてください。

＊ご協力ありがとうございます。

参考資料　215

資料4

1. 誘いの承諾

私：部長、すみません。少しお時間を頂いても宜しいでしょうか。

部長：大丈夫よ。なんでしょうか。

私：実は来月15日結婚式を挙げることになりました。

部長：そうですか。おめでとうございます。

私：ありがとうございます。その件についてちょっと部長にお願いがありまして...

部長：はい、なんでしょう。

私：実は、部長に結婚式にぜひご参加していただきたいんですが...

部長：はい。

私：もしできれば、簡単なご挨拶をお願いできないでしょうか。

部長：そうですか。ちょっと苦手なんだけどなあ...（考える様子）分かりました。いいで
　　　しょう。（笑顔）

私：あぁ、本当ですか。ありがとうございます。嬉しいです。どうぞよろしくお願いいたし
　　　ます。

部長：はい、分かりました。改めてご結婚おめでとうございます。

私：ありがとうございます。お忙しいところ、すみませんでした。では、失礼します。

2. 誘いの断り

私：部長、少しお時間頂けますか。

部長：うん、いいよ。どうした。

私：実はですね。以前会社の飲み会で紹介したCさんと結婚することになりました。

部長：え？本当に？おめでとうございます。急な話でびっくりしたよ。

私：（笑顔で少し照れている）ありがとうございます。それで1か月後の結婚式にぜひ部長
　　　に出席していただきたいと思うんですが、宜しいでしょうか。

部長：ああ、そうですか。日にちが決まったのか。

私：はい。8月20日です。

部長：（手帳をチェック）ああ、8月20日ね〜（残念そうな顔で）ちょっと難しいかもしれ
　　　ないな〜

私：ああ、（弱い声で）そうなんですか。では、せめて2次会のパーティーに参加していた
　　　だけないんでしょうか。

部長：実はですね。その日ちょっとハワイに行くことが決まってね。ツアー料金など全部払
　　　ってしまったのね。キャンセルできない可能性が高いなあ〜本当に申し訳ない。（片手
　　　で合掌）

私：いいえ。全然大丈夫です。私の方こそすみません。部長に早めにお知らせしようと思っ
　　　ていたのですが、日にちがなかなか決まらなくて...

部長：本当に申し訳ない。「おめでとう」としか言えなくて...

私：いいえ、いいえ。部長からお祝いの言葉を頂けるだけで嬉しいです。本当にありがとうございます。お時間を取らせてしまって申し訳ございません。では、失礼します。

（会議室から出るところ）部長、ハワイのお土産期待しております〜（にやり）

部長：おお！（小さくつぶやく）やばい〜（苦笑い）

3. 注文依頼承諾

　山田工務店と鈴木建材総合商社は10年以上の付き合いで、ビジネス仲間である。山田工務店は中堅ゼネコン会社、鈴木総合商社は小企業で、山田さんは課長職。鈴木さんは社長である。山田さんが鈴木さんから建材を購入する。

山田：こんにちは、山田工務店の山田です。お久しぶりです。

鈴木：どうも、お久しぶりです。いつもお世話になっております。

山田：こちらこそ。このたび、新しいプロジェクトを始めるにあたって、先日拝見した御社の無垢フローリング　ヒノキを３００箱注文したいのですが...

鈴木：あ、いつもありがとうございます。こちらの無垢フローリング　ヒノキを３００箱ですね。

山田：はい、それと新しいプロジェクトは８月に開始する予定なので、納期を７月までにお願いできますか。

鈴木：分かりました。では在庫をお調べいたしますので、少々おまちくださいませ。

山田：~~承知しました。~~よろしくお願いします。

鈴木が調べてきた。

鈴木：お待たせ致しました。お調べしたところ、在庫は１５０箱しかございませんが、八月になれば残りの150箱をご用意できます。

山田：(考える振り)そうですか、しかし、新しいプロジェクトが始まると同時にと言うのは、リスクが...

鈴木：~~う〜ん~~、ええ、おっしゃる通りです。ですがあまり工期を急ぐと商品の品質の保証が難しく、また、安全面のことも考えなければいけません。

山田：そうですね。（山田考える振り）

鈴木：もし、８月まで待っていただけるなら、今の価額の一割でご提供させていただきます。もちろん、かならず納期を守ります。いかがでしょうか？

山田：(少し考えて)うん、分かりました。御社とは長い付き合いですし、価額まで譲歩頂けるならぜひその条件でお願いします。

鈴木：よろしくお願いいたします。

同時：ありがとうございました。

4. 依頼の断り

生田：もしもし、株式会社丸人事採用課の生田と申します。神田さんのお電話でよろしいで
　　　しょうか。

神田：はい、神田です。

生田：先日、当社面談にお越しいただき誠にありがとうございました。慎重に選考をした結
　　　果、採用が決定致しました。

神田：この度はお世話になりありがとうございました。

生田：つきましては、今後の入社までのスケジュールを説明させて頂きます。

神田：あの…実は他社からも内定を頂っており、どちらに就職するか悩んでいます。大変申
　　　し訳ございませんが、もう少し考える時間を頂けますか？

生田：分かりました。十分検討した上で、その結果をお知らせください。

神田：ご配慮頂き、ありがとうございます。後日必ず連絡致します。

生田：では、失礼します。

神田：失礼いたします。

神田：○○大学の神田と申します。生田さん、いらっしゃいますか？

生田：はい、生田です。

神田：○○大学の神田です。お世話になっております。先日頂いた内定の件ですが、十分に
　　　検討した結果、内定を辞退させて頂きたいのですが、よろしいでしょうか。ご迷惑をお
　　　かけして、誠に申し訳ございません。

生田：そうですか。残念ですね。分かりました。またチャンスがあったら、ぜひ一緒に働き
　　　ましょう。

神田：本当に申し訳ございませんでした。

生田：では、頑張ってください。

神田：ありがとうございます。では、失礼致します。

218

資料5

スピーチ評価表 ＿＿＿＿年＿＿＿＿月＿＿＿＿日

発表者＿＿＿＿＿＿＿＿　　　　　　　　　　　評価者＿＿＿＿＿＿＿

インタビューの相手＿＿＿＿＿＿＿＿＿＿＿＿＿＿＿＿＿＿＿＿＿＿＿＿＿＿＿＿＿＿

（　　）の中に、評価（3＝よい、2＝普通、1＝要努力）を記入し、＿＿＿＿＿＿＿＿には気付いたことや感想を書きなさい。

Ⅰ準備
1、レジュメの作成について　　　　　　　　　　　　　　　　（　　　　）

Ⅱ内容・構成
2、背景や理由を述べたか　　　　　　　　　　　　　　　　　（　　　　）
3、仮説（予想）を立てたか　　　　　　　　　　　　　　　　（　　　　）
4、インタビューの具体的な方法を述べたか　　　　　　　　　（　　　　）
5、テーマに沿ってインタビューを実施したか　　　　　　　　（　　　　）
6、結論や内容をうまくまとめたか　　　　　　　　　　　　　（　　　　）
7、発表時間は守れたか　　　　　　　　　　　　　　　　　　（　　　　）
8、(質疑応答) 質問にうまく答えられたか　　　　　　　　　（　　　　）

Ⅲ発表技術
9、用語の選び方は適当か＿＿＿＿＿＿＿＿＿＿＿＿＿＿＿＿＿（　　　　）
10、声の大きさ・発話のスピードは適当か＿＿＿＿＿＿＿＿＿（　　　　）
11、発音・アクセント・聞きやすさ＿＿＿＿＿＿＿＿＿＿＿＿（　　　　）

質問・メモ

資料6

ポスター評価表

_____年_____月_____日

発表者_____　　　　　　　　　　　　　　　評価者_____

> （　　　）の中に、評価（3よくできた、2まずまずできた、1うまくできなかった）を記入
> し、_____には気付いたことや感想を書きなさい。

Ⅰ準備

1、テーマ決め、資料収集について_____（　　　）

Ⅱポスター構成

2、ポスターのレイアウトや画面全体が見やすいか_____（　　　）

3、内容の順序は分かりやすく構成されていたか_____（　　　）

4、内容には信憑性があるか_____（　　　）

5、内容には斬新性とアピール度があるか_____（　　　）

6、結論や内容をうまくまとめられたか_____（　　　）

Ⅲ発表技術

7、背景や理由を述べたか_____（　　　）

8、(質疑応答) 質問にうまく答えられたか_____（　　　）

9、用語の選び方は適当か_____（　　　）

10、声の大きさ・発話のスピードは適当か_____（　　　）

11、発音・アクセントについて聴き取りやすいか_____（　　　）

Ⅳポスター発表評価コメント

選んだグループ（グループ員名）

選んだ理由

資料7

口頭表現　課題発表評価表

年　　　月　　　日

発表者：
発表テーマ：
評価者：
評価基準：発表者を厳格に評価してください。また、コメント・意見をできるだけ細かく記
　　　　　入してください。
　　　　　評価の目安について、3（よくできた）2（まずまずできた）1（うまくできなか
　　　　　った）のように判断してください。

発表内容・構成について
1、テーマは課題にあっているか　　　　　　　　　　　　　　　　　　（　　　）
2、全体の構成（順序立てて話す）できているか　　　　　　　　　　　（　　　）
3、論点・要点（強調するところ）の提示をしたか　　　　　　　　　　（　　　）
4、説明（事実と感想を別々に話すこと）は分かりやすいか　　　　　　（　　　）
5、発表の始め方と終わり方は適切であるか　　　　　　　　　　　　　（　　　）

態度と日本語運用力について
6、発表時間は守っているか　　　　　　　　　　　　　　　　　　　　（　　　）
7、関連資料や図表・データなどの工夫があるか　　　　　　　　　　　（　　　）
8、レジュメは明確で、分かりやすいか　　　　　　　　　　　　　　　（　　　）
9、参考文献は明確に提示したか　　　　　　　　　　　　　　　　　　（　　　）
10、声の大きさ・速度は適切で、はっきりと発音したか　　　　　　　（　　　）
11、正し日本語で流暢に話したか　　　　　　　　　　　　　　　　　（　　　）
12、謙虚かつ誠実な態度で話したか　　　　　　　　　　　　　　　　（　　　）
13、間違った言い方に気づき自ら修正したか　　　　　　　　　　　　（　　　）
14、質疑応答はうまくできたか　　　　　　　　　　　　　　　　　　（　　　）

良い点：＿＿＿＿＿＿＿＿＿＿＿＿＿＿＿＿＿＿＿＿＿＿＿＿＿＿＿＿＿＿＿＿＿
＿＿＿＿＿＿＿＿＿＿＿＿＿＿＿＿＿＿＿＿＿＿＿＿＿＿＿＿＿＿＿＿＿＿＿＿＿

不足点：＿＿＿＿＿＿＿＿＿＿＿＿＿＿＿＿＿＿＿＿＿＿＿＿＿＿＿＿＿＿＿＿＿
＿＿＿＿＿＿＿＿＿＿＿＿＿＿＿＿＿＿＿＿＿＿＿＿＿＿＿＿＿＿＿＿＿＿＿＿＿

参考資料　221

資料8

前期スピーチテストの評価シート

発表者＿＿＿＿＿＿　　　　　　　　　　　　　評価者＿＿＿＿＿＿
インタビューの相手＿＿＿＿＿＿＿＿＿＿＿＿＿＿＿＿＿＿＿＿＿＿＿＿＿

> （　　）の中に、評価（5=非常によい、4=よい、3=普通、2=不足、1=非常に不足）を記
> 入し、＿＿＿＿　に気付いたことや感想を書きなさい。

Ⅰ準備

1. レジュメの作成について＿＿＿＿＿＿＿＿＿＿＿＿＿＿＿＿＿　（　　　）

Ⅱ内容・構成

2. 背景や理由を述べたか＿＿＿＿＿＿＿＿＿＿＿＿＿＿＿＿＿＿＿　（　　　）
3. 内容の順序は分かりやすく構成されていたか＿＿＿＿＿＿＿＿　（　　　）
4. インタビューの具体的な方法を述べたか＿＿＿＿＿＿＿＿＿＿　（　　　）
5. テーマに沿ってインタビューを実施したか＿＿＿＿＿＿＿＿＿　（　　　）
6. 結論や内容をうまくまとめたか＿＿＿＿＿＿＿＿＿＿＿＿＿＿　（　　　）

Ⅲ発表技術

7. （質疑応答）質問にうまく答えられたか＿＿＿＿＿＿＿＿＿＿　（　　　）
8. 用語の選び方は適当か＿＿＿＿＿＿＿＿＿＿＿＿＿＿＿＿＿＿　（　　　）
9. 声の大きさ・発話のスピードは適当か＿＿＿＿＿＿＿＿＿＿＿　（　　　）
10. 発音・アクセントについて聴き取りやすいか＿＿＿＿＿＿＿＿　（　　　）

資料9

後期個人発表テストの評価シート

発表者：　　　　　　　発表テーマ：　　　　　　　　　　評価者：

（　　）の中に、評価（5=非常によい、4=よい、3=普通、2=不足、1=非常に不足）を記入し、
に気付いたことや感想を書きなさい。発表内容・構成について

発表内容・構成について

1. テーマは課題にあっているか　　　　　　　　　　　　　　　（　　）
2. 全体の構成（順序立てて話す）できているか　　　　　　　　（　　）
3. 論点・要点（強調するところ）の提示をしたか　　　　　　　（　　）
4. 説明（事実と感想を別々に話すこと）は分かりやすいか　　　（　　）
5. 発表の始め方と終わり方は適切であるか　　　　　　　　　　（　　）

態度と日本語運用力について

6. 発表時間は守っているか　　　　　　　　　　　　　　　　　（　　）
7. 関連資料や図表・データなどの工夫があるか　　　　　　　　（　　）
8. レジュメは明確で、分かりやすいか　　　　　　　　　　　　（　　）
9. 参考文献は明確に提示したか　　　　　　　　　　　　　　　（　　）
10. 声の大きさ・速度は適切で、はっきりと発音したか　　　　（　　）
11. 正し日本語で流暢に話したか　　　　　　　　　　　　　　（　　）
12. 最後まで丁寧語で話したか　　　　　　　　　　　　　　　（　　）
13. 謙虚かつ誠実な態度で話したか　　　　　　　　　　　　　（　　）
14. 間違った言い方に気づき自ら修正したか　　　　　　　　　（　　）
15. 質疑応答はうまくできたか　　　　　　　　　　　　　　　（　　）

参考文献

青木直子（1998）「学習者オートノミーと教師の役割」『分野別専門日本語教育研究会―自律学習をどう支援するか―報告書』国際交流基金関西国際センター。

青木直子（2001）「教師の役割」青木直子・尾崎明人・土岐哲（編）『日本語教育学を学ぶ人のために』世界思想社、pp. 182‐197。

青木直子（2005）「自律学習」『新版・日本語教育辞典』大修館書店、pp. 773-775。

青木直子（2006）「教師オートノミー」春原憲一郎・横溝紳一郎（編著）『日本語教師の成長と自己研修：新たな教師研修ストラテジーの可能性をめざして』凡人社、pp. 138-157。

青木直子・中田賀之（編）（2011）『学習者オートノミー日本語教育と外国語教育の未来のために』ひつじ書房、pp. 1‐22。

池原明子・進藤真理・永吉節子（2004）「大学に於ける日本語予備教育に求められるもの」『第一経大論集』第35巻、第1号、pp. 29‐58。

梅田康子（2005）「学習者の自律性を重視した日本語教育コースにおける教師の役割」『愛知大学語学教育研究室紀要』39巻12、pp. 59‐77。

小川　都（2011）「大学学部における留学生の日本語コミュニケーション能力および学習スキルの実態に関する研究―共分散構造分析を通して―」『専修大学外国語教育論集』第39号、専修大学LL研究室、pp. 77-92。

小川　都（2012）「外国人留学生の講義理解についての自己評価―日本人大学生との比較を通して―」『アカデミック・ジャパニーズ・ジャーナル（略称：AJジャーナル）』第3号、アカデミック・ジャパニーズ・グループ研究会、pp. 86-98。

小川　都（2012）「グループ・モニタリングによる専門日本語教育の試み」『専修大学外国語教育論集』第40号、専修大学LL研究室、pp. 73-84。

小川　都（2013）「留学生に必要とされる『一般日本事情』のあり方」『専修大学外国語教育論集』第41号、専修大学LL研究室、pp. 105-113。

小川　都（2014）「『学習者参加型評価』を導入する有効性について―学部留学生の『日本語口頭表現』授業の事例研究を通して―」『日本語研究』第34号、東京都立大学・日本語教育研究会、pp. 43-56。

小川　都（2015）「大学の日本語教育に『ポートフォリオ』評価を導入する有効性について―日本語授業の事例研究を通して―」『専修大学外国語教育論集』第43号、専修大学LL研究室、pp. 71-90。

小川　都（2018）「聴解指導におけるディクテーションとシャドーイングの効果について―『音声理解』教室活動の事例研究通して―」『専修大学外国語教育論集』第46号、東京、77-91、専修大学 LL 研究室。

尾崎明人（2006）「コミュニケーション能力の育成」国立国語研究所（編）『日本語教育の新たな文脈―学習環境、接触場面、コミュニケーションの多様性―』アルク、p. 198。

小野寺進（2015）「英語コミュニケーションのためのスキルアップ法」『21世紀教育フォーラム』第10号、49-56、弘前大学21世紀教育センター。

海保博之・柏崎秀子（2002）『日本語教育のための心理学』新躍社、初版第２刷。

鹿島英一・實平雅夫・斎藤寛（1994）「『長崎大学外国人留学生アンケート』に見られる留学生の意識」『長崎大学外国人留学生指導センター年報』第２号、研究論文編、pp. 81-104。

柏木　陽（2012）「ファシリテーションのデザイン」苅宿俊文、佐伯胖、高木光太郎（編）『ワークショップと学び3　まなびほぐしのデザイン』東京大学出版会。

茅野潤一郎（2006）「ディクテーションとシャドーイングによる指導法が聴解力に与える効果」『Language Education and Technology』第43号、外国語教育メディア学会、pp. 95‒109。

蒲谷　宏（2003）「『待遇コミュニケーション教育』の構想」『講座日本語教育』第39分冊、早稲田大学日本語研究教育センター、pp. 1‒28。

蒲谷　宏（2005）「『待遇コミュニケーション』という捉え方」『日本語教育通信』第26回、国際交流基金、pp. 14-15。

川村千絵（2005）「作文クラスにおけるポートフォリオ評価の実践―学習者の内省活動に関するケーススタディー」『日本語教育』125号、pp. 126-135。

刑部育子（2010）「なぜ今、協同的に学ぶことが重視されるのですか？―ワークショップと協同性」茂木一司（編集代表）『協同と表現のワークショップ―学びのための環境のデザイン―』東信堂、pp. 28-31。

久木田純・渡辺文夫編（1998）『エンパワーメント―人間尊重社会の新しいパラダイム―』現代のエスプリ No. 376、至文堂。

久保田賢一（2000）『構成主義パラダイムと学習環境デザイン』関西大学出版部。

窪田富男（1992）「待遇表現―敬語を中心に」玉村文郎（編）『日本語学を学ぶ人のために』世界思想社、pp. 174-189。

国際交流基金（2005）『ヨーロッパの日本語教育事情～Common European Framework for Languages をめぐって～』国際交流基金。

国際交流基金（2011）『学習を評価する―国際交流基金日本語教授法シリーズ12』

国際交流基金、p. iii。

国立国語研究所宇佐美研究室構築中『自然会話リソースバンク（Natural Conversa-
　　tion Resource Bank：NCRB）』http：//ncrb.ninjal.ac.jp/。

向後千春（2006）「市民としての表現力養成」門倉正美・筒井洋一・三宅和子（編）
　　『アカデミック・ジャパニーズの挑戦』ひつじ書房、pp. 145-157。

財団法人国際日本語普及協会（2009）「学習者参加型カリキュラムの開発—『リソー
　　ス型生活日本語』の発展的活用を目指して—」平成20年度文化庁日本語教育研
　　究委嘱「生活者としての外国人」のための日本語教育事業外国人に対する実践
　　的な日本語教育の研究開発報告書。

斎藤伸子・金庭久美子・宮地裕子・森下雅子・横井佳代（2000）「ポートフォリオ
　　を活動した自律学習支援システムの運営とその評価」『平成13年度日本語教育
　　学会春季大会予稿集』日本語教育学会、pp. 217-218。

斎藤伸子ほか（2004）「自律学習を基盤としたチュートリアル授業—学部留学生対
　　象の日本語クラスにおける実践—」『桜美林 Today』4、桜美林大学 pp. 19-34。

酒井たか子（2002）「日本語の学習指導を考える」海保博之ほか（編著）『日本語教
　　育のための心理学』新曜社、p. 118。

佐々木倫子（2006）「パラダイムシフト再考」国立国語研究所（編）『日本語教育の
　　新たな文脈—学習環境、接触場面、コミュニケーションの多様性』アルク、pp.
　　259-282。

佐藤　寛（2005）「援助におけるエンパワーメント概念の含意」佐藤寛（編）『援助
　　とエンパワーメント—能力開発と社会環境変化の組み合わせ—』アジア経済研
　　究所、pp. 3-24。

里見　文（2011）「ポートフォリオを利用した語彙学習の実践報告」WEB 版『日本
　　語教育実践研究フォーラム報告』2011年度日本語教育実践研究フォーラム。

ジャック・メジロー（2012）（金澤睦・三輪建二監訳）『大人の学びと変容—変容的
　　学習とは何か』鳳書房（原著：Jack Mezirow, *Transformative Dimensions of
　　Adult Learning*. San Francisco：Jossey-Bass, 1991）。

三登由利子・新矢麻紀子・中山亜紀子・浜田麻里（2003）「エンパワーメントとし
　　ての日本語教育」山田泉ほか（編著）『人間主義の日本語教育』第9章、凡人
　　社、pp. 207-225。

鈴木敏正（1999）『エンパワーメントの教育学—ユネスコとグラムシとポスト・ポ
　　ストモダン—』北樹出版。

高田利武（2002）「文化の異なる人々の心の世界—自己と他者の関係から」海保博
　　之ほか（編著）『日本語教育のための心理学』新曜社、p. 40。

高野陽太郎・油谷実紀（1993）「外国語使用による思考能力の低下は他者によって

認知されうる」『日本心理学会第57回大会発表論文集』p. 139。

舘岡洋子（2013）「日本語教育におけるピア・ラーニング」中谷素之・伊藤崇達（編著）『ピア・ラーニング―学び合いの心理学―』第12章、金子書房、pp. 187-219。

玉井　健（1992）「follow-up の聴解力向上に及ぼす効果および follow-up 能力と聴解力の関係」『STEP BULLETIN』Vol. 4．日本英語検定協会。

───（1997）「シャドーイングの効果と聴解プロセスにおける位置づけ」『時事英語学研究』36、日本時事英語学会、pp. 105‒116。

───（2005）『リスニング指導法としてのシャドーイングの効果に関する研究』風間書房、pp. 48‒62。

調査研究協力者会議（2000）「日本留学のための新たな試験」『「日本留学のための新たな試験」について―渡日前入学許可の実現に向けて』（日本国際教育協会）。

津田英二（2011）『成人学習論』神戸大学発達科学部授業用テキスト第 5 版、pp. 4‒5。

トムソン木下千尋（2008）「海外の日本語教育の現場における評価―自己評価の活用と学習者主導型評価の提案―」『日本語教育』136号、pp. 27-37。

豊田秀樹（2007）『共分散構造分析 Amos 編―構造方程式モデリング』東京図書。

長岡　健（2010）「ワークショップの学習は社会構成主義や状況的学習論でどのように説明できますか」茂木一司（編集代表）『協同と表現のワークショップ―学びのための環境のデザイン―』東信堂、pp. 24-27。

中村敦雄（2006）「ポスト産業社会における言語教育の課題」門倉正美・筒井洋一・三宅和子（編）『アカデミック・ジャパニーズの挑戦』ひつじ書房、pp. 159-172。

西郡仁朗（代表者）ほか（2015）「外国人留学生（大学院生・研究生）への日本語論文作成指導プログラム―指導を通じての日本人大学院生の研究・教育能力向上も目指して―」『平成26年度首都大学東京教育改革推進事業（学内提案分）報告書』首都大学東京大学院人文科学研究科。

二通信子（1996）「レポート指導に関するアンケート調査の報告」『北海学園大学学園論集』第86、87号、北海学園大学、pp. 101-112。

日本語教育学会（1992）『日本語教育ハンドブック』再版発行、林大（編集代表）、大修館書店。

ネウストプニー、J. V.（1979）「言語行動のモデル」南不二男（編）『講座言語第 3 巻　言語と行動』筑摩書房、pp. 33-66。

ネウストプニー、J. V.（1982）『外国人とのコミュニケーション』215、岩波新書。

ネウストプニー、J. V.（1995）『新しい日本語教育のために』大修館書店。

野元弘幸（1995）「社会教育における日本語・識字教育の現状と課題（暮らしに活

きる日本語学習の創造〈特集)」『月刊社会教育』39（1）、国土社、pp. 6–14。

野元弘幸（1996）「機能主義的日本語教育の批判的検討―『日本語教育の政治学』試論」『埼玉大学紀要〔教育学部〕教育科学』埼玉大学教育学部45（1）、pp. 89–97。

野元弘幸（2000）「課題提起型日本語教育の試み―課題提起型日本語学習教材の作成を中心に―」『人文学報　教育学』（35）、首都大学東京機関リポジトリ、pp. 31–54。

野元弘幸（2001）「フレイレの教育学の視点」青木直子ほか（編）『日本語教育学を学ぶ人のために』第4章、世界思想社、pp. 91–104。

パトリシア・クラントン（2003）（入江直子ほか訳）『大人の学びを拓く―自己決定と意識変容を目指して―』鳳書房（原著：Cranton, A Patricia, *Working with Adult Learners*, Wall & Emerson, 1992）。

パウロ・フレイレ（1970）（小沢有作ほか訳（1979））『被抑圧者の教育学』亜紀書房。

聖田京子（1996）「ポートフォリオ・アセスメント（評価）の日本語教育への応用」『平成8年度日本語教育学会春季大会予稿集』日本語教育学会、pp. 193–198。

平尾得子（1999）「講義聴解能力に関する一考察―講義聴解の特徴と日本語学習者が抱える問題点―」『日本語・日本文化』25、pp. 1–21。

広石秀紀（2005）「ワークショップの学び論―社会構成主義からみた参加型学習の持つ意義」『教育方法学研究』31。

廣森友人（2013）「自律学習の処方箋：自律した学習者を育てる視点」『中部地区英語教育学会「紀要」』第42号、pp. 289–296。

藤井桂子・門倉正美（2004）「留学生は何に困難を感じているか―2003年度前期アンケート調査から―」『横浜国立大学留学生センター紀要』横浜国立大学、pp. 113–137。

札野寛子・辻村まち子（2006）「大学生に期待される日本語コミュニケーション能力に関する調査について」国立国語研究所（編）『日本語教育の新たな文脈―学習環境、接触場面、コミュニケーションの多様性―』アルク。

船橋宏代（2005）「ポートフォリを利用したフリートークの『会話』授業―学習者の自律学習を支えるために―」『鈴鹿国際大学紀要Campana』12、pp. 161–173。

文化庁（平成19年2月2日）「敬語おもしろ相談室―新社会人のための敬語の使い方指南」の「敬語の指針」のWeb資料、http：//www.bunka.go.jp/kokugo_nihongo/keigo/index.html。

ベイトソン、G.（2000）（佐藤良明訳）『精神の生態学』新思索社。

細川英雄（1999）『日本語教育と日本事情―異文化を超える』明石書店。

細川英雄（2002）「合意形成としての評価―総合活動型日本語教育における教師論のために」『早稲田大学日本語研究教育センター紀要』15号、pp. 105-117。

細川英雄（2004）「新時代の日本語教育をめざして　第9回日本語教員養成における理論と実践の統合―早稲田大学大学院日本語教育研究科『実践研究』の試み」『日本語学』第23巻、第12号、pp. 68-78。

堀井恵子（2003）「留学生が大学入学時に必要な日本語力は何か―『アカデミック・ジャパニーズ』と『日本留学試験』の『日本語試験』を整理する」『日本留学試験とアカデミック・ジャパニーズ』平成14～16年度科学研究費補助金（基盤研究成果中間報告書）。

堀井恵子（2006）「留学生初年次（日本語）教育をデザインする」門倉正美ほか（編）『アカデミック・ジャパニーズの挑戦』ひつじ書房、pp. 67-78。

真壁宏幹（2008）「古典的近代の組み替えとしてのワークショップ―あるいは『教育の零度』」『慶應義塾大学BOOKLET16　ワークショップのいま―近代性の組み替えにむけて』、pp. 112-128。

宮城幸枝（2003）「学部留学生の学習上の困難点を探る―留学生の学習・指導に関するアンケート調査の分析を通して―」『東海大学紀要　留学生教育センター』第23号、pp. 31-44。

三宅和子（2003）「留学生・日本人大学生のアカデミック・ジャパニーズとは」『日本留学試験とアカデミック・ジャパニーズ　日本留学試験が日に及ぼす影響に関する調査・研究―国内外の大学入学前日本語予備教育と大学日本語教育の連携のもとに―』平成14～16年度科学研究費補助金基盤研究費（A）（1）中間報告書、pp. 104-105。

村田晶子（2004）「発表訓練における上級学習者の内省とピアフィードバックの分析―学習者同士のビデオ観察を通じて―」『日本語教育』120号、pp. 63-72。

茂木一司（編集代表）（2010）『協同と表現のワークショップ―学びのための環境のデザイン―』東信堂。

森　朋子（2005）「大学教育における『アカデミック・ジャパニーズ』を考える」『東京家政学院大学紀要』第45号、pp. 118-120。

柳澤好昭ほか（監修）（1998）『日本語教育重要用語1000』バベル・プレス。

山内祐平（2013）「ワークショップと学習」『ワークショップデザイン論―創ることで学ぶ―』慶應義塾大学出版会、pp. 1 -39。

山西優二（2013）「エンパワーメントの視点からみた日本語教育―多文化共生に向けて―」『日本語教育』155号、pp. 5 -19。

山本富美子（2006）「タスク・シラバスによる論理的思考力と表現力の養成」門倉正美ほか（編）『アカデミック・ジャパニーズの挑戦』ひつじ書房。

山本嘉一郎・小野寺孝義（編著）(1999)『Amos による共分散構造分析と解析事例』ナカニシヤ出版（2002年第2版）。

ヨーロッパ日本語教師会 (2005)『ヨーロッパにおける日本語教育事情と Common European Framework of Reference for Languages』。

横溝紳一郎 (2002)「学習者参加型評価と日本語教育」細川英雄（編）『ことばと文化を結ぶ日本の教育』凡人社、pp. 172-185。

レヴィン、K. (1954)（末永俊郎訳）『社会的葛藤の解決：グループダイナミックス論文集』東京創元社。

渡辺裕司 (1995)「学部進学前後の留学生の日本語力養成における問題点とその対策」『東京外国語大学留学生日本語教育センター論集』21、pp. 49-59。

Council of Europe (2004)『外国語の学習、教授、評価のためのヨーロッパ共通参照枠』、初版、吉島茂、大橋理枝（訳、編）、朝日出版社。

OECD (2011)『学習成果の認証と評価―働くための知識・スキル・能力の可視化』山形大学教育企画室監訳、松田岳士訳、明石書店。

Benson, P. (2001, 2011) *Teaching and researching autonomy in language learning* (2nd ed.). Harlow : Longman.

Bachman, L. F. (1990) *Fundamental considerations in language testing*, Oxford : Oxford University Press.

Baddeley, A. D. (1986) *Working Memory*, New York : Oxford University Press.

Canale, M. and M. Swain (1980) Theoretical bases of communicative approaches to second language teaching and testing, *Applied Linguistics* 1（1）, 1-47.

Deci, E. L., with Flaste, R. (1995) *Why we do what we do : The dynamics of personal autonomy.* New York : G. P. Putnam's Sons. (『人を伸ばす力：内発と自律のすすめ』新曜社)

Holec, H. (1981) *Autonomy and foreign language learning.* Oxford : Pergamon.

Heine, S., Takata, T. & Lehman, D. (2000) Beyond self-presentation : Evidene for self-criticism among Japanese. *Personality and Social Psychology Bulletin*, 26, 71-78.

Knowles, M. S. (1980) *The modern practice of adult education : from pedagogy to andragogy.* 2ndEd. New York, NY : Cambridge, The Adult Education Company : Chapter4.

Krashen, S. (1985) *The input hypothesis : issues and implications.* New York : Longman.

Lambert, S. (1988) A human information processing and cognitive approach to the training of simultaneous interpreters. D. L. Hammond (ed.) *Languages at crossroads. Proceedings of the 29th Annual Conference of the American Translators Associations*, 379 – 388.

Little, D. (1991) *Learner autonomy 1 : Definitions, issues and problems*. Dublin : Authentik.

Little, D. (1996) Freedom to learn and compulsion to interact : Promoting Learner autonomy through the use of information systems and information technologies. In R. Pemberton, E. S. L. Li, W. W. F. Or & H. D. Pierson (Eds.), *Taking control : Autonomy in language learning* (pp. 203-218). Hong Kong : Hong Kong University Press.

Little, D. (2004) Introductory thoughts on Learner autonomy ; Learning JALT Learner Development Sig News Letter Vol. 11 http : //ld-sig.org/ll/2004b.pdf.

Little, D. (2007) Language learner autonomy : Some fundamental considerations revisited. *Innovation in Language Learning and Teaching*, 1 (1), 14-29.

Pierson, H. D. (1996) Learner culture and learner autonomy in the Hong Kong Chinese context. In Pemberton, R., Li, E. S. L., Or, W. W. F. & Pierson, H. D. (Eds.), *Taking control : Autonomy in language learning* (pp. 49-58). Hong Kong : Hong Kong University Press.

索 引

あ

アカデミック・ジャパニーズ　6
アカデミック・ライティング　10
アクセント　185
アクティブ・ラーニング　124
意識化　64
意識変容の学習　164
異文化コミュニケーション　102
因果関係　42
因子　34
因子負荷量　34
インターアクション能力　9,10
イントネーション　185
インフォメーション・ギャップ　89,141
インプット仮説　173
エンパワーメント　3,61
オーバーラッピング（Overlapping）　183
オノマトペ　185
オルターナティブ　63
音声指導法　191

か

カイ2乗検定　41
カイ2乗値　40
改革者　171
解釈　34
外的抑圧　58
開発援助　62
外来語　185
会話力　6
カウンセラー　172,191
学習＝知識習得　72
学習・研究活動を行うための日本語能力
　4
学習意欲　2
学習活動スキル　10

学習観　79
学習管理者　164,169
学習者オートノミー：learner autonomy
　77
学習者参加型　3,61,67,76
「学習者参加型」日本語教育　76,128
学習者参加型評価　73,76,107,128,146
学習者主体　67
学習者中心　61
学習者中心主義　80
学習者の主体的意識化　69
学習者の自律性　68
学習スキル　5
学習ストラテジー　83
学習の主体性　98,111
学習のメタ認知プロセス　84
学習ポートフォリオ・カード　134
学習目標　2
書く力　6
学部（短大、高専含む）留学生　1
学部留学生の学習内容と指導方法に関する
　基本目標　69
確率水準　40
可視化　186
過小評価　14
課題提起型教育　63,68,76
価値観構築　162
学校のコミュニティー化　70
学校のワークショップ化　70
関係性　32
観測変数　37
記述統計　19
記述統計量　23
帰無仮説　152
級内相関係数　151,152
教育的機能（pedagogical function）　129
教師主導　61

教師主導型評価　73
教師の学習　69
教師評価　149
教授者　164, 167
共同学習者　164, 170
協同活動　58, 105
協同活動　141
共分散構造分析　32, 40
銀行型教育　64, 68
グループ・モニタリング　84
グレゴリー・ベイトソン　126
クロンバックのα係数　37
敬意表現　113
計画者　164, 167
敬語使用能力　26, 53, 111, 123
敬語の指針　118
敬語表現　113
欠損値　23
研究活動スキル　10
研究者　171, 191
研究生　1
言語の4技能　8
言語パスポート　130
検証　32
構成主義的学習観　80
行動中心主義　73
行動的な側面（学習行動）　83
公民権運動　61
コースデザイン　164
コーディネーター　97
国際交流基金　129
国費留学生　20
心のコントロール　14
誤差変数　40
個人発表の評価シート　134
コミュニカティブ・アプローチ　80
コミュニケーション・ストラテジー　174
固有値　34
コントロール　14

さ

最尤法　40
座長制　90
参加・協同型学習（Participatory Learning）
　　70, 96
子音　189
自己観　15
自己決定学習（self-directed learning）　163
自己決定型学習　164
自己コントロール　14
自己実現　3
自己責任型の自己評価　75
自己点検　186
自己評価　14
自己モニタリング　14
私費留学生　20
事務手続き処理能力　10
社会知識　5
社会的な側面（学習状況）　83
社団法人日本語普及協会　74
シャドーイング（shadowing）　175, 184
主因子分析　34
自由度　40
主効果　153
主体形成　63, 65, 67
主体的力量形成　63
情意的な側面（学習動機）　83
情報収集力　6
情報処理能力　26, 55
情報提供者　164, 169
情報リテラシー　56
ジョン・デューイ　70
自立（independence）　81
自律学習（autonomous learning）　3, 60,
　　61, 77, 83, 110
自律性　160
自律的学習能力　3, 61, 77, 98, 107
自律的な学習能力　56, 59
自律的な評価力　151
自律的評価能力の養成　160

索 引 233

人的ネットワーク作りのための日本語コ
　ミュニケーション能力　4
信頼係数　152
信頼性　37
スキミング　10
スキャニング　10
スキル　2
スタディ・スキル　10
スピーチ評価シート　134
生活者　3
生活情報・基礎知識　69
生活スキル　5
静観者　172
正規分布　32
成人学習者　161
成人学習論　163
積極性　160
潜在変数　34, 37
尖度　32
専門家　164, 165
専門知識　5
相関関係　34, 42
相関行列　37
相関係数　37
相関測定　19
総合活動型日本語教育　75
総合協調性　15
総合自他評価　75, 76, 128, 146
総合的な学習　73, 128
総合的な「学び」　6
相互決定型学習　164
相互自己評価　75, 146
相互独立性　15
測定項目　32
測定対象能力　5

た

対応のある t 検定　152
大学院留学生　1
待遇行動　113
待遇コミュニケーション　113

待遇表現　113
待遇理解　113
対面聴解　174
他者決定型学習　164
他者評価　14, 149
多重集計　19
多重比較　29
妥当性　40
多様な価値観　58
探索的因子分析　32, 40
知識の獲得　3
知識のメタ認知　14
ディクテーション（dictation）　175, 183
適合度指標　40
テストの評価基準　149
到達点　2
独立性検定　136
独立変数　42
読解力　6
トップダウン　174

な

内語発声　176
内省　16, 74
内省学習　130
内省する　14
内部整合性　37
内面化　15
生教材　190
ニーズ　3
日常生活・留学生活に必要なコミュニケー
　ション能力　5
日本語運用能力　69
日本語学習環境　48
日本語教育　2
日本語教育留学試験　19
日本語教師の役割　3, 191
日本語授業のカリキュラム　49
日本語によるコミュニケーション能力　4
日本語能力試験　20, 85
日本留学試験　4, 6

人間関係構築能力　59
人間の関係性　67
認知機能　14
認知状態の認知　14
能力のメタ認知　14
ノートテイク　10
ノートテイキング（note-taking）　176
ノンネイティブ教師　190

は

パイロット調査　16, 18
パウロ・フレイレ　61, 63
波形　189
パス解析　40
パス係数（標準化係数）　42
パス係数（偏相関係数）　42
パス図　40
パスモデル　40
発表する力　6
非対面聴解　174
ピッチ曲線　186, 189, 190
評価＝振り返り　73
評価基準　2, 132, 144, 149
評価者間一致度　143, 151
評価者内安定性　143, 151
評価の妥当性　149
標準偏差　32
『被抑圧者の教育学』　63
ファシリテーター　97, 164, 168
フィードバック　130, 132
フェイスシート　18
フェミニズム運動　61
フォローアップインタビュー　131
複眼的な視点　60
複言語主義　73
プラグマティズム　70
プレゼンテーション・スキル　10
プロジェクトワーク　130
プロデュース　173
分散分析　29, 153
平均値　23, 32

偏相関　44
偏相関係数　44
母音　189
報告的機能（reporting function）　129
ポートフォリオ　73
ポートフォリオ・カード　101
ポートフォリオ評価　73, 76, 101, 116, 128
ポスター発表用評価シート　134
ボトムアップ　174
ポライトネス　113, 190

ま

マインドマップ　99
マルコム・ノールズ　161
自らが会話　174
ムービーテレコ（Movie Teleco）　185
命名　34
メインストリーム　58
メインストリームの価値観　2, 60
メタ認知　14
メンター（mentor）　164, 170
モデルの推定　40
モニタリング　14

や

有意差　29, 152
ヨーロッパ言語共通参照枠（CEFR）　73
ヨーロッパ言語ポートフォリオ　73
ヨーロッパ日本語教師会　74

ら

理解する力　6
リズム　185
リピーティング（repeating）　176
論理的思考力　59

わ

ワークショップ　70
ワークショップ型　3, 76
「ワークショップ型」学習　70, 97, 107
歪度　32

英数字

4 技能　51, 111
5 ％水準で有意　37
5 件法　150
5 段階尺度　32
5 段階判定　23

AGFI 値　40
AIC（赤池の情報量基準）　41
CFI 値　40
ELP　73

GFI 値　40
IBM SPSS 22. 0 STATISTICS BASE　18, 32
Krashen　173
Language competence（言語知識）　9
Movie Teleco　185
NGO　62
Psychophysiological mechanisms（心理的整理的メカニズム）　9
RMSEA　41
Strategic competence（方略能力）　9

著者略歴

小川　都（おがわ・みやこ）

1975年中国の北京市生まれ、1995年来日。

専修大学経済学部卒業、経済学研究科修了。修士（経済学）。その後、首都大学東京大学院（都立大学大学院）日本語教育学教室（博士前期・後期課程）修了。博士（日本語教育学）。国立国語研究所非常勤研究員（2022年3月まで）、専修大学経営学部兼任講師、日本大学法学部兼任講師。

主な研究分野は、日本語教授法・教育評価・異文化コミュニケーションとポライトネス・ウェブ教材とシステムの構築。

主著論文に、「『学習者参加型評価』を導入する有効性について―学部留学生の『日本語口頭表現』授業の事例研究を通して―」（『日本語研究』第34号、首都大学東京、東京都立大学・日本語教育研究会、pp.43～56、2014年6月）、「外国人留学生の講義理解についての自己評価―日本人大学生との比較を通して―」（『アカデミック・ジャパニーズ・ジャーナル（略称：AJジャーナル）』アカデミック・ジャパニーズ・グループ研究会、第3号、pp.86～98、2012年6月）、「日本語学習者の自律学習につながる『Movie Teleco』を利用した音声指導」（『専修大学外国語教育論集』専修大学LL研究室、第48号、2020年2月）など。

装丁：尾崎美千子

エンパワーメントを引き出す学習者参加型日本語教育
―留学生の自律学習を育てる授業実践―

2025年1月21日　第1版第1刷

著　者　小川　都

発行者　上原伸二

発行所　専修大学出版局
　　　　〒101-0051　東京都千代田区神田神保町3-10-3
　　　　　　　　　　　　　（株）専大センチュリー内
　　　　電話 03-3263-4230（代）

印刷
製本　　亜細亜印刷株式会社

©Miyako Ogawa 2025　Printed in Japan
ISBN978-4-88125-398-4